D1336148

LION
EN
AMOUR

Conception graphique et illustration de la couverture: Nancy Desrosiers

Maquette intérieure: Josée Amyotte

DISTRIBUTEURS EXCLUSIFS:

- Pour le Canada et les États-Unis:
  LES MESSAGERIES ADP*
  955, rue Amherst, Montréal H2L 3K4
  Tél.: (514) 523-1182
  Télécopieur: (514) 939-0406
  * Filiale de Sogides ltée

- Pour la Belgique et le Luxembourg:
  PRESSES DE BELGIQUE S.A.
  Boulevard de l'Europe 117
  B-1301 Wavre
  Tél.: (10) 41-59-66
         (10) 41-78-50
  Télécopieur: (10) 41-20-24

- Pour la Suisse:
  TRANSAT S.A.
  Route des Jeunes, 4 Ter
  C.P. 125
  1211 Genève 26
  Tél.: (41-22) 342-77-40
  Télécopieur: (41-22) 343-46-46

- Pour la France et les autres pays:
  INTER FORUM
  Immeuble ORSUD, 3-5, avenue Galliéni, 94251 Gentilly Cédex
  Tél.: (1) 47.40.66.07
  Télécopieur: (1) 47.40.63.66
  Commandes: Tél.: (16) 38.32.71.00
                   Télécopieur: (16) 38.32.71.28
                   Télex: 780372

Linda Goodman

AFFINITÉS ASTRALES

Signe de Feu

—

LION

EN

AMOUR

—

Traduction française de Gilles Malar

LES ÉDITIONS DE L'HOMME

Données de catalogage avant publication (Canada)

Goodman, Linda

    Affinités astrales

    Traduction de: Linda Goodman's Love Signs
    [5] Lion en amour

    ISBN 2-7619-1127-X

    1. Astrologie et sexualité.   2. Astrologie et mariage.
I. Titre.

BF1729.L6G6414   1993   133.5'83067   C93-096459-4

L'ouvrage original américain a été publié par Harper & Row
sous le titre *Linda Goodman's Love Signs*

Dépôt légal: 3ᵉ trimestre 1993
Bibliothèque nationale du Québec

ISBN 2-7619-1127-X

Dates d'entrée du Soleil dans les Signes

BÉLIER	20 mars — 20 avril
TAUREAU	20 avril — 21 mai
GÉMEAUX	21 mai — 21 juin
CANCER	21 juin — 22 juillet
LION	22 juillet — 23 août
VIERGE	23 août — 23 septembre
BALANCE	23 septembre — 23 octobre
SCORPION	23 octobre — 22 novembre
SAGITTAIRE	22 novembre — 21 décembre
CAPRICORNE	21 décembre — 20 janvier
VERSEAU	20 janvier — 19 février
POISSONS	19 février — 20 mars

Le Mystère d'Amour du Lion

Avec une soudaineté étincelante, l'âme du jeune adolescent cancérien se transforme en celle d'un grand adolescent symbolique, suscitée par la vibration du Lion. Cette vibration lui donne sa première impression de confiance en lui-même et le rend fier de sa personnalité. Désormais l'âme sait (ou croit savoir) qui elle est, car Lion et Lionne éprouvent une vigoureuse traction des Forces diurnes masculines et positives ainsi que de l'Élément Feu, encore plus fortement qu'au stade du Bélier. Le monde appartient au Lion et à la Lionne. Notre grand adolescent léonin admire le reflet de lui-même que lui présente son miroir et proclame noblement: «JE VEUX.» L'été s'est totalement épanoui en une beauté luxuriante assortie d'après-midi de paresse et de soleil brillant, car le Lion prend conscience de son nouvel ÊTRE sous une nouvelle polarité.

L'idéalisme de la jeunesse stimule le cœur du Lion et enflamme son sang à l'aurore d'une nouvelle connaissance, celle de la sexualité. Voilà deux besoins puissants qui lui apportent des doutes au sujet de sa propre valeur. Il les dissimule sous une vanité apparente. L'âme du Lion sait comment se débrouiller de cette seconde expérience d'Organisateur fixe. Il l'utilise avec une confiance apparente pour admonester son entourage, assumer la responsabilité de sa propre existence et gouverner celle des gens qui ont besoin de sa protection léonine. Cependant, le natif et la native du Lion ne sont pas tellement sûrs d'eux-mêmes, pas plus que le grand adolescent symbolisé par leur Signe. Ils cherchent donc à se rassurer sous la forme de flatterie et se crispent secrètement lorsqu'ils se sentent ridicules, parce qu'ils ne sont pas encore tout à fait homme ou femme, en dépit de leur assurance apparente.

L'âme est déjà passée par les dures expériences de la première enfance, de l'enfance et du début de l'adolescence. Lion et Lionne se permettent donc de diriger les pas de ceux qui vivent encore à ces stades et qui sont plus vulnérables que lui et qu'elle. La générosité d'esprit fut sculptée dans la mémoire du Lion par les larmes qu'il versa sous les Signes du Bélier, du Taureau, des Gémeaux et du Cancer. Néanmoins, bien qu'il ait appris à tolérer et à pardonner à ses ennemis, il ignore encore le respect qu'il doit à la sagesse de ses aînés. Comme le véritable grand adolescent, il (et elle) croit tout savoir, et ceux qui mettent ses connaissances en doute l'exaspèrent. L'âme léonine adore le Soleil qui est son Luminaire dominant, la source de toute vie et de sa propre vigueur. Il admire et on l'admire, il aime et il est aimé. Sa vie sociale commence, et les joies de l'idylle se mettent à bourgeonner… puis à fleurir. Il s'agit encore des amours chaleureuses de chiot qui lui apportent tour à tour euphorie et déception. C'est par leurs relations avec les membres du sexe opposé que natifs et natives du Lion prennent conscience du pouvoir de leur virilité et de leur féminité, ce qui leur donne un sentiment d'importance et de dignité. Jeune Lion et jeune Lionne ne subissent plus une autorité étouffante de la part de leurs parents. Ils ont franchi une bonne partie du pont séparant l'enfance de la vie à l'âge adulte. Ils prévoient les responsabilités qu'il leur faudra assumer à leur maturité, mais qui ne sont pas encore devenues un fardeau. Leur vie n'est qu'un gigantesque ensoleillement; le Passé affligeant est derrière eux et le miracle de l'Avenir encore devant eux. Le présent est donc une époque d'amusement et de récréation. Le Lion décide insolemment que le monde a besoin de sa sagesse toute neuve, et il est prêt à la lui prodiguer. C'est seulement en exerçant une autorité inconditionnelle sur les jeunes enfants (les âmes plus faibles et qui ne sont pas encore libérées) que l'homme et la femme du Lion peuvent au cours de cette expérience conserver en eux-mêmes la conscience de leur supériorité et de leur amour-propre, ou plutôt: respect-propre.

Les qualités positives du Lion sont les suivantes: cordialité, générosité, noblesse, vigueur, loyauté, esprit de commandement, ainsi qu'une tendresse cordiale et apaisante: charisme protecteur du grand frère ou de la grande sœur, du fort pour le faible. Exprimées sous leur forme négative, elles deviennent: insolence, sot orgueil, vanité, tyrannie, hauteur… et dévergondage romanesque.

Pour le Lion, au stade symbolique du grand adolescent, l'amour se présente sous l'aspect rutilant de l'idylle, du Cantique des Cantiques, de la satisfaction de tous ses idéaux et de la beauté. Lion et Lionne sont «amoureux de l'amour» et d'eux-mêmes et d'elles-mêmes. Ils prodiguent généreusement leur affection quand elle leur donne le plaisir de se montrer royalement bienfaisants mais en exigeant gratitude et respect de celles ou ceux qu'ils aiment. Tout amour qui les obligerait à s'humilier leur est outrage. Car ils ne sont pas encore capables de comprendre sa profondeur ni la beauté de l'abnégation.

LION
Feu - Fixe - Positif
Régi par le Soleil
Symboles: le Lion et le Timide Minet
Forces diurnes - Masculin

BÉLIER
Feu - Cardinal - Positif
Régi par Mars
Symbole: le Bélier
Forces diurnes - Masculin

Les relations

Lorsque le Lion a enseigné au Bélier les douces joies de la soumission, il est devenu un parfait agneau. La Bible nous dit que lorsque «l'agneau se couchera entre les pattes du lion» nous pourrons nous attendre à de grandes choses: la fin du monde ou mille ans de paix. Théologiens et métaphysiciens ne sont pas d'accord à ce sujet et se demandent si cette prophétie a un sens heureux ou catastrophique. Ce sera sans doute une combinaison des deux, comme la plupart des choses en ce monde. Espérons tout de même qu'en se couchant entre les pattes du Lion l'agneau nous apportera la paix perpétuelle et non le Crépuscule des dieux. Il est permis évidemment d'affirmer que la paix perpétuelle serait la fin d'un monde; des relations paisibles jusqu'à la somnolence entre le Bélier et le Lion seraient la fin de quelque chose. Fini le plaisir qu'ils éprouvaient jusqu'alors à se poursuivre, se tracasser, se heurter, à rivaliser pour les acclamations des animaux de moindre importance.

Les Bélier sont des gagneurs. Indiscutable. Gagner, telle est leur vocation, leur principale occupation. Ils écriraient volontiers sur leur carte d'identité: profession: victoire! Quel que soit le jeu — amour-amitié, affaires ou vie de famille —, ils gagneront. Le Bélier est donc au sommet.

Les Lion ne perdent pas leur temps précieux à s'efforcer de gagner quoi que ce soit. Ils n'ont pas besoin de rivaliser. Ils sont supérieurs par droit de naissance à tous et à tout. À coup sûr, ils jouent le rôle principal dans toutes les contestations amoureuses, d'affaires, d'amitié ou de famille. Un Lion est donc au sommet de tout, sans guère dépenser d'énergie.

Maintenant il s'agit de savoir s'il y a de la place au sommet pour ces deux puissances.

Ma foi, oui… dans une arène assez vaste, chacun pourrait être de son côté sous les feux des projecteurs et recevoir quelques ovations. Mais sur une scène de moindres dimensions, telle qu'un bureau, une salle de classe, un appartement, une villa, quand ils sont ensemble ce sera un peu bondé. Il faudra que quelque chose cède. Eh bien! ce sera tout simplement l'amour-propre de l'un d'eux, et il est gigantesque chez l'un comme chez l'autre.

Inutile de tergiverser ou de recourir à une abondance d'euphémismes. Un coup direct et rapide fera moins de mal. C'est l'amour-propre du Bélier qui devra céder devant la majesté du Lion parce que Lion et Lionne sont nés pour commander, pour prendre la tête, pour conduire. Ils sont nés libres! Cela signifie: libres de toute domination, y compris celle de l'État, du fisc, des employeurs, des instituteurs, des voisins des amis, des parents… des astrologues ainsi que des Bélier trop portés à tracasser leur prochain. La moitié martienne de l'équipe devra se contenter de savoir qu'elle est capable de dominer et vaincre n'importe quel autre Signe solaire… (pourtant, peut-être pas le Scorpion).

Mais tout n'est pas perdu. Le Bélier n'admet d'ailleurs jamais avoir perdu quoi que ce soit; ce qu'il ne trouve pas ne peut être que momentanément déplacé, et c'est tout. Quand je dis que le Bélier ne saurait l'emporter sur le Lion, cela signifie qu'il ne peut pas espérer brandir les trophées du triomphe devant la foule. Mais en privé le Bélier peut obtenir à peu près n'importe quoi du Gros Matou, rien qu'en écoutant avec respect les longues conférences léonines, en le comblant de louanges… tout en gardant pour lui-même (ou elle-même) son opinion et ses intentions. Prodiguer des compliments n'implique aucune hypocrisie chez le Bélier. Il raffole de faire plaisir aux gens et encore plus de chanter les louanges de ceux qui excitent son admiration martienne pour la puissance et la vigueur (et le Lion n'en manque pas!). Quant à dissimuler ses visées, voilà quelque chose de très ardu pour la plupart des enfants du Bélier. Ils se vantent d'une manière outrancière lorsqu'ils remportent une campagne électorale ou qu'ils gagnent une poupée de son à la loterie de la fête foraine, ou encore lorsqu'ils ont le dernier mot dans une discussion. Trop de vantardise dans cette association de deux Signes de Feu peut provoquer une réaction indignée de la part du Lion. Il s'en ira, outré dans sa dignité, lorsqu'il lui deviendra évident qu'on le manipule ou qu'on l'écarte du devant de la scène, ce qu'il ressent comme un crime de lèse-majesté. Remarquons que chasseurs et naturalistes appellent un groupe de lions une «fierté». Si un Lion (ou une Lionne) se trouve dans une situation où s'éloigner dignement ne lui est pas possible (tel peut être le cas d'un enfant en bas âge ou d'un conjoint et d'une conjointe), il (ou elle) se retirera dans un coin et boudera en considérant son antagoniste avec des yeux pleins de reproche et de tristesse et en léchant les plaies de sa vanité. Il se peut tout autant que le Lion se mette à rugir comme son frère de la Metro Goldwyn Mayer et riposte furieusement à l'injustice commise par un simple manant. Ça fait du bruit. Le Bélier fait donc bien de laisser Lion ou Lionne croire qu'il a gagné la partie quelle qu'elle soit, à laquelle ils jouaient tous les deux. Hors de la jungle nul n'est aussi magnanime, joyeux et disons même, adorable qu'un Lion cajolé dans ses affections et sa personne physique. Malheureusement, le dorlotage n'est pas un domaine dans lequel excelle le Bélier.

Dans une de ses fables, Esope nous montre combien il est facile à un Lion d'être manipulé par un animal de moindre dignité, nommément le chacal. Quand le Lion furieux rugit, l'astucieux chacal recouvre aisément la faveur royale en rappelant tout simplement au Lion qu'il est le roi de la jungle, le maître de tous les animaux et qu'il ne saurait donc trop espérer d'un vulgaire chacal. Ça réussit comme un charme.

Malheureusement le Bélier n'est pas un chacal. Il est plus vraisemblable que dans le feu de la querelle (et il y en aura des querelles!), le Bélier ordonnera tout simplement au Lion de céder... ou de s'en aller. Cela murera immédiatement le fond de l'impasse. Céder est totalement impossible à un Lion. Abandonner le champ de bataille serait une lâcheté intolérable pour sa dignité royale. Lion ou Lionne n'ont donc pas le choix: ils rugissent encore plus puissamment, avec plus d'insolence. Finalement le Bélier comprend que ses dures cornes ne viendront jamais à bout de la dignité et du courage de son (ou sa) partenaire (ni mentalement, ni physiquement, ni dans le domaine des émotions). Alors c'est fini. Mais le tapage a duré longtemps, car les enfants de ces deux Signes solaires raffolent de tirades et d'attitudes grandiloquentes.

«Comment oses-tu?
— N'élève pas la voix!
— Tu me donnes des ordres maintenant?
— Ça ne se passera pas comme ça!
— N'espère pas que j'obéirai!
— Certainement tu obéiras!
— Tu vas trop loin!
— Sais-tu à qui tu parles?
— Tu feras comme je le dis!
— Jamais! Tu m'entends? Jamais!»

Et ça dure sur ce ton à n'en plus finir. S'ils vendaient des billets, la maison serait bondée. Aucun spectacle, ni au cirque, ni au théâtre, ni sur le grand ou le petit écran, n'atteint de tels sommets de suspense et d'actions que les scènes de ménage ou de passion entre ces deux amours-propres. Le final est inévitablement bissé. Je connais un couple Lion-Bélier où chaque partenaire à son tour va changer le disque qu'ils font passer au maximum de puissance pendant leurs querelles. Le critique le plus difficile ne saurait que vanter ce spectacle.

Au dernier acte, le Lion ou la Lionne l'emporte forcément. Mais ce ne sont pas des conquérants redoutables, prompts à s'emparer des dépouilles du vaincu et à le déchirer entre leurs griffes. Ils sont réputés pour leur générosité et la noblesse de leur attitude envers le plus faible. Évidemment, il faut admettre que le Bélier n'est pas un bon perdant. Mais s'il lui est possible de supporter la défaite, ce n'est guère qu'avec le Lion.

Chacun sent combien les qualités de son partenaire sont supérieures à celles de tout le reste de l'humanité. Étant donné qu'une admiration réciproque sincère est à peu près toujours présente, lorsque la paix s'établit entre eux, c'est-à-dire en période d'armistice déclaré, ils échangent (de manière spectaculaire évidemment) des serments de loyauté éternelle et d'amour jusqu'à la tombe et au-delà... jusqu'à la querelle suivante plutôt. Et tout recommence.

Dans le cercle de famille, en classe, au bureau, entre amants ou conjoints, les relations Bélier-Lion sont chaleureuses et heureuses, tant que le premier consent à considérer le second comme son guide, précepteur, conseiller et maître; et tant que le Lion continue à envelopper le Bélier dans la tendresse protectrice que les gens de ce Signe solaire dispensent si facilement. Dans l'ensemble, l'association fonctionnera bien (sinon toujours paisiblement). Le Lion prodiguera des félicitations sincères et même outrancières dont le Bélier a autant besoin que les plantes de pluie. Et vice versa. *Totalement* vice versa. L'un et l'autre ne sollicitent pas seulement l'appréciation; ils vont jusqu'à l'exiger sans ambages. Si l'un d'eux a un Signe lunaire ou un Ascendant conflictuel, leurs querelles seront peut-être plus graves et plus pénibles; pourtant, le pardon sera l'issue la plus courante, même dans le pire des cas.

Un des points épineux sera la tendance léonine à prononcer de longues harangues pleines de sagesse qui commencent souvent par ces mots: «Maintenant, écoute-moi bien, je vais t'expliquer combien tu as tort.» Étant donné que pendant toute la journée le Bélier a entendu bien des gens lui tenir des propos du même genre, il les supportera mal le soir à la table du dîner, et il en faudra peu pour faire éclater la capsule de fulminate qui déclenche ses colères... Mais je vais vous révéler un secret: en réalité, le Bélier, sans en rien laisser paraître, approuve les conseils du Lion et le respecte sincèrement. Sans doute est-ce parce que ses discours fastidieux comportent une grande part d'affection sincère et de bonne volonté. Le Bélier a d'ailleurs un besoin impérieux d'être guidé. Nul ne peut le faire mieux que le Lion (ou la Lionne). Encore faut-il que les conseils soient présentés avec amour et exempts d'insolence autoritaire.

Si seulement le Bélier s'habituait à présenter poliment ses requêtes, au lieu de donner des ordres, leurs relations seraient bien meilleures et moins orageuses. «Fais ça immédiatement et ne pose pas de questions.» Personne ne donne ainsi des ordres à Sa Majesté, pas même son Premier ministre. Régi par Mars, le Bélier apprendra difficilement à se montrer plus gracieux lorsqu'il essaie d'obtenir quelque chose du Lion (ou de la Lionne). Mais il doit faire cet effort, sinon la rivalité pour la première place aboutira à des disputes constantes.

Quand il y a considération réciproque, leurs relations peuvent être exceptionnelles, car le Lion devine combien les bravades du Bélier dissimulent d'insécurité et de perplexité; il sait que l'assurance superficielle du Bélier ne correspond pas à une conviction intime. De son côté, le Bélier s'appuiera de plus en plus sur le Lion, et pas seulement au cours des tempêtes, ni en raison de sa bonne organisation mentale, mais aussi, et peut-être surtout, parce que la nature solaire du Lion ou de la Lionne donne de la chaleur et de la signification à chaque instant de l'existence. Le Bélier devine aussi que le cœur du Lion est sensible et frémit souvent, malgré sa supériorité et son orgueil. Comment ne sympathiseraient-ils pas, ces deux êtres qui ont tant en commun. On le constate en les voyant se sourire l'un à l'autre. Ils expriment alors leur gratitude réciproque, et on croit les entendre murmurer: «Merci de me comprendre... Je te comprends aussi.»

Chacun trouvera chez l'autre le stimulant qu'il cherche constamment. Ils sont tous deux essentiellement dynamiques, mus par le désir de vivre pleinement leur vie sans rien en manquer. Ils savent que, au-delà des banalités quotidiennes du siècle, il est des espaces où les étoiles tourbillonnent en folie, comme les pâquerettes sur une prairie battue par le vent. Même si leurs vues peuvent différer, et sauf si l'un d'eux a la Lune ou l'Ascendant dans un Signe particulièrement prudent au point de vue financier (Cancer, Scorpion et les trois Signes de Terre), ils croient tous les deux mieux arriver à destination en voyageant en première classe. Cette phrase ne doit pas être prise au pied de la lettre, mais comme une image. Peut-être faut-il y réfléchir attentivement pour comprendre.

Il nous est toujours permis d'accepter le monde créé par d'autres ou d'en imaginer un meilleur. Le Bélier et le Lion espèrent toujours mieux. Le monde qu'ils souhaitent est celui dont ils ont rêvé en leur enfance. Quand ils sont ensemble, ils y rêvent encore, et ils envisagent au moins le début de quelque chose d'entièrement neuf. Impossible de prévoir où cela les mènera... En tout cas, ce ne sera pas fastidieux.

Femme LION • BÉLIER *Homme*

Il n'est jamais facile et parfois impossible de s'entendre avec une Lionne. Fière, pleine de morgue, vaniteuse, égocentrique, arrogante, elle est aussi vigoureuse, pleine de vitalité et peut se montrer cordiale, chaleureuse, généreuse, si l'on reconnaît et respecte son évidente supériorité. Certes, elle ne capitule jamais mais si le Bélier prend soin de ne jamais porter atteinte à sa dignité et manifeste clairement son admiration, elle se montrera d'une docilité inattendue. Aucun de ceux qui la connaissent ne le croiront parce qu'ils ne l'ont jamais vue se conformer aux désirs de qui que ce soit avec autant de bonne grâce qu'avec lui.

L'astrologie garantit pratiquement harmonie et bonheur à cette association, surtout si l'aspect de leurs Luminaires est bénéfique. Dans ce cas-là, l'aventure ou le mariage seront presque paradisiaques. Même si l'aspect Soleil-Lune de leurs horoscopes comparés est défavorable, nos deux partenaires se toléreront assez bien. Il se souciera moins des extravagances de sa compagne que n'importe quel homme né sous un autre Signe solaire — disons même qu'il ira jusqu'à les encourager, car elles s'assortissent fort bien avec les siennes. Évidemment, les Lionne n'aiment pas admettre qu'elles sont prodigues. Elles vous diront même qu'elles sont très économes. Et le plus curieux, c'est qu'en un certain sens quelques-unes le sont. Les filles du Lion peuvent manifester de l'esprit pratique pour les dépenses courantes et perdre la tête au sujet du superflu. Bref, elles sont souvent sages avec les sous et folles avec les grosses coupures. L'homme du Bélier est aussi fou avec les sous qu'avec les gros chèques. Si leur Signe solaire ou leur Ascendant les incline à la frugalité, ce qui précède ne s'appliquera pas à eux. Mais même dans ce cas, tôt ou tard, ils révéleront l'un et l'autre l'essence de leur Signe solaire par des actes de générosité. Ils adorent donner et recevoir des cadeaux.

Le Bélier amoureux d'une Lionne l'encouragera à vivre conformément aux droits légitimes de sa dignité, voire de son orgueil. Et cela ne nous étonnera pas. Il estime que les attitudes souveraines conviennent à sa partenaire et flattent sa vanité à lui aussi: il faut être un vainqueur né pour parvenir à capturer une telle compagne. Bien qu'en général il s'attende à ce que toutes les femmes veillent à son bonheur et n'existent que dans le seul but de satisfaire ses désirs, il manifeste souvent le meilleur côté de son caractère avec la Lionne; il se montre plus attentif à ses désirs à elle. Peut-être la place-t-il sur un piédestal pour gagner et conserver ses faveurs royales; mais, beaucoup plus vraisemblablement, il se conduit ainsi parce qu'il estime sincèrement qu'elle mérite d'être adorée... n'est-elle pas tellement exceptionnelle... tellement comme lui-même!

Un des couples les plus heureux que je connaisse est celui de la Lionne Rosemary et du Bélier Norman. Pendant des années, il fit joyeusement la cuisine et le ménage, il veilla avec amour en la dorlotant à lui assurer suffisamment de repos pendant qu'elle poursuivait ses études de médecine puisqu'elle se spécialisait en psychiatrie. Elle réussit fort bien dans ses études. Cette expérience apprit au Bélier à réprimer ses impulsions et à freiner son «moi d'abord» sans être atteint dans sa virilité. Parce que Norman adore sa superbe Rosemary, il le traite avec une gracieuse gentillesse ne laissant aucun doute quant à celui qui est Tarzan et celle qui est Jane dans leur ménage. Quand elle ne travaille pas, la Lionne sert les repas du Bélier. Quand elle le regarde, ses yeux bruns rayonnent d'une affection sincère. Elle a clairement l'attitude et la douceur d'une femme totalement satisfaite dans sa féminité. Et lui, il la considère avec une admiration évidente; il lui permet même d'être le centre d'attention lorsqu'ils sont en compagnie. Pourtant on sent toujours nettement que c'est lui le maître de la maison.

Cela ne signifie pas qu'il n'y ait jamais de désaccords entre eux. Les psychiatres n'échappent pas plus aux tensions nerveuses passagères que les dentistes aux rages de dents. Mais entre deux Signes de Feu, toute confrontation apporte une excitante épice et la réconciliation qui s'ensuit les ragaillardit l'un comme l'autre. Une querelle de temps en temps empêche Bélier et Lion de prendre l'amour comme un fait acquis, ce qui entraînerait la lassitude. Ces deux amoureux ont foncièrement besoin de recharger périodiquement les batteries de leur passion initiale.

Les natifs du Bélier sont toujours si passionnément absorbés par le but qu'ils visent qu'il peut leur arriver parfois de ne pas louanger suffisamment leur épouse. Quand il s'agit d'une Lionne, elle prend cette distraction pour une négligence, se sent mal appréciée, devient froide, indifférente et même paresseuse. Elle réagira selon le cas de deux manières différentes: ou bien elle négligera elle-même sa propre féminité et cessera de se soucier de son aspect extérieur, ce qui est un triste symptôme de tourments intérieurs; ou bien elle ne se souciera plus que de l'effet qu'elle fait sur autrui et ira jusqu'à solliciter ouvertement l'attention d'autres hommes. Il n'est pas encore né de Bélier mâle prêt à accepter que sa femme flirte et encore moins qu'elle ait une liaison. Le moindre soupçon d'infidélité déclenchera une scène furieuse de jalousie. À longue échéance, cela peut être heureux pour le couple car le Bélier réalisera qu'il a négligé de rendre à sa Lionne les hommages qu'elle exigera jusqu'à la fin de son existence. Ni l'un ni l'autre n'est d'ailleurs immunisé contre la jalousie. De temps en temps il passera par la tête de l'un ou de l'autre qu'il pourrait être «amusant» de feindre quelque intérêt pour une autre personne. La bagarre homérique qui s'ensuivra montrera qu'une telle espièglerie est aussi «amusante» que de chatouiller sous le menton un gorille en fureur.

La fille du Lion a besoin de s'entendre répéter souvent combien et pourquoi elle est aimée. Satisfaite de ce côté, elle soupçonnera moins son partenaire lorsqu'il n'est pas auprès d'elle. Le Bélier qui gâte sa majestueuse compagne ne le regrettera donc pas. Certes elle sera très exigeante; eh bien! qu'il lui fasse donc plaisir, cela vaudra mieux que de la supporter quand elle se sent négligée. Lorsque cette femme s'imagine, en effet, qu'elle est dédaignée, elle se met à attacher une importance déraisonnable à des vétilles. Le Bélier réagirait d'ailleurs exactement de la même manière dans le même cas. Une provocation quelconque, réelle ou imaginaire, peut le rendre littéralement puéril dans ses exigences; il bout littéralement de ressentiment s'il croit qu'il n'est pas assez aimé ou simplement remarqué. L'ingratitude le rend fou furieux et a un effet presque inverse sur elle que l'indignation paralyse. Le désir d'être adulé est aussi excessif chez les deux; ils en ont besoin pour leur amour-propre. Comme le monde extérieur les admire généralement moins qu'ils ne le souhaitent, qu'ils s'admirent donc réciproquement pour compenser cette injustice.

Au point de vue sexuel, ils sont exceptionnellement bien assortis. Leur passion dévorante, exempte de toute inhibition, est tempérée par leur besoin commun de tendre affection. Bien qu'ils soient tous les deux profondément et fougueusement amoureux, dans le sens le plus chaleureux de ce mot, ils sont aussi idéalistes l'un que l'autre. Un petit baiser sur la joue, un mot doux comptent autant pour elle et pour lui que l'expression la plus érotique de leur unicité sexuelle. La nature de l'homme du Bélier comporte une abondance de sentiments et de Feu qui ne manque jamais de provoquer une réponse favorable chez la Lionne. Ce qu'ils cherchent tous les deux, au point de vue physique, ce sont les abandons sauvages d'une Lady Chatterley et de son amant, mais assortis d'une tendresse poétique. Selon toute probabilité, ils réussiront mieux cet amalgame émotionnel entre eux qu'avec n'importe quel autre être humain. Si quelque chose peut troubler leurs relations sexuelles idylliques, c'est le ressentiment qu'il éprouve pour les anciennes amours de sa compagne. Chez une Lionne, hélas! les vieilles flammes ne s'éteignent jamais; les charbons rougeoient encore des années plus tard, non parce qu'elle désire raviver ses aventures mais parce qu'elle répugne à rejeter des souvenirs où elle se voit encore adorée. Ils ne perdront jamais leur attrait pour elle.

Simple hypothèse mais fort plausible... Elle les chérit tant ces vieux souvenirs qu'elle conserve les lettres de ses anciens amoureux. Peut-être les relit-elle de temps à autre pour apaiser sa soif de romanesque. Si ces missives tombent sous les yeux de son Bélier, il sera aussi outragé et indigné que s'il la prenait en flagrant délit d'adultère. Il n'aura d'ailleurs pas besoin de ces pièces à conviction pour l'interroger avec insistance au sujet de son passé. Étant donné son caractère, la Lionne ne manquera pas de se vanter en exagérant l'importance des délices passés. Il perdra l'illusion d'être le seul homme qui l'ait presque conquise. Ce sera un choc cruel pour lui et leur harmonie sexuelle sera atteinte. Le Bélier doit toujours être le premier au jeu de l'amour, comme à tous les autres jeux. Il tient aussi à être le premier qui capte l'attention générale dans toutes les réunions; il ne dédaignera donc pas les belles qui le regardent avec admiration. (Nous avons déjà vu que les Bélier sont égoïstes; il serait peut-être plus exact de dire qu'ils sont parfois inconsidérés.) Alors que se passe-t-il? Vous le demandez? Rappelez-vous le caractère de la Lionne; elle tient à être adulée par l'homme qu'elle autorise à l'aimer; et il faut que tout le monde la sache adorée. Quelles que soient ses intentions, il a grand tort de manifester de l'intérêt à celles qui l'admirent; sa Lionne ne tolérera pas un tel affront à sa dignité. Peut-être a-t-elle assez confiance en ses propres charmes pour être la seule qui compte pour son amant ou mari; mais il lui importe que tout le monde le sache autant qu'elle. Qu'il se permette d'éplucher un fruit pour une autre femme en public et il verra aussitôt sa belle, rayonnante et impétueuse compagne se métamorphoser sous ses yeux en un félin furieux... ou pire en statue de marbre figée dans une attitude de réprobation glaciale. Plus tard, quand ils seront seuls ensemble, il se produira une explosion terrible.

Mais ne nous alarmons pas: ils se réconcilieront avant que les larmes de la belle aient séché... Cette algarade fournira d'ailleurs au Bélier une occasion de lui répéter combien elle lui est chère et il sera sincère. Quant à elle, sa colère même laissera entendre combien elle a besoin de lui. Ainsi se rassureront-ils réciproquement, ils se confieront combien les autres leur paraissent creux depuis qu'ils ont appris la solidité de l'amitié et de l'amour qui les unit. Les dieux ont en effet accordé au Bélier et au Lion la grâce de la bénédiction la plus désirable: l'aptitude à être à la fois amis et amoureux. Chacun à son tour infligera peut-être des blessures involontaires à son (ou sa) partenaire; mais dans tous les autres domaines ils se fient l'un à l'autre plus qu'à quiconque. Tout désaccord leur rappelle, lorsqu'il est aplani, cette heureuse vérité. Voilà ce qu'il y a de beau dans les tempêtes qu'ils déchaînent entre eux. Les autres Signes solaires n'en sont généralement pas là. De même que le souvenir des âpres bises d'hiver rend le printemps encore plus miraculeux, les chagrins dus à une blessure d'amour-propre rendent encore plus exquis qu'auparavant le bonheur d'être heureux ensemble, après avoir failli se perdre l'un et l'autre.

Notre Bélier impulsif et impétueux trouvera un asile douillet dans le cœur de sa Lionne. En échange, il lui fera le don splendide de sa personne, de *toute* sa personne et cela, il ne l'avait jamais fait à aucune… avant de la rencontrer.

Homme LION • BÉLIER *Femme*

Toute liaison entre le Lion et le Bélier peut être une expérience chaleureuse et merveilleuse, mais elle provoquera aussi de fréquents orages passionnels, surtout si chacun a frigorifié l'amour-propre de l'autre. Mais les glaçons fondent vite entre ces deux Signes de Feu, et après l'orage l'air est souvent plus clair, tout paraît plus vert, plus frais. Souvent cela commence ainsi: il promet de lui téléphoner à 17 heures, mais il n'appelle qu'à minuit et refuse de s'excuser. Il lui reproche de faire des fautes d'orthographe et de se farder d'une manière outrancière. Puis il lui enjoint de se taire et de l'écouter, «pour une fois». Non mais, qu'est-ce qu'il lui prend à celui-là!

Eh bien! l'affaire est tranchée. Elle en a plus qu'assez de cette insolence accablante. Elle décide subitement de rejeter cet individu hors de sa vie. Non mais, c'est un Napoléon! Qui a besoin de lui, d'ailleurs?… Mais *elle*.

Malgré ses grands airs de je-sais-me-débrouiller-toute-seule, elle a enfin trouvé l'homme qui l'en sait incapable et qui la met au pied du mur. Elle aurait grand tort de lui dire: «Va-t'en, perds-toi et ne reparais jamais sous mes yeux.» C'est d'ailleurs précisément ce qu'il ne ferait pas. Plus tard, elle se rappellera combien il avait une voix chaleureuse et cordiale quand il a fini par l'appeler au téléphone. C'était un peu trop tard, bien sûr, mais... Et puis il lui a reproché d'écrire chaton avec deux *t* et de mettre trop de violet sur ses paupières, oui... mais il l'a fait avec tant d'affection. Peut-être n'était-il pas d'une condescendance intolérable, mais plutôt tendrement protecteur... Peut-être devrait-elle lui pardonner. (Qu'elle le fasse donc sans tarder. Elle est conquise. Elle sait maintenant ce qu'éprouvait Joséphine... et toute la France.)

Avant peu, il lui enseignera des tas de choses qu'elle ne savait même pas ignorer. Mieux encore, elle se surprendra, stupéfaite, à se réjouir d'être ainsi gouvernée. Bien sûr, quand leurs amours auront perdu l'attrait de la nouveauté, elle descendra des nuages et le dominera de temps en temps pour mettre leurs comptes en ordre. Le Gros Matou découvrira alors ce que ressent un Lion enfermé dans une cage avec une dompteuse. D'abord c'est la surprise, puis la colère, puis l'indignation, finalement la soumission. Il consentira au moins à émousser les angles trop aigus de sa supériorité. En fin de compte, un caractère aussi enflammé que celui de cette femme lui convient parfaitement, pourvu que ces flammes ne le plongent pas dans la pénombre. Cela n'ira d'ailleurs jamais jusque-là. Il n'a aucun souci à se faire. Quand a-t-on vu la planète Mars briller plus vivement que le Soleil?... Mais briller plus que le Soleil de cet homme? Ça, c'est une autre affaire.

Aussi, quand ces deux Signes de Feu considèrent Vénus côte à côte, la scène fait explosion. C'est aussi une lumière aveuglante qui balaie leur jardin enchanté. Les vieux rêves, rangés depuis longtemps parmi les archives, ne sont peut-être pas tellement irréalisables. Ce sont ses rêves, n'est-ce pas? S'il les a faits aussi, elle est convaincue qu'ils passeront dans le domaine de la réalité. Or, la foi de Mars fait s'envoler les montagnes. Quant aux tendances dominatrices de la belle et à ses prétentions à l'indépendance, ce ne sont que signaux de détresse lancés vers celui qui saura la conduire dans la bonne direction. Organiser la vie d'autrui lui épargne des erreurs, et c'est ce que le Lion fait le mieux. Évidemment, avec une fille comme elle, la tâche est ardue. Mais quand a-t-on vu un Lion fuir devant le défi? Elle portera peut-être de durs coups à son amour-propre viril, mais le Lion ne craint rien. Il doit lui rendre coup pour coup (précisons qu'il s'agit d'images), lui enseigner que c'est lui qui siffle les taxis et mène le jeu sur tous les plans. Quand il aura orienté l'énergie martienne de la belle, il pourra se détendre, et elle fournira tout le Feu dont il a besoin, car il lui en faut.

Il est doué d'un esprit plus pratique et il est plus sensé qu'elle. N'oublions pas que le Lion est un Signe fixe. Elle l'accusera parfois d'être sentencieux et guindé. Elle a plus de vitalité et de spontanéité; il l'accusera d'être épuisante. Elle finira par marquer le pas ou bien il l'obligera à ralentir, si bien que tout s'arrangera, car ils marcheront à la même hauteur. Ils provoqueront parfois délibérément leurs querelles en obéissant à un besoin subconscient (occasionnellement conscient), pour le seul plaisir de se réconcilier ensuite et de se rassurer réciproquement sur la solidité de leur amour. La réconciliation apporte toujours les mêmes joies magiques. Leurs amis se demandent peut-être pourquoi ils restent ensemble, ces deux partenaires qui ne cessent de se disputer, de se déchirer. Eux, ils le savent.

Précisons d'abord qu'ils ne passent pas tout leur temps à se quereller. Ils connaîtront des moments de folie merveilleuse, joyeuse, miraculeuse, pleine de lilas et de gouttes de pluie, de poussières d'astres, de violette, dans un carrousel enchanté. L'innocence sincère de la fille du Bélier touche profondément le cœur idéaliste du Lion. L'impétuosité bouillonnante du Bélier est contagieuse et s'assortit bien avec les enthousiasmes solaires du Lion. Le Bélier est le nourrisson du Zodiaque; par conséquent, la naïveté et l'innocence de sa partenaire suscitent chez lui une tendresse profonde. Il se sent obligé de protéger un esprit aussi honnête, aussi brillant, aussi courageux qui, pareil au nourrisson, n'a pas la moindre idée des innombrables chausse-trapes semées sur la route qu'il devra suivre… dans l'ombre. Il l'aidera à les éviter, tendrement, grâce à son jugement plus sage, plus mûr, car le Lion est en avance sur le Bélier, sur la roue du Zodiaque.

Quand elle aura apprécié la chaleureuse sécurité que lui assure le dévouement du Lion, elle vivra vraiment comme le nourrisson symbolique de son Signe solaire et cessera d'exiger ce dont elle a besoin, perdra la crainte de tomber dans un gouffre sans que personne ne l'arrête dans sa chute. Désormais, elle sait que les bras vigoureux du Lion l'arrêteront. Il est parfaitement capable de faire face à tous les besoins qu'elle puisse jamais éprouver. Alors elle se détend, elle devient plus calme, plus tranquille, doucement apaisée par les berceuses d'amour que lui chante le Lion fidèle. Régie par Mars, cette femme admire la force tant physique que morale, et il en est doué. Elle aura beau se défendre contre la soumission, elle cédera parce qu'il mérite une confiance qu'elle n'aurait jamais accordée à aucun autre homme.

Le Bélier et le Lion éveillent l'un chez l'autre de puissantes vibrations intensifiées sur le plan physique par une stimulation passionnelle constante. Tout à fait heureuses, leurs relations sexuelles peuvent être aussi merveilleusement apaisantes, parce que chacun satisfait chez l'autre ce qu'il exige: passion et affection. Quoi que l'on pense en général, ces deux besoins sont loin d'être identiques. La plupart des gens désirent — et sont capables de donner — un seul de ces deux éléments, mais jamais les deux à la fois. Très souvent, il en résulte chez nos deux partenaires l'éveil de sensations et de sentiments qu'ils croyaient enterrés avec les espérances perdues de leur enfance. Voilà quelque chose d'assez enivrant; c'est aussi l'espèce de bonheur qu'ils rechercheront ensemble à tout prix, en dépit de nombreux crève-cœur momentanés ou de graves atteintes à leur amour-propre. L'expression «à tout prix» ne s'applique pas tout à fait au Lion qui n'admettra jamais d'être possédé. Quand il parcourt souverainement la jungle, il ne veut pas entendre claquer à ses pieds les chaînes de la jalousie. Ce qui est vrai pour lui vaut également pour elle. Ce principe de «liberté» sera-t-il respecté de part et d'autre?

Eh bien, non! Elle sera obligée de lui accorder une bonne longueur de bride alors qu'il lui en concédera à peu près ce qu'il faudrait pour se pendre. La fille du Bélier ne saurait tendre la joue gauche à son amant ou mari Lion qui en est encore moins capable. Certes, il prêche volontiers l'humilité, mais il ne la pratique presque jamais. C'est toujours elle qui devra pardonner la première et surtout s'efforcer de comprendre. Je lui souhaite bonne chance et bon courage. Elle en aura besoin.

Leur compatibilité sexuelle ne sera donc pas exempt d'épines acérées. La fille du Bélier est d'une exigence outrancière. Non seulement elle tient à ce que son homme n'appartienne qu'à elle, mais elle voudrait en plus qu'il n'ait jamais appartenu à une autre. Certes, elle est assez sensée pour savoir qu'elle ne saurait espérer un mâle vierge. Mais, cela, elle ne le comprend qu'avec sa tête. Son cœur martien nourrira toujours de sottes illusions. Aussi incroyable que cela soit, elle aimerait être la première qu'il ait jamais touchée, à laquelle il ait jamais murmuré des mots doux et qu'il ait conquise sexuellement. Étant donné que l'amour est aussi nécessaire que la respiration au Lion mâle, elle caresse de vains espoirs. Tracassière, comme le sont les gens du Bélier, elle exigera qu'il lui raconte toutes ses aventures passées avec chaque sourire, chaque soupir; elle voudra connaître les noms, les dates les lieux. À ce point de vue, elle sera vraiment gâtée. Force lui sera de perdre ses illusions. Bon, ça va... il a fait l'amour avec d'autres qu'elle. Elle l'admet, si douloureux que cela lui soit. (Les natifs du Bélier sont toujours prêts à faire courageusement face à la vérité lorsqu'elle s'impose à l'évidence.) Mais une dernière espérance palpite encore dans son cœur. N'est-elle pas la meilleure de toutes? S'il en a eu d'autres, rien ne prouve qu'il ait été aussi heureux avec elles? Peut-être a-t-il été séduit, peut-être quelque perverse sorcière l'a-t-elle ligoté et s'est-elle servie de ce mâle malgré lui? Et l'horreur d'un tel viol lui donnerait encore des cauchemars?

Allons donc! son Lion mâle ne plaidera évidemment pas la frigidité. D'abord il est trop honnête pour tricher ainsi, ensuite il est fier de ses exploits. Non, on ne l'a pas ligoté sur le lit. Non, on ne lui a pas passé des menottes. (Rappelons que nous sommes en train de parler des aventures qu'il a vécues avant de la connaître. *Au passé.* Certes elle ne pardonnerait jamais et n'oublierait pas une infidélité *présente.* Elle ne tolère rien à partir du moment où ils se sont donnés l'un à l'autre, où ils se sont engagés. Précisons: elle ne le *refuserait* pas; elle en est incapable. Ainsi sont les sujets du Bélier.) Lorsque, à force de chatouiller la vanité toujours hypertrophiée de son Lion, elle lui a fait avouer ses bonnes fortunes passées, il ne manque jamais d'ajouter qu'il n'a donné son cœur à aucune de ces filles d'autrefois. Son cœur était encore à lui, à lui seul, lorsqu'il l'a rencontrée, et c'est à elle seule qu'il l'a donné pour toujours. Mais elle ne l'écoute déjà plus. Tout l'esprit de la belle est absorbé par des tableaux d'orgies sauvages. Il ne lui appartient pas, quoi qu'il prétende. Tout cela n'est qu'illusion. Son chevalier à l'armure brillante a les pieds boueux; le cheval blanc n'est plus qu'un âne galeux.

L'effondrement des illusions est capable de détruire l'harmonie sexuelle entre le Bélier idéaliste et le Lion au long passé amoureux. Mais, dira-t-on, et son passé à elle? Bah! ce n'est pas la même chose! Elle est capable de l'expliquer par une douzaine d'excuses diverses. Et puis d'abord aucune de ses aventures de jadis ne lui a jamais donné de plaisir.

À ces difficultés, deux solutions possibles. La première est toute simple: qu'elle vieillisse donc, qu'elle mûrisse passionnellement et comprenne qu'Aujourd'hui, s'il est assez puissant, beau et bon, ne saurait être souillé par un Hier déjà passé et oublié. Compte tenu de Mars, cette solution est hautement invraisemblable. Elle serait foncièrement contraire au caractère de cette femme, sauf si son Signe de Lune ou son Ascendant se trouvent dans une maison plus objective et détachée telle que les Gémeaux ou la Balance. (Un Ascendant ou une Lune en Verseau donnerait d'aussi bons résultats mais soulèverait un problème inverse: elle serait trop détachée et trop objective pour convenir à son Lion.)

La seconde solution est la meilleure car elle incombera au plus raisonnable des deux. Il suffit que le Lion lui répète souvent et régulièrement combien ses expériences passées l'ont déçu. Alors elle ne craindra plus de tomber dans la nuit de la solitude. Il énumérera aussi tous les aspects du bonheur qu'il éprouve avec elle et qui sont non seulement très supérieurs à tout ce qu'il a ressenti jusqu'alors mais surtout qui furent les «premiers». Inutile d'expliquer le sens de ce mot «premier». N'importe quel couple Lion-Bélier le comprendra immédiatement.

L'admiration sans réserve qu'elle éprouve pour le courage, la confiance en soi et la sagesse de son partenaire stimule la virilité du Lion mâle (ce qui ne l'empêchera pas d'être considérablement refroidi de temps à autre lorsqu'elle lui parle de ses moins bonnes qualités). Le refus catégorique qu'il oppose à toutes les tentatives de domination par sa partenaire réveille chez cette dernière une féminité qu'elle ne savait pas posséder et qu'elle ne possédait même peut-être pas... jusqu'à ce qu'elle le connaisse. Néanmoins, bien qu'elle puisse se soumettre à son Lion, sur les plans passionnel et sexuel, elle n'abandonnera jamais sa personnalité ni son indépendance, même pas pour lui. Il a grand besoin d'adoration pour nourrir son amour-propre affamé. Or, pour elle, adoration équivaut à faiblesse, défaut qui lui est tout à fait étranger. Son Lion lui donnera d'amples raisons d'en faire une qualité et de la cultiver. Elle sait qu'il est le plus fort du couple, et c'est bénéfique. Pourtant, s'il use de cette supériorité pour la tyranniser avec l'arrogance du macho, il obtiendra l'effet inverse. Une fille du Bélier n'est jamais asservie. Si elle veut être libérée par ce puissant seigneur et maître, il faut qu'elle fasse preuve de diplomatie. Lorsqu'elle exige la reconnaissance de ses droits, il rugit, indigné, une grande et puissante vérité: «Je ne puis te *permettre* d'être mon égale que si tu reconnais *d'abord* ma suprématie!» Une fille du Bélier suffisamment intelligente interprète aisément cet ordre. Il signifie simplement qu'un roi Lion dont la souveraineté a été dûment reconnue aura suffisamment de confiance et de pouvoir sur lui-même pour installer sa reine Bélier sur un trône aussi élevé que le sien et pour lui permettre de régner à côté de lui. (Elle pourra porter la couronne de diamants mais il conservera le sceptre.)

Elle l'admirera, le respectera et l'aimera intensément. Elle restera très attachée à sa liberté et tiendra à agir à sa guise… tout en permettant à son Lion de lui indiquer comment elle doit faire ce qu'il lui plaît. Par moments, il refroidira les enthousiasmes de sa partenaire et dissipera ses espérances avec l'esprit pratique propre au Lion. À d'autres moments, c'est elle qui l'atteindra dans son orgueil en l'interrompant quand il parle ou en oubliant de lui demander conseil. Alors il se figera dans sa dignité royale offensée; elle se fâchera, elle criera; sa colère tempétueuse sera un nouvel outrage pour le Lion. Quand la glace de la froideur masculine fondra et que la furie féminine s'apaisera, le bonheur reviendra sur le couple. Quand les flammes de l'indignation seront montées assez haut pour retomber, le besoin incoercible de se précipiter dans les bras l'un de l'autre ressuscitera le miracle du printemps… Éternelle magie.

Ce couple découvrira que l'amour du (ou de la) partenaire déborde en un amour et une compassion plus vastes, parce que le puissant effet de leur Soleil en demi-sextile est influencé par la bienveillance de Jupiter, maître de la neuvième maison. Quand on aime quelqu'un assez totalement pour que chaque chose semble faire partie de tout, on comprend mieux ce qui se passe chez les autres. On saisit ce qu'autrui ressent quand il souffre, quand il est esseulé. D'une manière ou d'une autre, on souhaite partager sa propre paix et sa propre joie avec son prochain. On finit par trouver, *ensemble,* le moyen de le faire. L'amour est une bénédiction pour le Bélier et le Lion, en raison de ce qu'ils voient dans les yeux l'un de l'autre. Il voit une femme assez vulnérable pour avoir besoin de sa sagesse et pourtant assez indépendante pour le défier et le stimuler. Elle voit un homme assez bon pour la traiter avec tendresse et pourtant assez fort pour la protéger et la conquérir. Et tous les deux voient… quelque chose d'autre… un mystère d'Hier et une promesse pour Demain… quelque chose d'indéfinissable, accompagné par une musique qui remonte de leur mémoire. Entre le Bélier et le Lion, l'alchimie est bonne. À l'instant où ils entrent en contact, ils font ensemble un vœu sur Vénus qui agit sur le Soleil du matin; alors des galaxies entières d'étoiles les observent en proie à une joie merveilleuse et font des vœux pour eux... en prévoyant que la naissance de l'Amour entre ces deux personnes annonce sans doute la réalisation d'une très vieille prophétie: celle de la paix éternelle pour le monde... «quand l'Agneau se couchera entre les pattes du Lion».

LION
Feu - Fixe - Positif
Régi par le Soleil

TAUREAU
Terre - Fixe - Négatif
Régi par Vénus
(aussi par la planète Pan-Horus)

Symboles: le Lion et le Timide Minet
Forces diurnes - Masculin

Symbole: le Taureau
Forces nocturnes - Féminin

Les relations

Pour qu'ils soient sûrs d'être aimés et *appréciés*, il faut aux Taureau beaucoup d'affection et de loyauté. Quant aux Lion, ils ont besoin d'adoration et de compliments pour s'assurer qu'ils sont aimés et *admirés*. Nul ne saurait jamais trop prouver à l'un comme à l'autre qu'il est chéri, même ceux qui sont nés dans leur même Élément (Taureau, la Terre et Lion, le Feu). Nous voyons donc qu'ils devront se dorloter réciproquement, faute de quoi ils s'infligeraient l'un à l'autre de graves frustrations.

Ces deux Signes solaires sont en quadrature. Cela signifie qu'ils ne s'harmonisent pas trop bien, sauf si Soleil et Lune dans leurs thèmes respectifs de naissance se présentent d'une manière favorable.

La tension se manifeste d'abord ainsi entre Taureau et Lion: ce dernier est beaucoup trop égocentrique pour donner au vigoureux et silencieux Taureau la dévotion et l'obéissance absolues qu'il tient à recevoir *la plupart du temps*. De son côté, le Taureau est beaucoup trop obstiné pour donner au Lion, fier et même vain, l'adoration inconditionnelle qu'il exige *constamment*. L'un et l'autre sont nés sous un Signe fixe; ils sont donc tous deux bons organisateurs et nous pouvons porter à leur crédit une stabilité émotionnelle hors du commun. Ils sont aussi capables l'un que l'autre d'être…*fixés*. Au positif ce mot signifie à peu près *stable*. Cependant dictionnaires, glossaires, vocabulaires offrent d'autres synonymes qui n'ont rien de laudatif, tels que *tête de bourrique* et même *tête de cochon* que nous pouvons considérer comme les aspects négatifs de la même qualité. (Les deux autres Signes fixes sont Verseau et Scorpion.) Parfois le Lion, le brillant, laissera le paisible et résolu Taureau se débrouiller des situations désagréables, puis il s'attribuera sans vergogne le mérite de l'exploit. Le Taureau s'en soucie beaucoup moins que ne le feraient les natifs de Signes plus égocentriques. La chose dont il se soucie le moins, c'est sa gloire personnelle. Quand on la lui offre il ne la refuse pas, mais il ne se démènera jamais dans un esprit de gloriole. Le Taureau s'intéresse surtout aux appréciations *monnayées* et à la paix de son esprit.

Je connais un natif du Lion qui se dévoua tendrement à son épouse Taureau pendant bien des années. Elle survécut à la plupart des médecins qui ne lui donnaient pas six mois à vivre et continua à diriger les affaires du ménage de son lit pendant trois fois plus longtemps que le corps médical ne lui en accordait. On attribuait évidemment au Lion le mérite du courage dont faisait preuve sa malade. En effet, ne lui donnait-il pas les soins les plus attentifs, les plus tendres, qui soient imaginables. Bien des hommes moins courageux et moins vigoureux que lui y auraient laissé leur peau ou seraient tombés dans la dépression nerveuse. Oui, c'est vrai. Mais la volonté de fer de la fille du Taureau contribuait aussi sans doute à assurer sa survie.

Pourtant ce ménage présentait une particularité étonnante. Les sujets de différends n'y manquaient pas. Les discussions étaient tellement fréquentes qu'on pourrait les considérer comme une chamaillerie permanente. Néanmoins elle lui permettait de s'attribuer tout le mérite de son propre courage sans manifester ressentiment ni même agacement. Certes, elle savait fort bien ce qu'elle lui devait mais elle n'ignorait pas plus, évidemment, quels efforts lui coûtaient, à elle, la vigueur et l'alacrité qu'elle manifestait pendant des années douloureuses. Astrologiquement, c'est normal: le Taureau n'est ni méticuleux ni porté à couper les cheveux en quatre. Se laisser éclipser par l'ego du Lion ne le dérange pas. Elle lui permettait, elle l'encourageait même à accepter les félicitations et ne souriait qu'intérieurement. Toutefois elle refusait d'accorder à son époux l'adoration qu'exigent tous les natifs du Lion. Il était donc un monarque malheureux et sans doute ne le lui pardonna-t-il jamais. À part ça, elle lui laissait toutes les satisfactions d'amour-propre qu'il pouvait souhaiter.

Voici un autre exemple, plus amusant, qui ne concerne pas un ménage mais une collaboration dans le domaine des affaires. J'ai connu jadis un homme du Taureau qui travaillait comme directeur administratif d'une école de coiffure du New Jersey. Le P.-D.G. de cet établissement (supérieur du Taureau évidemment), homme brillant, généreux, cordial mais typiquement orgueilleux et même insolent, était un Lion et s'appelait Dr Andrew Julian. Il s'appelle encore ainsi évidemment. Pourquoi changerait-il ce nom qui figure en lettres d'or en totalité ou en initiales sur ses boutons de manchette, ses chemises, son porte-documents, sans doute sur son linge, sur ses serviettes et son argenterie? Mon ami Taureau et le Dr Julian bénéficiaient d'une configuration Soleil-Lune harmonieuse dans leurs thèmes de naissance. Ils sympathisèrent, se respectèrent et s'admirèrent réciproquement pendant toute la durée de leur collaboration. L'école qu'ils dirigeaient en tandem prospérait.

Vint un moment où un milliardaire désira acquérir une part du capital de cette école. Ce nabab n'était pas regardant. Peu lui importait le montant qu'il investirait ni les revenus qu'il en tirerait. Lui importait seulement de passer pour le patron de l'affaire. Cette école devait porter son nom, c'est tout ce qu'il demandait sans se soucier d'ailleurs du fait qu'il n'avait aucune espèce d'expérience dans le domaine de la coiffure. Le Dr Julian reçut ce financier dans son bureau. Peu de temps après on l'entendit rugir furieusement. Les prétentions de son interlocuteur l'indignaient, car il y voyait une atteinte à son autorité et à son prestige. Pendant plusieurs heures on les entendit vociférer à huis clos. À plusieurs reprises, on eut l'impression qu'ils en venaient aux mains dans l'antre somptueux du Lion. Remarquons qu'un Lion directeur d'une entreprise quelconque, de n'importe quelle importance, a toujours un bureau extraordinairement luxueux. Il n'y a pas d'autre moyen de les décrire que par la formule: antre somptueux.

Enfin la porte s'ouvrit et Andrew Julian vociféra impérieusement: «David! Arrivez ici immédiatement!» (Les Lion ne demandent jamais rien, ils ordonnent, ainsi qu'il sied à Leur Majesté.) Prudent, le Taureau entra à petits pas et monta lentement vers la ligne de Feu. Le Lion désigna d'une main dédaigneuse l'investisseur tout aussi furieux que lui et dit majestueusement: «*Parlez-lui*, David.» Puis il fit pivoter son fauteuil, et bouda dans sa dignité offensée, le regard tourné vers la fenêtre, sans se soucier des deux hommes auxquels il tournait le dos. (Le roi ne daignait pas s'intéresser aux deux serfs.) Notre Taureau interrogea le nabab pendant quelques minutes et aborda le fond du problème. Il s'agissait d'un Bélier. C'est *son* argent qu'il engageait dans l'affaire et, parbleu! *il* entendait être le patron, *son* nom serait attaché à celui de l'école, il y tenait et n'allait pas se départir d'une part de son capital pour devenir un vulgaire subalterne. David le Taurin lui expliqua *patiemment* que tout le monde dans la maison — professeurs, étudiants, clients — raffolait du Dr Julian (et c'était d'ailleurs vrai, malgré son arrogance et sa hauteur, il plaisait à tous parce qu'il était cordial, généreux, indulgent pour les fautes de ses subordonnés et toujours prêt à les féliciter quand tout allait bien). En outre les sociétés avec qui l'affaire était en contact le respectaient, car il entretenait avec elles des rapports cordiaux depuis des années (exact).

Bien qu'il tournât le dos d'un air méprisant, le Lion entendait tous ces compliments. Ils pleuvaient comme d'odorants pétales de rose et caressaient son amour-propre. Puis la secrétaire qui tendait l'oreille dans le bureau voisin entendit ronronner la voix profonde du Taureau, apaisante, calme. Voici ce qu'il disait, en substance: «Ne trouvez-vous pas préférable que le nom du Dr Andrew Julian reste sur la plaque à l'entrée de l'immeuble, dans toutes les publicités et sur le papier à lettres de l'école? Voilà quarante ans qu'il dirige des écoles de coiffure. Partout il a réussi à merveille. Pourquoi ne continuerait-il pas ici? Remarquez que cela paraît plus raisonnable et qu'en outre c'est plus intéressant pour vous, monsieur. C'est vous qui signerez les chèques, donc les gens de la banque sauront que vous êtes le soutien financier et le conseiller économique de notre école. Pourquoi passeriez-vous douze heures par jour comme le fait M. Julian, enfermé dans ce bureau, alors que vous avez tant de choses plus importantes à faire? Votre temps est trop précieux pour cela. Vous voyez-vous enchaîné ici depuis l'aurore jusqu'à minuit. Sept jours par semaine?»

Après un lavage de cerveau aussi magistral, l'investisseur Bélier rayonnait joyeusement comme un galopin à qui on vient d'offrir de la barbe à papa. «Soutien financier... conseiller économique». Ces titres le ravissaient. Il signerait les chèques. On le respecterait à sa banque. (Il se trouve en effet, Dieu sait pourquoi, que les banquiers n'ont jamais beaucoup de considération pour les Bélier, quel que soit le montant de leur crédit. Et puis il ne serait pas obligé de passer douze heures par jour, sept jours par semaine à travailler.) Il n'avait pas pensé à tout cela. Les Bélier n'y pensent jamais.

Quand le financier se fut déclaré d'accord, le Lion fit pivoter de nouveau son fauteuil à bascule mieux capitonné qu'un trône de jadis et offrit un cigare aux deux autres pour fêter l'événement. Plus tard, quand le nouvel associé fut parti, le Lion se dirigea dignement vers le bureau du Taureau qui s'était déjà remis à sa tâche et lui dit, sa grosse et belle tête léonine dressée de tout son amour-propre: «Vous avez vu, David, comment je lui ai rivé son clou à celui-là. Désormais il saura qui est le maître ici. Je crois m'être tiré élégamment de cette situation. Qu'en pensez-vous?»

Patient et respectueux, le Taureau félicita son patron. Comme il s'en était bien tiré, en effet!

Promotion et construction offrent des terrains d'entente possibles au Taureau et au Lion. Le Lion adore lancer des idées grandioses, des projets étourdissants. Le Taureau se réjouit en prévoyant les bénéfices financiers de ce qui pourrait être la graine de l'empire taurin qu'il ne cesse de construire mentalement. Il suit son bonhomme de chemin à pas lents, mais sans perdre le but de vue et sans jamais ralentir non plus. Les obstacles ne le gênent jamais, surtout beaucoup moins que le Lion, parce que le Taureau accepte des limites et des retards qu'il considère comme les prix à payer pour arriver à la réussite. Une des devises préférées des Taureau s'énonce ainsi: *Si une chose mérite d'être faite, elle mérite aussi d'être bien faite et d'être attendue.*

Fanatiquement épris de leur liberté, les Lion au contraire refusent toute limite. Ils sont toujours optimistes et résolus. Jamais, au grand jamais, ils n'admettent qu'ils ne pourraient pas à chaque coup de dé rafler tous les jetons qui sont sur la table, quel que soit le jeu auquel ils jouent: affaires, amitié, idylle, mariage, jeu de hasard. Tous ces Gros Matous acceptent toujours de courir un risque et, comme le disait Kipling: «Entasser tout ce qu'ils ont gagné et le risquer en un seul tour de roulette... perdre et repartir de zéro sans jamais souffler un mot de leur défaite.»

Si les Lion ne soufflent jamais mot de leur perte, c'est parce qu'ils se font croire à eux-mêmes qu'ils n'ont pas perdu. Tout ça n'est que mirage pour eux. Quant au Taureau, le moins qu'on puisse dire à son sujet, c'est qu'il accepte le risque moins facilement que le Lion. À ce point de vue, il est aussi prudent, qu'il s'agisse de son argent ou de son cœur. S'ils perdent, le souvenir de la perte restera longtemps vivace chez eux, assez longtemps pour qu'ils profitent de l'expérience. Pourtant, quand les cartes sont abattues, Taureau ou Lion méprisent l'infortune. Ils n'en font jamais une tragédie, même s'il leur arrive de verser une petite larme en secret. Ils ont tous également horreur de pleurer en public ou d'admettre leurs échecs.

Le Taureau estime qu'à longue échéance, la meilleure manière de doubler sa mise consiste à plier ses billets en deux et à les remettre dans sa poche. Cela résume assez exactement son idée au sujet des jeux de l'amour et du hasard. Dès sa jeunesse il (ou elle) prévoit déjà que les choses les plus importantes dans la vie sont un bon compte en banque et l'amour d'une personne du sexe opposé. Quand ils vieillissent, ils l'affirment avec la certitude absolue d'être dans le vrai.

Le jeune Lion (ou Lionne) est sûr d'une chose: de son aptitude à remplir ces deux conditions. On ne s'en étonnera pas car sa noblesse d'esprit, sa générosité, sa cordialité associées à sa foi en lui-même attirent la sympathie de tout le monde, y compris celle de Dame Fortune qui souvent le comble d'or et d'amour.

Gros chats au grand cœur et à la vigueur superbe, les Lion se prennent pour des chatons négligés, si l'attitude de leur entourage ne reflète pas la haute idée qu'ils se font d'eux-mêmes; pour maintenir en vie leur optimisme, il ne faut pas lésiner sur les compliments. (Encore faut-il qu'ils soient sincères; ils repèrent la fourberie flatteuse aussi sûrement qu'un monarque courtisé pour ses faveurs, sauf si leur Soleil natal est affligé.)

Lion et Lionne sont tellement autoritaires et ont une telle soif de commandement qu'ils abusent parfois sans s'en rendre compte de la patience des natifs et natives du Taureau. Toutefois, ces gens également fiers raffolent aussi de protéger ceux qu'ils aiment, les combler de cadeaux et de tendresse. N'est-ce pas ainsi que tous les rois et toutes les reines agissent envers leurs sujets? Le Taureau sera souvent secrètement et profondément ravi par l'instinct protecteur léonin manifesté dans l'affection, l'attention que le Lion (ou la Lionne) apporte à son bien-être. Même s'ils le nient obstinément, personne n'a plus besoin de tendresse et d'affection et ne l'apprécie mieux que l'homme, la femme et l'enfant du Taureau. Leur cœur fidèle et sûr en a soif. Voilà encore une autre ressemblance entre ces deux Signes: les cœurs de Lion et de Taureau sont également loyaux. Souvent l'amitié chaleureuse et l'intérêt que le Lion voue au Taureau assureront à ce dernier la sécurité et le confort de l'esprit. Nous les voyons donc attirés vers le même cercle de sympathies.

Les ennuis commencent seulement lorsque le Lion se met à vociférer ses ordres souverains: ils exaspèrent tellement le Taureau que ce dernier croirait en entendre même si l'autre lui murmurait une prière. Au bout d'un certain temps, le Feu brillant du Lion peut consumer la patience du Taureau qui alors enterrera Lion et Lionne sous une tonne d'opiniâtreté terrienne et de réactions négatives. Mais le Lion est régi par le Soleil qui symbolise chaleur, lumière et la grande force créatrice de vie dans l'univers. Les Taurins sont régis plus doucement par Vénus (jusqu'à ce que Pan-Horus se manifeste et les influence) qui symbolise paix, amour et l'harmonie musicale des sphères. Si la Terre tourne et l'univers entier suit son chemin, c'est grâce à ces deux corps célestes. Toutes les autres planètes ne font que les suivre et les imiter. Le Soleil, c'est la vie. Vénus, c'est l'amour. Que peut-on ajouter à cela?

Femme LION • TAUREAU *Homme*

Le Taureau a-t-il le droit d'aspirer à une reine? Pour effaré qu'il soit dans un magasin de porcelaine, il y est beaucoup plus à l'aise qu'en présence d'une majesté. La pompe des cérémonies et des défilés ne l'effraie pas. Mais les révérences, les allées et venues, les cortèges de carrosses dorés, les couronnements qui durent des jours et des jours pendant lesquels tout le monde boit trop et cesse de travailler… Tout ça, pour un être aussi sensé, n'est que, une fois de plus: *Beaucoup de bruit pour rien.*

Cela ne signifie nullement qu'il n'apprécie pas la beauté. Presque tous les Taureau sont doués de talents latents ou ostensiblement révélés pour les arts: peinture, danse, sculpture ou musique. Mais le plus grand de leurs talents consiste à regarder le monde à travers les lunettes de l'esprit pratique. Ils épargnent autant leur argent que leurs émotions pour une bonne cause. Les gaspiller pour un tapis rouge ou une couronne n'est pas du tout, à leur avis, s'en servir pour une bonne cause.

La fille du Lion a besoin d'un homme qui reconnaît en elle une reine et peut, en plus de la chérir et de l'adorer, lui assurer le genre d'existence qu'elle sait mériter. Elle veut un amant ou un mari qui lui permettra de mener l'existence à laquelle elle voudrait s'habituer, entourée de luxe et d'amis cultivés... une existence débordante de belles robes, de fêtes, de conversations passionnantes, avec des bagues aux doigts et des clochettes aux orteils, et peut-être de temps en temps un safari photographique en Afrique ou l'été sur la Côte d'Azur. «Juillet et août sont tellement désagréables dans les grandes villes, vous ne trouvez pas? Avec tous ces touristes... du petit monde.»

Le Taureau de son amour espère qu'elle restera tranquillement auprès de lui dans leur petit appartement, que le soir lorsque, après le travail, il regardera la télévision ou lira le journal de la Bourse, les pieds dans ses chaussettes, elle lui apportera ses bretzels et sa bière. Une attitude aussi banale et plébéienne crispe notre belle. Un soir elle l'étonne. Elle lui apporte un siphon d'eau de Seltz avec un zeste de citron et des biscuits tartinés au caviar sur une ravissante assiette en porcelaine. Elle remplace le journal de la Bourse par une revue spécialisée dans l'immobilier, ouvert à une page de maisons en vente (très luxueuse), et lui glisse aux pieds des pantoufles toutes neuves, confortables et tout à fait à la mode. Il bougonne un vague remerciement et lui sourit avec affection.

Le lendemain, lorsqu'elle rentre tard de chez le coiffeur (parce qu'il ne lui donne pas assez d'argent pour prendre des taxis et que le métro était bondé), elle le trouve assis dans son fauteuil habituel les pieds dans ses chaussettes, il regarde les nouvelles de 18 heures à la télévision en sirotant sa bière et en grignotant ses bretzels. Les pantoufles étaient trop serrées et puis, de toute façon, il faut être singulièrement efféminé à ses yeux pour en porter. La revue spécialisée dans l'immobilier? Quelle revue? Les maisons à vendre? Quelles maisons? Plus tard elle trouve la revue glissée sous la boîte de litière du chat dans la souillarde. Selon toute évidence, il faut que quelque chose cède. Sûrement pas elle! Natifs et natives du Taureau ne capitulent jamais.

Ils ne reculent jamais. Ou bien ils tiennent le terrain, ou bien ils chargent. Si brillante que soit la Lionne, elle fera bien de ne pas provoquer le combat en le tracassant et de se résigner à ce qu'il tienne le terrain. Croyez-moi, mes chères Lionne. Pourtant si elle consent à attendre, à ne pas le précipiter, un jour peut-être lui donnera-t-il tout ce qu'elle espère, y compris les bagues aux doigts et les clochettes aux orteils... Peut-être même une maison ravissante dans un faubourg ou bien quelque ancienne grange à la campagne, totalement réaménagée avec des cheminées, des poutres apparentes et la douce odeur du foin qui entre par les fenêtres le matin. Il n'atteindra peut-être pas son but de sécurité du jour au lendemain, mais elle ne trouvera jamais un homme qui ait de meilleures chances que lui (compte tenu de l'assistance qu'elle lui apportera) pour lui donner un jour le royaume sur lequel elle régnera. Qu'elle lui accorde du temps et surtout qu'elle ne le *harcèle pas*.

En 1971, j'ai visité le château de feu Williams Randolph Hearst (Signe solaire: Taureau) et j'y ai trouvé partout l'image du Taureau. Cet homme résolu, digne de son Signe, construisit lentement mais sûrement un empire de presse, accumula les millions puis créa — pour réaliser un rêve d'amour cher à son cœur, d'un romanesque incurable — le château palpable, tangible, véritablement féerique sans rien d'imaginaire, comportant plusieurs centaines de pièces, toutes garnies de meubles solides, massifs. Tout dans le château et dans le parc est plus grand que nature, plus grand que nécessaire, exemple typique de l'admiration des Taureau pour leur sainte *énormité*. Plus c'est grand mieux ça vaut pour les Taureau. Partout où mon regard se porta, je retrouvai le goût de Vénus pour les «luxes nécessaires» de la vie, tels que la robinetterie de salles de bains en or massif, les tentures murales en soie pure, les épais tapis de Perse, les statues de marbre gigantesques et ruineuses. Tout mâle du Taureau devrait visiter le château de Hearst pour constater ce que donne le rêve des gens de son Signe quand ils le réalisent. S'il est amoureux d'une Lionne, il doit absolument l'emmener avec lui. Elle en sera émerveillée et ronronnera comme un chaton en retournant chez elle. Peut-être, alors, comprendra-t-elle que, les pieds dans ses chaussettes, il marche dans la même direction et que, si elle l'aide au lieu de le gêner, ses pas lents comme ceux d'un bœuf de labour le conduiront où elle veut aller. Ce pourrait en effet être précisément l'homme qui donnera un jour à sa Lionne un yacht pour son anniversaire. Peut-être ferait-elle bien d'y compter surtout pour un anniversaire qui les concerne tous les deux et lui est plus cher que celui de l'un ou de l'autre.

Quand il aura enfin accompli sa mission sur cette terre — une maison confortable et une belle collection de portraits de Pascal, de Molière, de Quentin-Latour, pas en tableaux mais en billets de banque — la

Lionne ajoutera au décor ses propres touches de richesse. Elle veillera à ce qu'il vive confortablement et douillettement, qu'il circule en chaussettes sur d'épais tapis, sous des lumières tamisées, au son des violons reproduits par la stéréophonie, soigneusement enveloppé d'attentions constantes et baigné dans la sérénité. Rien ne pourrait rendre cet homme plus heureux.

Mais tant qu'il s'ingénie à jeter des fondations et à creuser la terre pour les y incruster, il ne perdra pas son temps à lui faire la cour. Il lui déplaira qu'elle cherche à l'entraîner à des réceptions, à s'occuper de politique avec ses amies, à satisfaire toutes ses lubies royales et à épousseter le trône de Sa Gracieuse Majesté. Caresser l'amour-propre de Madame, fourbir sa vanité, n'est que folie honteuse à ses yeux, perte de temps, et nous savons maintenant que le Taureau n'aime pas plus perdre son temps que son argent, c'est-à-dire pas du tout.

Bien que ces deux Signes solaires soient en quadrature et que leurs différences puissent par conséquent provoquer des scènes violentes, s'ils restent unis jusqu'à ce que les nuages montrent leur doublure argentée, le ménage peut se révéler exceptionnellement heureux. Ils se tiendront admirablement compagnie en allant de pièce en salle, en gravissant les degrés conduisant au sommet de la tour, en jetant du pain aux cygnes du bassin de leur parc, en partageant des dîners romantiques à la lueur des chandelles, en faisant monter et descendre le pont-levis de leur château, en tirant les cordons gainés de velours pour appeler leurs domestiques et leur enjoindre d'ouvrir leurs lits aux draps de satin. Oui, je dis lits au pluriel. Ils feront probablement chambre à part parce que la Lionne tiendra sans doute à disposer de son propre appartement. Il lui faudra, c'est évident, une chambre bien à elle, avec des meubles sur lesquels elle alignera pots de crème, lotions, parfums, huiles de bain, nécessaire à ongles, moumoutes et peut-être crinières-perruques.

S'ils sont patients… eh bien! le Taureau est patient; la moitié du problème est donc résolu. Mais elle est née sous un Signe de Feu (ce qui ne donne qu'une patience assez courte). Le temps précédant la construction du château sera donc plus ou moins assombri par des tensions épineuses, allant de la taupinière aux massifs montagneux. Pendant qu'ils rêvent encore à leurs initiales entrelacées sur la plaque de la cheminée, leur argenterie, leur lingerie, leur porcelaine de luxe, ils pourront consacrer à faire l'amour les rares loisirs que peut s'offrir le

Taureau. Tels seraient les rares moments où ils s'entendraient complètement. D'autre part, cela pourrait ne pas l'être. Tout dépend en grande partie de l'aspect Soleil-Lune de leurs horoscopes comparés.

Du côté positif de l'harmonie entre leur Luminaire de naissance, il y a la compatibilité physique qu'ils peuvent atteindre ensemble. Fière et même distante avec les étrangers, la Lionne, quand elle est enveloppée par les bras de l'homme qu'elle aime vraiment, devient un félin qui exude l'affection et l'attrait sexuel. Le Taureau ne se défendra pas quand elle lui passera la main (patte de velours s'entend évidemment) dans les cheveux, lui caressera le dos, lui massera les bras, lui grignotera l'oreille et lui serrera la main.

L'homme du Taureau est presque totalement désarmé au contact et à la voix de sa femme; étant donné que presque toutes les Lionne raffolent des parfums, il la humera, aussi ravi que le paisible Taureau Ferdinand de Walt Disney dans ses extases les plus exquises. En dépit de sa vigueur effrayante, cet homme court toujours le danger de devenir un Samson dans les griffes d'une sensuelle Dalila léonine. Il est gouverné par Vénus et rien ne lui donne mieux la paix de l'esprit que la satisfaction de ses désirs érotiques profonds et terre à terre avec une Lionne passionnée... sauf compter des liasses de billets de banque fraîchement imprimés ou bien flairer une tarte aux pommes qui sort à peine du four.

Du côté négatif, si l'échange d'énergies de leurs Soleils et Lunes de naissance respectifs sont opposés ou en carré, ils devront procéder à des ajustements considérables quant à l'harmonie sexuelle à laquelle ils aspirent. Lentement et graduellement, mais certainement aussi, il se lassera de chercher à lui plaire et à satisfaire son amour-propre insatiable s'il est trop souvent obligé de dormir seul ou bien si elle lui tourne le dos trop souvent lorsqu'il ne lui a pas fait sentir suffisamment depuis le matin jusqu'au soir combien elle est chérie, afin de mériter le soir les faveurs royales.

Peut-être sera-ce elle qui lentement, graduellement mais tout à fait définitivement, se lassera d'attendre sans rien dire qu'il s'efforce de mieux satisfaire ses besoins physiques en lui faisant sentir combien elle est intensément adorée et désirée. Les pratiques terre à terre et parfois dénuées d'imagination du Taureau pourraient la laisser éveillée pendant de longues heures de nuit; elle rêvera alors au prince charmant qui ne vient jamais lui réclamer son cœur languissant... Elle versera des larmes silencieuses, trop fière pour les lui laisser voir et même pour lui en parler. Alors, au bout d'un temps plus ou moins long, la Lionne au cœur chaleureux, affectionnée, optimiste, pourrait devenir complètement frigide.

Le danger de frigidité pèse en effet toujours sur la Lionne pourtant passionnée d'instinct. Si elle se sent constamment négligée, ses rêves et ses désirs enflammés de jeunesse se figeront dans une désinvolture léonine: mécanisme de défense nullement conforme à sa nature et toujours extrêmement triste. Désinvolture parce que… quelle reine permettrait à quiconque de soupçonner qu'elle n'est pas totalement adorée? Pas même le prince consort qui l'a si tragiquement déçue n'aura le droit à un aperçu fugace de son cœur brisé. Jamais elle ne lui laissera savoir combien elle se sent l'âme en peine et esseulée. Le sot orgueil, voilà qui conduit tous les Lion à leur Waterloo.

L'entêtement du Taureau et l'orgueil mal placé de la Lionne, surtout lorsqu'ils se manifestent conjointement, les laisseront insatisfaits et inquiets ou résignés. La communication sincère n'est pas facile entre eux. Ils n'aborderont jamais franchement la question de leur désappointement, l'un avec l'autre… jusqu'à ce que l'amour se mue en une sorte de familiarité, de compagnonnage confortable… ou bien éclate en un divorce. Certains de ces amants, maîtresses ou conjoints s'évaderont vers la boisson, les drogues ou le dévergondage sexuel. Mais ce seront des exceptions. Ils sont foncièrement trop honnêtes pour se laisser aller à l'infidélité, trop soucieux de leur réputation pour se dégrader en public… mais aussi trop opiniâtre (lui) et trop fière (elle) pour chercher la solution ensemble, gentiment, tendrement. Or, il n'est jamais trop tard pour que l'humilité et les aveux réciproques suscitent un miracle inespéré. Ils doivent d'abord se rappeler ce qu'ils éprouvaient lors de leurs premières étreintes. Ces souvenirs les adouciront… et ils pourront progresser à partir de là.

Il n'est pas homme à aimer que sa femme lui serve des plats recherchés ou le presse d'adopter une attitude précieuse à la maison ou en public. Elle s'en rendra compte la première fois qu'il vociférera pendant le dîner: «Où est-elle cette foutue bouteille de sauce piquante? Tu appelles ça un sandwich? Remporte-le à la cuisine et ajoute-lui un peu de jambon… Pourquoi pas notre bonne vieille cruche de café? Ces petits machins en porcelaine me donnent les ouillettes.»

Ne demandez pas où il est allé pêché le mot «ouillettes». Tous les Taureau ont le chic pour fabriquer des vocables à sonorité douce et même amusante, qu'il s'agisse d'insultes ou de compliments. Un Taureau vous a-t-il jamais appelée «chérie»? Voilà une expérience de sensualité. Ne nous en étonnons pas car seuls les natifs du Scorpion peuvent rivaliser avec la profondeur douce et onctueuse de leur voix.

Elle l'accusera d'être parfois un peu barbare (exagération de son esprit terre à terre) et presque toujours entêté, ce qui est évidemment vrai. Il la taxera de hauteur, morgue, snobisme; et il aura raison. Que faire, quand les principales doléances de deux conjoints l'un envers l'autre sont justifiées et exactes? C'est simple (pas facile mais simple). Elle devra comprendre que la «sauvagerie» de son partenaire reflète simplement son esprit terre à terre, mais sûr, et son mépris de tout ce qui est frivole, fallacieux. Elle fera d'ailleurs bien de l'imiter à ce point de vue. Elle devra aussi reconnaître que son obstination reflète sa force de caractère et cesser de se conduire comme une reine choyée qui boude quand elle ne l'emporte pas sur tous les terrains, dans toutes les discussions. D'ailleurs elle peut toujours venir à bout de cet entêtement, si elle le désire, et avec une facilité étonnante, rien qu'en l'étreignant, l'embrassant, le caressant pour le rendre heureux de nouveau.

Lui aussi, il devra réfléchir et constater que la morgue de cette femme n'est rien d'autre qu'un moyen de se protéger de ses craintes et de ses inaptitudes imaginaires qui lui feraient perdre aisément la face et la rendraient ridicule. Il doit donc cesser délibérément de les aggraver en refusant de reconnaître sa réelle supériorité en tant que femme et son besoin d'être littéralement comblée de compliments. Il en viendra aisément à bout, lui aussi, en la sortant plus souvent pour qu'elle brille en public et en lui montrant (mieux encore, en lui *répétant*) qu'il se rend compte de la chance qu'il a d'avoir épousé une femme tellement supérieure à tous points de vue. (Toute femme du Lion l'est en effet, quels que soient ses menus défauts.) Sa Lionne est prodigieusement apte à donner et à recevoir l'amour, à condition qu'il soit correctement apprécié et qu'elle soit aussi aimée en retour.

Quel que soit son âge, le Taureau n'est jamais qu'un ours en peluche: le bébé symbolique du Zodiaque, sur sa chaise haute. J'ai connu naguère une dame Lion qui ne voyait pas du tout un ours en peluche dans son mari Taureau. Elle le considérait simplement comme un homme mûr, entêté, qui ne croyait qu'au seul «pratique» et considérait les sentiments comme des fariboles. Un jour je la persuadai d'emporter chez elle un gros taureau en peluche: le genre d'objet qu'on donne normalement à un bébé. Il l'accepta en émettant un vague grognement.

Pas un mot de remerciement. Pendant des semaines, il sembla ne pas même remarquer l'image laineuse de sa propre personne. Vexée, la Lionne posa l'objet sur le poste de télévision afin qu'il le voie constamment. Toujours pas un mot du Taureau taciturne et flegmatique. Puis il tomba malade. Un matin, alors qu'il dormait dans son lit, en proie à la fièvre, elle retira le taureau en peluche du poste de télévision. Lorsqu'il se réveilla, on entendit son rugissement d'un bout à l'autre de la maison: «Qu'est devenu mon taureau? Qu'as-tu fait de mon taureau?» braillait-il. Elle commença à comprendre.

Taureau et Lionne devront se mettre à écouter attentivement la supplication silencieuse de leur cœur... quand elle demande tacitement, nonobstant sa hauteur: «Je t'en prie, *montre-moi* combien tu m'aimes» et quand il dit tout aussi silencieusement, malgré son obstination de brute: «S'il te plaît, promets de rester toujours auprès de moi, de ne me quitter jamais.»

Homme LION • TAUREAU *Femme*

Toute native du Taureau a une affinité pour la musique. Qu'elle chante *Carmen* à l'Opéra ou qu'elle dise au laitier: «Je prendrai deux litres de lait supplémentaires aujourd'hui», c'est toujours de la même voix riche et prenante. Certains Taurins composent de la musique, dirigent des orchestres ou chantent, et tous s'en réjouissent profondément. Il semble que la musique ait un effet apaisant sur les Taureau.

Pourquoi y aurait-il des frictions quand un Lion marié à une Taureau désire jouer de la musique? Eh bien! il peut y en avoir. L'astrologie l'indique en signalant que leurs Soleils de nativité sont en quadrature. Des incidents qui ne prendraient jamais une gravité fâcheuse chez des gens où l'harmonie règne habituellement peuvent entre le Lion et le Taureau donner des résultats volcaniques, sauf en cas d'aspect Soleil-Lune exceptionnellement favorable.

Voilà deux ou trois ans j'étais à Carmel (Californie) chez deux époux très fidèles et épris l'un de l'autre depuis bien des années. Elle est le Taureau; lui, le Lion. Elle enseigne le karaté. Il est poète et courtier en objets d'art orientaux. Un soir où j'étais chez eux, après avoir dégusté un dîner exquis préparé par l'épouse taurine, nous nous installâmes au salon pour écouter de la musique. Je découvris que le Lion et moi adorions autant l'un que l'autre une certaine version de l'*Ave Maria*. Quand il posa le disque d'un enregistrement classique, je pris mes aises dans mon fauteuil en me préparant à jouir de cette musique diffusée par les nombreux haut-parleurs disposés dans la pièce par le mari lui-même.

Quand la musique commença à retentir, je remarquai que l'épouse avait disparu. Un instant plus tard j'entendis une porte claquer *violemment*. Un peu gêné, le Lion m'expliqua: «Louise ne supporte pas que j'utilise mon appareil de stéréo. Elle a donc dû aller se coucher.» J'en fus tellement abasourdie que je ne pus concentrer mon attention sur l'*Ave Maria*. Comment? Une femme du Taureau, aimable, extrêmement hospitalière se conduisait-elle aussi mal avec une invitée? Comment une femme régie par Vénus pouvait-elle détester la musique? Impossibilité absolue au point de vue astrologique.

Le lendemain, au petit déjeuner, je la retrouvai aussi calme et charmante que d'habitude. Je lui demandai pourquoi elle détestait tant la musique. Elle répondit fort tranquillement:

«Je ne la déteste pas du tout. J'en *raffole* depuis ma petite enfance.

— Alors pourquoi?

— Hier soir? dit-elle en se crispant visiblement. Larry se sert de sa stéréo d'une manière insupportable. Il fait jouer cet engin avec une telle puissance que tous les sons sont noyés dans un tintamarre qui me blesse les oreilles. Ce n'est plus de la musique mais une prostitution de l'art que de jouer aussi fort. Impossible de lui faire entendre raison... alors c'est comme ça. (Résignation du Taureau à l'inévitable.) Vous qui êtes astrologue, dites-moi donc si son horoscope indique qu'il serait sourd?» (L'humour taurin n'est jamais subtil.)

Non, il n'était pas sourd mais exprimait seulement un besoin impérieux des Lion: tout faire à grande échelle. Pourtant Larry appartenait plutôt au type Minet. Peu importe, quel que soit son type, le natif de ce Signe ignore toute demi-mesure. Cette caractéristique n'a aucun rapport avec son comportement habituel, s'il s'agit d'un des Lion les plus paisibles et les moins tapageurs qui soient. Sa maison doit être vaste, luxueuse et il y aménage un antre personnel (sa salle du trône, pourrait-on dire). Sa femme doit être belle et intelligente. S'il porte une bague, elle doit être ornée d'un diamant qui étincellera d'un bout à l'autre de la pièce. Quand le Lion pleure, il verse des torrents de larmes. Quand il rit, c'est bruyamment et longuement. S'il écoute de la musique, pour la comprendre, il faut qu'elle ait une ampleur somptueuse afin d'emplir ses oreilles, son âme, son cœur. Vexé, il rugit prodigieusement ou bien rougit de frustration, humilié. Je vis à plusieurs reprises le Lion se conduire ainsi pendant ma visite chez ces deux amis.

Normalement aucune femme Taureau ne soulèverait d'objection quand son mari écoute de la musique, quel que soit le volume du son. Pourtant je connais une autre femme de ce Signe qui soupirait d'extase quand son Lion la courtisait en jouant du ukulélé, en Virginie occidentale, au temps où ils terminaient leurs études secondaires ensemble. Puis, elle bâilla de lassitude chaque fois qu'il joua ou chanta pour elle après leur mariage. Alors nous voyons ce qui s'est passé. Ces deux Dames Taureau n'avaient pas pris la musique en grippe, mais c'est sur ce terrain que se manifestait entre chacune d'elles et son conjoint la tension due à la quadrature de leurs Soleils.

Qu'il ait ou non l'aspect physique, l'attitude, le port d'un roi, tout Lion ambitionne de gouverner son entourage, y compris sa compagne. D'instinct la fille du Taureau est prête à se soumettre à son homme, à lui rester fidèle et loyale en toute saison et jusqu'à ce que la mort les sépare. Quant à être gouvernée, elle le tolère difficilement et cela lui donne l'impression d'une tyrannie que ne supportent jamais natifs ou natives du Taureau. Certes ces femmes sont aptes à aimer profondément, durablement et de tout leur cœur, mais elles n'abusent pas des compliments envers autrui parce qu'elles n'ont elles-mêmes aucun besoin de flatterie. Elles estiment même que l'adoration ne peut être que la consolation des faibles. Or tous les Lion ont besoin de compliments, de flatteries et d'adoration. Ils les exigent. Alors vous voyez ce qui manque souvent dans les relations entre les sujets de ces deux Signes.

D'une fierté farouche, prompte à s'enflammer, les natifs du Lion brandissent volontiers leur bâton de chef d'orchestre et refusent de jouer les seconds violons par rapport à qui que ce soit. Même le plus Minet d'entre eux bouillonne de ressentiment quand on lui retire la place qui lui convient au Soleil, c'est-à-dire à plusieurs longueurs devant tout le monde et il faut surtout que personne ne lui porte ombrage. D'ailleurs le Soleil n'est-il pas son maître? Cela explique sa générosité, sa noblesse, malgré des crises d'arrogance épisodiques et ses attitudes de supériorité hautaine. Pour lui, ce n'est pas le Soleil qui occupe le centre de l'univers et autour duquel gravitent toutes les planètes. Le centre de l'univers, c'est *lui:* le Lion. Sa famille doit graviter autour de lui et ses amis devraient en faire autant. S'ils le lui refusent, il se figera dans le dédain pour les punir de leur péché.

Bien qu'il soit indiscutablement autoritaire et, par conséquent, devienne parfois tyrannique, il manifeste sa gentillesse et sa magnanimité d'amoureux particulièrement après les querelles. Peu apte à présenter des excuses verbales, sa noblesse d'esprit le pousse quand même à vouloir caresser, étreindre, embrasser pour restaurer la paix après une algarade. Il manifestera ses regrets de bien d'autres manières assez romanesques. Voilà pourquoi l'harmonie se manifeste beaucoup mieux dans leurs relations sexuelles que lorsqu'ils cherchent à collaborer dans n'importe quel autre domaine, par exemple exécuter un duo de guitare ou de banjo.

Ce comportement propre au Lion convient à la fille du Taureau car avec elle, le meilleur moyen de se réconcilier consiste à manifester de bonnes intentions d'une manière tangible, physique. Elle resterait de glace devant les arguments les plus fleuris et les plus persuasifs. Les longues conversations l'ennuient parce que chez elle les sens jouent un rôle plus important que l'esprit. Le Taureau veut des actes, pas des paroles. Elle réagira donc magnifiquement aux actes d'amour passionné de son partenaire et tout s'arrangera fort bien. Ces deux êtres se réconcilieront après une querelle sans que le fier Lion ait à perdre la face. Faire l'amour n'est jamais au-dessous de sa dignité, quelle que soit l'acuité du différend qui vient de l'opposer à l'objet de son amour et même si c'est immédiatement après, voire pour terminer la dispute. Il lui faut une femme apte à accepter, à absorber la profondeur de passion et d'affection qu'il est capable de prodiguer. Celle-là le peut. L'érotisme de la fille du Taureau, en effet, et ses talents sensuels ne déplairont certainement pas au Lion. Il «se sentira comme un roi»: expression que les natifs de ce Signe emploient souvent pour décrire leur satisfaction sexuelle avec la partenaire qui leur convient.

Économe de ses mots, elle ne prête guère attention à ceux qu'on lui adresse. Son attitude risque donc d'être moins apaisante hors de la chambre à coucher. Il ne sera plus question d'extase lorsqu'il sera profondément ému et qu'il éprouvera un besoin impérieux d'être écouté attentivement et en silence. Elle est capable à ce moment-là de bâiller au milieu d'un de ses discours ou d'une de ses conférences spectaculaires. Rien ne peut être plus douloureux qu'un tel symptôme d'ennui pour l'ego de cet homme sensible. Il y voit une rébellion d'un de ses sujets, affront particulièrement douloureux quand il vient de la femme qu'il aime. Si elle tient vraiment à conserver cet homme (et toutes les natives du Taureau tiennent à la sécurité d'une union permanente, qui conserve le caractère d'une idylle), elle fera bien de boire beaucoup de café pour rester toujours éveillée quand le Lion monte à sa tribune imaginaire.

Le Lion reprochera volontiers à la fille du Taureau de manquer d'enthousiasme. Il a souvent envie de la secouer pour la mettre en mouvement et de lui brailler: «*Dis* quelque chose! *Fais* quelque chose! N'importe quoi. Mais ne reste pas comme ça à me regarder comme une vache regarde passer les trains.» Quant à *elle*, ses doléances contre *lui* peuvent se résumer en cinq mots d'un titre de Shakespeare: *Beaucoup de bruit pour rien.*

Elle métamorphose une tente au toit déchiré en un château confortable, allonge ses billets de banque, comme s'ils étaient en pâte à modeler; elle amuse son entourage. Il en sera ravi. Pourtant, il n'appréciera guère les plaisanteries qui le tournent en ridicule et portent atteinte à son amour-propre. Elle, les solides étreintes de son Lion lui feront du bien et elle admirera follement l'aptitude avec laquelle il organise ces rêves en réalités de marbre et d'albâtre. Mais elle n'aimera pas du tout sa tendance aux dépenses extravagantes ni sa manie de sortir passer ses troupes en revue quand il éprouve le besoin de quelques applaudissements supplémentaires. Il y aura donc des tensions périodiques entre eux. Ne nous en étonnons pas, ils sont tous les deux Fixes. Néanmoins le respect qu'ils éprouvent l'un pour l'autre étale sur leurs différences d'opinion une douce carpette apaisante.

Cette dame ne se laisse pas aller souvent à manifester sa colère. Patiente, de bonne humeur, elle consent à supporter beaucoup de sottises en plus des tristesses de la vie, sans proclamer ses opinions à ce sujet.

Mais quand elle est furieuse, vraiment furieuse pour de bon, mieux vaut s'écarter de son chemin, et même aller au bout de la ville, voire changer de ville ou de pays jusqu'à ce qu'elle se calme, ce qui ne manque jamais de finir par se produire. Elle considère ses crises de colère (durant lesquelles sa voix vénusienne d'une douceur crémeuse ressemble soudain aux vociférations d'un sergent instructeur). Lorsqu'elle a repris son sang-froid, elle a donc honte de s'être laissé aller. Elle sera encore plus timide qu'avant et, pour se faire pardonner, elle se montrera plus affectueuse que jamais avec son partenaire. Toutefois le Lion ne devra pas se laisser prendre à tant de douceur après une querelle. Elle se rappellera ce qu'il a fait pour déchaîner la fureur taurine. Elle s'en souviendra pendant des années, des années... des années encore. Des tempêtes aussi sauvages sont rares chez les natifs de ce Signe, très rares même; pour beaucoup elles se limitent à une ou deux pendant la durée de leur existence. Ce n'est d'ailleurs pas la quantité qui compte, mais la *qualité:* volcanique!

Dame Taureau manifeste ses humeurs plus souvent que je ne viens de l'indiquer, seulement dans le cas où elle est continuellement provoquée par un Lion dominateur qui la harcèle de réprimandes et d'objurgations; puis, si elle n'obéit pas à chacun de ses caprices, se détourne d'elle et boude à n'en plus finir. Ce genre de comportement peut mettre les natifs des Signes de Terre hors d'eux, courageuse, chaleureuse, d'un dévouement inébranlable, placide, calme, extrêmement affectueuse et généreuse en amour. Sa vie émotionnelle n'a rien de superficiel et atteint une profondeur hors du commun. La facilité avec laquelle elle rit elle-même de ses propres erreurs est une des qualités qui contribuent le plus à la rendre attrayante (mais si sa Lune ou son Ascendant sont en Lion, Scorpion ou Capricorne, il lui sera difficile de rire quand on plaisante à ce sujet). Pas de fantaisie excessive ni de sottise chez cette dame, sensée, terre à terre et qui ne joue jamais de rôle, ne prétend jamais être une autre qu'elle-même. Sincère, authentique, honnête et sûre, elle mérite d'être gardée.

Quant à lui, nous avons vu ses défauts: orgueil allant jusqu'à la vanité et égocentrisme. Mais il n'est pas que ça. Le Lion est l'homme du Soleil radieux, de l'espérance et de la confiance. Les natifs d'aucun autre Signe n'ont autant de sagesse ni de bienveillance, à condition qu'il sente qu'on a besoin de lui. Le Lion tiendrait courageusement tête à une armée entière pour défendre ce qu'en son cœur il croit juste et bon; il est prêt à anéantir tout ce qui menace celle qu'il aime, si inégale que soit la bataille, même si les chances sont désespérément contre lui. Qu'elle éprouve la moindre peine, physique ou émotionnelle, cette douleur est l'ennemie jurée du Lion, quelque chose qu'il doit vaincre pour se montrer digne de sa dame. Nous le voyons fort ressemblant aux chevaliers qui combattaient pour le roi Arthur, à ceci près qu'il est à la fois le roi et les chevaliers.

Dans son imagination, il croit vivre au temps des romans de chevalerie. Il appartient à un autre siècle, à d'autres temps, ceux où il restait encore des mondes à conquérir, des visions auxquelles il fallait obéir, des rêves à réaliser. Mais le voilà perdu sur la piste du temps, en un pays étrange où si l'on n'a pas besoin de lui pour gouverner, où personne n'acclame plus son idéal. Même son cheval blanc a disparu. Le Saint Graal n'est plus qu'un souvenir des temps jadis. Lion Cœur-de-Lion est donc beaucoup plus blessé et esseulé spirituellement que le soupçonnent ceux qui ne voient que son armure d'insolence.

Quel que soit le nombre des obstacles que cet homme et cette femme doivent surmonter pour créer entre eux l'harmonie passionnelle, ils serreront les coudes contre le monde entier s'il le faut. Quand le destin amènera chagrins et désastres, ni l'un ni l'autre ne faillira à l'épreuve de fidélité. N'est-ce pas là la chanson d'amour la plus sûre et la plus durable... avec ou sans accompagnement musical?

LION
Feu - Fixe - Positif
Régi par le Soleil
Symboles: le Lion et le Timide Minet
Forces diurnes - Masculin

GÉMEAUX
Air - Mutable - Positif
Régi par Mercure
Symbole: les Jumeaux
Forces diurnes - Masculin

Les relations

En considérant attentivement les cabrioles ensoleillées mais parfois insupportables du Lion, les Gémeaux pourront se demander: «Ce Gros Matou possède-t-il vraiment une assurance aussi totale? Ne chercherait-il pas plutôt à nous montrer que la *réalité* est aussi infaillible et impavide que son *image?*»… Voilà le genre de questions que se posent les Gémeaux typiques, dans leurs cogitations.

Quand le Lion ou la Lionne étudient paresseusement les Gémeaux mercuriels, il leur vient des idées similaires: «Tant d'activité mentale et physique doit représenter des compensations d'une certaine sorte. On ne peut se livrer à tant de manœuvres inutiles dans le seul but de survivre. Ce Gémeaux ne s'efforce-t-il pas de rassembler est, ouest, nord et sud tous ensemble pour dissimuler le fait qu'il est perdu au fond des bois avec une boussole brisée?»

Chacun a deviné la vérité au sujet de l'autre. Oui, par un étalage de bravades insolentes, Lion et Lionne s'efforcent de prouver à eux-mêmes ainsi qu'au reste du monde qu'ils sont aussi braves intérieurement qu'ils le paraissent extérieurement. Oui, le Gémeaux cherche à prouver à son Jumeau et à tout le monde qu'il (ou elle) file en ligne droite dans la bonne direction et ne décrit pas de cercles.

Chacun connaît l'autre par intuition; ils inclinent à l'amitié l'un vers l'autre malgré les différences qui peuvent apparaître entre eux de temps en temps et ils ont tous deux le chic pour siffler dans l'obscurité afin de masquer leurs craintes. Quand ils sifflent ainsi à l'unisson, ils se persuadent plus facilement que tout va bien. Contrairement au Scorpion (sauf celui de l'espèce lézard gris), profondément et inébranlablement convaincu de sa supériorité, Lion et Lionne croient que, s'ils rugissent assez puissamment, personne ne soupçonnera qu'ils tremblent de peur à l'idée de n'être pas tout à fait à la hauteur de toutes les circonstances qui peuvent se présenter. Le roi et la reine de la jungle — ou de n'importe quel autre royaume: salle de classe, bureau, foyer — ne doivent jamais perdre la face devant les sujets qui respectent et adorent la monarchie, simplement parce que le monarque est capable de régler toutes les questions, importantes ou pas, même les plus urgentes, avec une finesse majestueuse, de la sagesse et une dignité royale. Répandre la noblesse d'esprit et la vigueur de caractère sur les masses plus faibles, telle est la quintessence de la royauté. Paradoxe admirable: c'est en feignant d'être capable de toutes ces choses que le Lion le *devient* réellement; à chaque crise, il redécouvre, étonné et ravi d'ailleurs, que le courage léonin est effectivement aussi puissant et effarant que le suggère son rugissement.

Le même bonheur échoit aux Gémeaux. Lorsqu'ils s'efforcent de persuader autrui de la réalité de leurs rêves, ils se l'inculquent à eux-mêmes. Ils racontent des histoires, toujours amusantes, souvent stimulantes qui inspirent de l'enthousiasme aux âmes plus prudentes et plus terre à terre. Grâce au pinceau de l'imagination ils peignent avec des mots de merveilleux tableaux de choses insensées et parviennent pourtant à les faire paraître vraies, voire logiques, aux gens de bon sens. Alors comment n'y croiraient-ils pas eux aussi? Voilà comment finissent par se matérialiser et même se manifester effectivement les rêves inspirés par Mercure.

Parce que le Lion sent intérieurement que le Gémeaux dit la vérité *telle qu'il la voit,* son gros cœur incline vers les Gémeaux en qui il voit une Âme Sœur (ou Frère). Mais oui, bien sûr, le Lion comprend. Il sait que cela se passe comme dans la chanson *Le Roi et Moi:* «Fais croire que tu es courageux et cette ruse te mènera loin; tu peux devenir aussi brave que tu le fais croire!»

Les Gémeaux, oiseaux de Mercure, s'étonnent et souffrent de voir que les gens, moins portés à la sympathie que le Lion, interprètent défavorablement le talent avec lequel ils conjurent des images. Ils ne s'expliquent pas pourquoi lorsque d'autres gens font la même chose qu'eux on les considère comme créateurs, imaginatifs, commerçants avisés ou hommes d'affaires rusés, alors qu'eux on les traite de faux artistes, de menteurs ou, pour le moins, d'être trop astucieux et portés à s'écarter des faits réels. Ils croient avoir analysé le monde et tout ce qu'il contient jusqu'à son plus fin détail. Il en va ainsi, jusqu'à ce qu'ils se heurtent à une exception à la règle et en concluent finalement que ce monde consiste entièrement en exceptions. Cela s'explique. Les Gémeaux eux-mêmes sont des exceptions.

Depuis leur enfance, les Gémeaux ont pris conscience du fait que l'illusion offre les richesses les plus sûres. On trouve moins de drames et de couleurs sur la scène ou sur l'écran que sur le «théâtre de l'esprit». Il en résulte que les Gémeaux s'attribuent tous les rôles, depuis le père noble jusqu'à l'ingénue, depuis la grande vedette jusqu'au dernier des figurants, et se glissent même parfois dans la peau des machinistes ou des musiciens. Pourquoi s'en priveraient-ils? Ils ont en effet décidé qu'ils sont producteurs et metteurs en scène; cela leur permet de choisir la place qui leur plaît dans la mise en scène et l'exécution.

Pourtant, quand ils partagent les planches avec les Gros Matous, les Gémeaux feraient bien de se montrer prudents et de ne pas prétendre s'emparer des couronnes, de la vedette, du metteur en scène et du producteur. Quand un spectacle se déroule n'importe où, n'importe quand, dans la réalité ou dans l'imagination, soyez certains que le Lion tiendra à le diriger, à le produire et encore plus sûrement à en être la vedette. Nul n'éclipse jamais un Lion ni une Lionne pendant longtemps. Ce serait usurper le trône du roi ou de la reine.

Les Gémeaux, aériens et détachés, s'en accommodent fort bien. Bouleverser les décors les intéresse beaucoup plus que de mériter les rappels. Ils collectionnent leurs coupures de presse aussi assidûment que le Lion et ils sont encore plus experts dans l'art de faire parler et écrire d'eux. Normalement ceux qui sont les oiseaux typiques de Mercure s'écartent volontiers du devant de la scène pour laisser le Lion, plus vain, jouir des applaudissements et des acclamations de l'auditoire.

Est-ce parce que les Gémeaux sont un Signe mutable? Pas nécessairement. Ils introduisent une certaine «méthode» dans leur folie. Les vedettes qui tiennent le devant de la scène sont exposées à l'indiscrète inquisition des étrangers. Bien des professionnels géminiens du divertissement se sentent mal à l'aise s'ils ne peuvent porter la tenue multicolore d'une identité aux facettes multiples, tellement commode pour déguiser une personnalité double et même triple qui prétend n'en être qu'une seule.

On dit que toutes les personnes bien en chair contiennent un Jumeau étique qui aspire à l'évasion. C'est particulièrement vrai en ce qui concerne les Gémeaux dodus, qui ont pris du poids en raison d'un effort inconscient pour cacher leur personnalité secrète, pour cesser de courir aussi vite, parce qu'ils sont rongés par la lassitude, faute d'occasions d'activités physiques ou de défis mentaux, ou encore pour apaiser un sentiment secret de frustration ou de culpabilité, en rapport avec leurs émotions embrouillées. Les gros Gémeaux sont rares pourtant, étant donné que les gens maigres passent facilement inaperçus sans avoir besoin de se déguiser. Voilà pourquoi les quelques oiseaux de Mercure obèses sont beaucoup plus malheureux que les natifs des autres Signes solaires qui ont pris du poids (sauf ceux du Scorpion et des Poissons). Ce n'est pas le fardeau de quelques kilos supplémentaires ni des soucis esthétiques ou au sujet de leur santé qui leur déplaisent mais leur corpulence les rend plus *visibles,* ce qui les gêne dans l'exercice de leurs jeux favoris.

La différence entre les natures géminienne et léonine en ce qui concerne la visibilité et l'exposition en public me fut somptueusement démontrée à un banquet auquel assistaient de nombreux convives, principalement membres de la presse. J'y prononçai une allocution. Quand je demandai combien il y avait de Lion présents, de nombreuses mains se levèrent dans toutes les directions et *restèrent* dressées aussi haut que possible; nombre d'entre elles s'agitaient frénétiquement pour être sûres de se faire remarquer. Je demandai à ces Gros Chats de se lever afin d'être reconnus par l'assistance. Ils consentirent immédiatement et se tournèrent en tous sens, en hochant la tête, en saluant. Lion et Lionne présents dans la grande salle de bal profitaient avec enthousiasme d'une occasion de s'offrir à l'admiration du menu peuple de la jungle. L'assistance les applaudit. Tous s'inclinèrent cérémonieusement et gracieusement de droite et de gauche, en acceptant l'hommage qui leur semblait dû, légitimement dû, même les Lion de l'espèce peu habituée à être ainsi fêtée et qui étaient peut-être les plus joyeux d'entre eux. Au point de vue astrologique et à tous autres points de vue, c'était fort amusant. L'enregistrement sur bande magnétique que j'ai conservé montre que les rires et les acclamations des natifs d'autres Signes solaires durèrent trois bonnes minutes. Le tapage allait en s'amplifiant et je me rappelle que les Gros Chats continuaient à saluer, toujours aussi radieux.

Le calme restauré, je repris mon allocution et, au bout d'un moment, j'invitai les Gémeaux à lever la main à leur tour. «Allons, dis-je à pleine voix, allons les Gémeaux, levez la main pour que nous voyons combien vous êtes ici.» Personne ne se manifesta, pas une seule main ne se dressa dans l'immense salle. Des chuchotements parcoururent l'assistance. Tout le monde se demandait pourquoi les Gémeaux refusaient de répondre à cet appel astrologique. Cela paraissait inexplicable car je venais justement de signaler qu'au point de vue statistique, on compte nettement plus de naissances en juin qu'en n'importe quel autre mois. En vertu de cette proportion, il aurait dû y avoir au moins un Gémeaux dans cette nombreuse assistance.

Personne d'autre que moi sans doute ne se doutait de ce qui se passait. Tout autre astrologue l'aurait compris aussi. Les Gémeaux préfèrent observer sans être identifiés eux-mêmes. Ils n'aiment pas en général être reconnus dans la foule. Sans doute s'en trouvait-il quelques-uns présents à ce banquet qui avaient dit en partant à un ami, une amie, une conjointe, un conjoint qu'ils allaient ailleurs; peut-être avaient-ils changé d'idée par la suite; en tout cas ils ne voulaient pas que leur présence s'ébruite, ce qui les aurait obligés à des explications. Quant aux autres, ils répugnaient à se manifester pour des raisons diverses, chacun les siennes.

J'en fis la remarque à pleine voix et je répétai mon invitation aux Gémeaux. Trois ou quatre mains seulement se levèrent lentement, visiblement hésitantes dans la salle bondée. Tout à coup, une vague de rire déferla et toutes les têtes se tournèrent vers le fond de la pièce où, pareilles à des chenilles processionnaires, plus d'une douzaine de Gémeaux cherchaient à s'éclipser discrètement. Les éclats de rire enflèrent. Certains convives qui connaissaient personnellement quelques Gémeaux en fuite les appelèrent par leur nom; alors tous les fuyards se mirent à courir et passèrent en trombe devant le portier stupéfait. Il en résulta une folle hilarité qui dura encore plus longtemps que les applaudissements aux Lion.

C'est ainsi que je découvris fortuitement une manière de démontrer la validité de mes études sur les Signes solaires à une large audience de sceptiques, ainsi que de croyants d'ailleurs.

Je ne saurais affirmer si cela eut quelque influence sur le départ hâtif des oiseaux de Mercure, mais il me faut peut-être signaler que J. Edgar Hoover, chef du F.B.I., siégeait à la table d'honneur ce soir-là: fait remarquable car il se montrait rarement en public. Il apparut clairement que M. Hoover s'intéressait à l'exode des Gémeaux. J'eus même l'impression, à distance, qu'il avait envie d'envoyer quelques-uns de ses hommes vérifier l'identité d'invités qui s'éclipsaient plutôt que d'être reconnus et peut-être qu'il aurait aimé à les faire suivre jusque chez eux. Mais, en qualité de Capricorne, il savait évidemment qu'on ne se conduit pas ainsi à une réunion mondaine. C'eût été contraire aux règles de la bienséance.

Le charme et la faconde mercuriels des Gémeaux types en font d'excellents dompteurs de Lion qu'ils cajolent adroitement pour les faire sauter à travers leurs cerceaux. Le Lion demandera par exemple au Gémeaux: «De quoi ai-je réellement l'air? Quel aspect est-ce que je présente au public?» Le Gémeaux lui répondra: «Ma foi, tu es d'un égocentrisme et d'une arrogance invraisemblables. Mais tu es aussi large d'esprit, amical et généreux.» (Avec les Lion, il est toujours bon d'annoncer les vérités pénibles au début et de terminer par les compliments.) Pour conforter leur vanité le Lion ou la Lionne pourront insister. «Les autres remarquent-ils mes vertus aussi nettement que toi? S'il en est ainsi, comment se fait-il qu'ils me sous-estiment tout le temps? — Ils semblent le faire, mais tout le monde sait que tu es fantastique, un peu prétentieux peut-être et infatué de toi-même, mais organisateur prodigieux. Selon toute évidence, tu es plus sage, plus calme dans tes émotions que la moyenne des êtres vivants. Tout le monde s'en rend compte mais les jaloux n'aiment pas l'avouer. Ils ne méritent pas que tu te soucies d'eux.»

Vous avez vu comment ça se passe? Dans une conversation avec un Lion, il faut présenter les faits en sandwich: les faits désagréables au milieu entre d'épaisses tranches de chaleureuses flatteries. Mercure en donne la tactique aux Gémeaux qui savent se prosterner en disant ce qu'ils ont sur le cœur.

En réalité les Lion et Lionne sont d'excellents organisateurs et organisatrices, experts en l'art de déléguer leur autorité, assez fixes pour attendre calmement le succès définitif de leurs projets grandioses. Mais la versatilité des Gémeaux outrepasse les réserves de leur patience. Leur tendance à se précipiter à travers l'existence en oubliant leurs convictions aussi facilement qu'ils jettent le journal de la veille, en abandonnant maison, situation, amis, dès qu'ils y remarquent le moindre défaut, toujours trop vite, sans réfléchir le moins du monde, pour se précipiter sur quelque chose de nouveau et qui les fascine. Tout cela indigne les Gros Chats. Pour les Lion et les Lionne, fidèles, loyaux, et peut-être aussi plus paresseux, vite ne signifie pas toujours bien. Alors le Lion se sentira peut-être obligé d'éclairer le Gémeaux par une de ses conférences royales.

«Tu fricotes habilement à la laiterie et tu es expert dans l'art d'écumer la crème. Mais il se trouve qu'elle tourne toujours à l'aigre avec toi. L'acuité mentale à laquelle tu attribues tant d'importance crève ton bon sens. Tu te passionnes à un tel point pour ce qui t'amuse qu'un jour, au moment où tu t'y attendras le moins, tu ne sauras plus où tu mets tes pieds. Tu verras. Plus tard tu me remercieras de t'avoir mis en garde.»

Éternels Grand Frère et Grande Sœur, les natifs du Lion ne peuvent s'empêcher de prédire à ceux qu'ils dirigent bénévolement qu'un jour ils les remercieront de leur avoir donné d'aussi jolies perles de sagesse. Comme si le Gémeaux avait le temps de s'arrêter et de noter de telles obligations de gratitude. La crème qu'il prélève si habilement tourne à l'aigre, fort bien! ils en feront du fromage. De toute façon, ils retombent toujours sur leurs pieds et patinent sur les couches de glace les plus minces alors que le Lion boude ou demande, exaspéré: «Crois-tu que tout ira toujours aussi bien?»

Eh bien! non, tout ne va pas toujours aussi bien. Parfois les Gémeaux passent à travers la glace trop mince. Mais pourquoi s'en soucieraient-ils puisque le brave roi (ou la reine) les tirera d'affaire au cours d'une superbe opération de secours de dernière minute et en technicolor. Ensuite, le Lion rugira et saluera (modestement) quand le Gémeaux chantera ses louanges: «Tu as toujours eu raison, ô mon roi. Tout ce que tu m'as dit était vrai. Merci de m'avoir prévenu à temps. Je me demande ce que je deviendrais sans toi.» Les Gémeaux parviennent ainsi à manger leur gâteau tout en le conservant, c'est-à-dire à bénéficier de la protection royale en plus de leur liberté.

«Ce n'est rien, n'en parlons plus», répond modestement le Lion (ou la Lionne) en ronronnant. Les flatteries et le charme des Gémeaux les enivrent autant que la forte odeur de la valériane. «Il appartient aux plus forts et aux plus sages de protéger les faibles et les fous des conséquences de leurs folies. Mais n'oublie pas cette leçon et à l'avenir, fais ce que je te dis. Cela t'évitera ennuis et dangers.

— D'accord. C'est promis!» s'écrient joyeusement les Gémeaux en agitant la main en guise d'adieu. Mais ils savent pourtant au fond d'eux-mêmes que le Lion a raison. C'est agaçant, exaspérant, mais c'est vrai.

Femme LION • GÉMEAUX *Homme*

D'instinct, toute Lionne désire dompter l'homme qu'elle aime pour en faire sa propriété exclusive. Vous admettrez que c'est tout à fait naturel. Elle a besoin d'un partenaire en qui elle puisse avoir totalement confiance, un homme nettement plus fort qu'elle et qui pourtant la chérira sans aucune réserve. Voilà de bien grandes exigences, surtout si elle entreprend de dresser un natif des Gémeaux.

Au jeu de l'amour comme dans celui de la vie, le Gémeaux joue le rôle que les joueurs de cartes appellent celui du *kibitzer* qui se tient à proximité du tapis, quelques as cachés dans sa manche, connaissant la main de chaque joueur, certain de pouvoir, s'il le désirait, faire passer une couleur pour une quinte flush. Il en sait long sur toutes choses, mais pas tout à fait assez pour réussir un grand chelem ni pour élucider le mystère qui l'intrigue. Il lui paraît plus sensé d'être une espèce de Maître Jacques apte à bricoler dans tous les domaines sans exceller en aucun. Dès que vous devenez expert en quoi que ce soit, vous savez, les gens ont la fâcheuse habitude de s'attendre à ce que vous vous y confiniez et que vous ne fassiez plus rien d'autre.

Gémeaux est un Signe d'Air, mû par le besoin constant de changement, n'importe quelle espèce de changement, pourvu qu'il y ait changement, capital ou minime, qui le conduise à la partie de dés suivante avec un enjeu intéressant. Contrairement au Lion et au Sagittaire, les deux autres joueurs astrologiques, les Gémeaux ne font dans la partie qu'une entrée et sortie rapides pour gagner ou perdre immédiatement, quitte à recommencer plus tard. Ils estiment que, si l'on joue assez souvent, on finit par venir à bout des erreurs de jugement et de la malchance. Ils ne misent jamais à long terme sur une carrière, des liens de famille, d'amitié ni même sur une idylle. Telle est une des règles de vie du Gémeaux mâle typique, au moins tant qu'il est jeune (remarquez que cela durera longtemps parce que les natifs de ce Signe ne mûrissent jamais). Aux yeux de l'homme gouverné par Mercure, la vie est une foule de ballons dirigeables miniatures et de bulles de savon livrés à des enfants malicieux armés d'aiguilles. Il faut donc être agile pour sauter par-dessus cette marmaille, orienter son dirigeable et souffler sur les bulles afin de les écarter d'eux à point nommé. Mais d'où viennent ces dirigeables et ces bulles? Il ne s'en soucie jamais. Le Gémeaux sait seulement qu'il en viendra toujours de nouveaux. Il lui suffit d'être assez vif pour repérer les meilleurs et éliminer les autres en coupant leur ficelle avant qu'ils se dégonflent: la ficelle des dirigeables miniatures évidemment. Quant aux bulles, elles sont amusantes à observer et à faire naître, mais notre Gémeaux n'est pas assez sot pour chercher à en faire de durables. Quant aux dirigeables, c'est une autre affaire. Ils sont plus solides et l'un d'eux pourrait un jour l'emporter où il désire aller… si seulement il savait où.

Considérons par exemple la question des femmes. Le Gémeaux sait — ou croit savoir — laquelle s'envolera avec lui et ne le paralysera pas en s'accrochant à sa manche, et celles dont il doit s'écarter parce qu'elles considèrent que le vol n'est fait que pour les oiseaux. (Elles ont d'ailleurs raison, mais n'oublions pas que les Gémeaux sont les oiseaux de Mercure.) Au début, il pensera que la Lionne appartient à la première catégorie, parce qu'elle n'est certainement pas femme à s'accrocher à sa manche. Elle a d'autres moyens, plus subtils, de le freiner.

Si la Lionne pense à une union permanente, elle devra d'abord dompter le Gémeaux. Ce sera plus épineux que le domptage de n'importe quel animal mâle du zoo astrologique. L'homme des Gémeaux est le plus glissant et le plus fuyant. En outre, rappelez-vous qu'il s'agit d'un personnage double. Ses propos et ses gestes, si charmants, dissimulent les issues d'évasion, si bien que cet homme peut être parti alors que sa partenaire se pâme encore en considérant la volute de beauté dont il l'a drapée, pareille à une toile d'araignée délicate, pour camoufler son départ et le lui rendre plus supportable. (Oui, il a du cœur, à sa façon.) Mais la Lionne ne se laisse pas prendre à ces ruses mercurielles parce qu'elle ne se pâme jamais au sujet des hommes. Ce sont les hommes qui se pâment devant elle… ne l'oubliez pas.

Voir à travers les dentelles de charme du Gémeaux n'est qu'un obstacle mineur par comparaison à ceux qu'il lui faudra surmonter afin de le mettre au pas. La pire de ces difficultés provient du fait que, pour le natif des Gémeaux, toutes les femmes sont semblables, toutes menacent

sa liberté, et il les soupçonne toutes de se conduire d'une manière imprévisible en exigeant d'être aimées exactement de la même manière
aujourd'hui que la veille. Comment cela serait-il possible alors que ses
émotions comportent tant de profondeur et d'ampleur? Tôt ou tard, toute femme se mettra à l'exaspérer en lui reprochant de n'avoir pas de but
concret; or qui se soucie du concret? Étant donné que la plupart des
femmes ennuient l'homme des Gémeaux parce qu'il les voit toutes pareilles, la fille du Lion devra lui faire pénétrer dans la tête qu'elle ne
ressemble pas aux autres, elle devra le former, le dresser... à écouter
ses pas, *son* rire, *sa* voix... pour réaliser que *ses* vibrations ont un caractère unique, équivalant à une musique destinée à lui seul, qu'aucune
femme au monde n'est entourée du même nimbe. Peut-être devra-t-elle
même l'obliger à remarquer que les points d'or de ses yeux sont exactement ceux d'un morceau d'ambre, de telle sorte que chaque fois qu'il
verra un bijou d'ambre au cours de ses voyages il se souviendra...

Dès lors l'ambre lui paraîtra toujours superbe parce qu'il lui rappellera le sourire chaleureux de sa Lionne, son esprit fier, l'étincelle qui
brille dans ses yeux... et un choc au cœur le ramènera auprès d'elle. Il
ne s'agit pas seulement de sourire, d'esprit et d'yeux, mais de bien d'autres éléments de cette Lionne qui lui manquent. Par exemple, sa manière de gravir les collines à longues foulées gracieuses de Lionne, sans jamais se fatiguer, son assiette impeccable à cheval; il la revoit plonger
dans l'eau, dévaler les pentes sur ses skis, manier sa raquette de tennis
ou frapper sur les balles de golf. Toute native du Lion excelle en au
moins un sport de plein air et en bien des occupations d'intérieur telles
que l'art dramatique, la danse, la poésie, les jeux d'amour. Tout comme
les Demoiselles de la Lune cancériennes, nombre d'entre elles sont
photographes amateurs ou professionnelles.

Elle devra semer tous ces souvenirs dans la mémoire de son Gémeaux
et lui prouver qu'elle est unique. Cela fait partie du dressage des Gémeaux.
Une fille amoureuse de cet homme doit tenir compte de son esprit et de
son corps, sans parler de la dualité de sa personne et de ses humeurs multiples. Finalement il en viendra à la considérer comme la seule femme,
unique au monde, qu'il ait encore jamais connue. Cependant il ne sera *totalement* dompté que lorsqu'il verra en elle la femme unique au monde
qu'il *connaîtra* jamais. Il y a une nuance qui n'échappe pas à la Lionne.

Cette femme *est* vraiment unique en son genre: une «dame» dès sa
naissance, et il n'en reste plus beaucoup. La native du Lion est capable

de se rouler dans l'herbe, grimper aux arbres, changer les pneus de sa voiture, effectuer bien des travaux que la tradition réservait aux hommes, et toujours sans rien perdre de sa grâce, de sa dignité, comme si elle avançait majestueusement sur un tapis rouge sous la nef le jour du couronnement. (Il faut vraiment avoir de la classe pour garder sa tiare en place sur sa tête quand on tourne la manivelle d'un cric sous la roue arrière.) Son nimbe de majesté ne la quitte jamais. Qu'un malotru la raille ou commette l'erreur monstrueuse de se montrer trop familier quand elle ne l'y a pas invité elle-même, et elle se pétrifiera en un tel monument de mépris hautain qu'il se ratatinera jusqu'au fond de ses chaussettes et souhaitera que la terre s'ouvre sous ses pieds pour l'avaler. Comme la Capricorne typique, la Lionne typique donne nettement une impression d'excellente éducation à laquelle on ne saurait se tromper. Peut-être est-ce illusoire, mais en tout cas c'est flagrant. La seule faille de son armure, tout aussi visible, c'est sa faiblesse devant les flatteries. À tous autres points de vue cependant, le sang bleu coule dans ses veines; elle a des attitudes hautaines, fières, celles d'une reine. Le Gémeaux qui l'appelle «mignonne» ou «poulette» soit en s'adressant à elle, soit en parlant d'elle et même seulement en sous-entendus, ne tardera pas à apprendre ce que signifie le mot «dame». Il devra s'habituer (et le fera probablement de bon gré) à lui laisser monopoliser l'intérêt du public. Partout où ils seront ensemble, c'est elle qui retiendra l'attention, même sans s'y prêter particulièrement. Une cape de majesté flotte en effet sur tous les Lion qui naquirent jamais ce monde. Elle a beau lui parler de manière exquisément douce, fixer sur lui un regard d'admiration comme *s'il* était la vedette, les têtes se tourneront vers elle, même s'il est beau, élégant, spirituel, intelligent. Son port de reine, sa manière de parler, lente, paresseuse, sa confiance en elle-même, sa façon de secouer la tête pour écarter sa crinière de ses yeux, tout suggère un charisme royal. Elle n'a d'ailleurs aucune mauvaise intention. La véritable Lionne, noble, au cœur chaleureux, n'usurpe jamais délibérément ce qui est dû au partenaire dont elle est amoureuse. Mais elle ne ménage personne d'autre. Si les indigènes turbulents n'ont d'yeux que pour elle, ce n'est pas par sa faute. L'homme des Gémeaux n'est que rarement affligé d'un esprit possesseur, aussi considérera-t-il sans doute la popularité de sa compagne comme une preuve de plus des qualités qui la lui rendent admirable. (Comme vous le voyez, il est dompté petit à petit.) Toutefois, cela le tracasse, il se consolera en se rappelant que le président Gémeaux des États-Unis, Jack Kennedy, se présenta lui-même en France comme «l'homme qui accompagnait Jacqueline Bouvier à Paris». Jacqueline était, comme vous le savez tous, une Lionne.

Les statistiques nous démontrent que la compatibilité sexuelle entre les natifs de ces deux Signes solaires n'est possible en général qu'au prix de compromis et d'accords réciproques. D'abord rien ne peut glacer l'enthousiasme d'une Lionne comme la trahison, l'infidélité de son compagnon, allant du flirt inoffensif jusqu'à l'adultère caractérisé. En pensant à ce qu'il éprouverait au cas où il serait dédaigné, voire rejeté, l'homme des Gémeaux tolérera avec une facilité relative la jalousie, l'orgueil enflammé et l'esprit possessif de sa compagne léonine. L'éventualité du dédain ne lui plaira évidemment pas, mais une telle attitude serait beaucoup plus outrageante pour la Lionne. Les Gémeaux prennent à peu près tout plus légèrement que la plupart des gens, et certainement plus légèrement que les natifs du Lion, Signe de Feu intense.

Cependant, à partir du moment où elle l'aura vraiment soumis, la jalousie ne créera plus de problèmes entre eux. Leur bonheur sera dès lors assuré par une simple mise au point technique. Toute Lionne assidûment aimée devient une femme exceptionnellement affectueuse et amoureuse. Elle est aussi capable de passions dévorantes que de sensualité langoureuse. Mais, si elle est mal aimée, elle risque de manifester des symptômes de frigidité. Elle n'est pas femme à apprécier un amant du type gorille qui la ravagerait (King Kong n'est pas l'homme de ses rêves) ni une femme qui sourirait avec indulgence à la maladresse d'un galopin timide, tout juste capable de l'encombrer par une adoration frétillante comme celle d'un jeune chien. Elle attend de l'homme qu'il l'aime physiquement avec finesse. Or il se trouve précisément que le Gémeaux mâle est littéralement saturé de finesse, de délicatesse, de charme. Malheureusement son contact est parfois si léger, ses manœuvres de séduction si aériennes qu'elle se demande s'il ne va pas se dématérialiser sous ses yeux avant que leur étreinte les ait conduits à la plénitude. Pour satisfaire les besoins les plus profonds de sa partenaire, qui sont visiblement plus dévorants que les siens, il devra l'arracher du sol de temps en temps en une scène spectaculaire de capitulation extatique et sauvage.

Elle peut être tendre; faute de mieux il devra au moins trouver un moyen de lui faire comprendre combien il est asservi par le magnétisme sexuel émanant d'elle. Pour une telle femme, l'union physique représente plus qu'un défi mercuriel ou qu'un exercice mental dans le domaine des émotions. L'appel de la jungle lointaine retentit encore en elle. Mais elle s'épanouira tendrement au contact de sa séduction imaginative à condition qu'il l'approfondisse de temps à autre et qu'il se rappelle surtout ceci: elle a besoin de s'entendre répéter combien elle est belle et désirable, afin de s'abandonner complètement. «La femme n'est belle qu'aimée.» C'est particulièrement vrai des natives du Lion.

Cet homme et cette femme sont aussi prodigues de mots... et d'argent, l'un que l'autre. Ils ont tous deux un goût exquis, raffolent de s'habiller, de voyager, se passionnent pour la littérature et les arts. Chacun tient à n'en faire qu'à sa guise: elle, grâce à ses qualités adorables qui lui permettent de considérer cela comme son dû; lui, grâce à son bagou irrésistible. La native du Lion peut apprivoiser le natif des Gémeaux plus facilement si elle se rappelle les règles du dressage de tous les oiseaux turbulents, actifs mais curieux. Le succès exige beaucoup de patience; il faut commencer par sourire du regard, de loin, en prenant bien garde de ne pas avancer trop vite, par crainte d'effrayer le partenaire. Au début, la communion muette offre les meilleures perspectives, particulièrement entre ces deux Signes solaires dont l'association contient des graines de malentendus. Puis elle s'approche chaque jour un peu plus de lui sans lui donner à craindre que sa liberté soit menacée...

L'homme des Gémeaux a besoin qu'on lui rappelle ceci: il existe des choses dans sa vie fluctuante, mercurielle, qui sont tout à fait exceptionnelles — et *uniques* — et cela dans tous les mondes où il erre. Voilà pourquoi il sera plus heureux après avoir été soumis par la fière native du Lion, ne serait-ce qu'à cause de l'ambre qu'il ne pourra plus voir sans se rappeler les petits grains d'or qui scintillent dans les yeux de sa belle.

Homme LION • GÉMEAUX *Femme*

Le natif du Lion dissimulera souvent son complexe de supériorité ainsi que son besoin exagéré de respect. Mais il ne saurait tromper l'astucieuse sujette de Mercure amoureuse de lui. Une native des Gémeaux, que je connais, jura un jour à quelques amies réunies dans son salon que son mari, natif du Lion, n'avait aucune caractéristique de son Signe solaire. «Philippe n'est ni vaniteux ni dominateur, précisa-t-elle. Homme réservé, il ne se sent supérieur à personne.»

Philippe approuva modestement. «Je n'ai aucune envie de tyranniser qui que ce soit, murmura-t-il. Je ne suis qu'un homme très moyen.»

Et sa femme géminienne ajouta ausitôt: «Il est beaucoup plus qu'un homme moyen. Il est même tout à fait exceptionnel. Mais je vous l'ai dit, il n'a rien d'un monsieur J'ordonne et il ne cherche jamais à faire des épates.»

Tout le monde s'y trompa dans cette pièce. Comment prendre pour un Lion rugissant cet hôte aimable, courtois et discret qui se tenait tranquillement dans son coin et dont émanait une chaleur rayonnante et paisible. Il ne cherchait surtout pas à orienter la conversation. Évidemment j'aurais dû éclairer tout le monde. Mais mon amie Gémeaux avait si adroitement caressé son Gros Matou dans le sens du poil qu'il ronronnait, ravi. Je n'avais pas le cœur à gâcher son petit jeu mercuriel.

Que croyez-vous que ce timide chaton faisait toute la journée quand il ne se détendait pas paresseusement chez lui en acceptant les compliments de sa compagne avec l'air de s'effacer? Il s'est spécialisé dans un domaine particulier du droit: les baux sur terrains pétrolifères étrangers. Il dépense les gros revenus qu'il gagne en passant son temps très *précieux* à expliquer aux *très* puissants maîtres de l'industrie ce qu'ils peuvent et ne peuvent pas faire. Quand on distribue des conseils à des milliardaires, à des compagnies telles que Exxon et Standard Oil en les accompagnant de temps en temps d'une tape sur le nez, on n'a pas besoin de dérivatif pour son orgueil léonin.

Le Lion qui tient la vedette dans son travail et satisfait sa vanité en prodiguant ses conseils de sagesse peut se permettre d'être modeste en société, surtout quand sa femme géminienne sait exactement comment le cajoler en chantant ses louanges avec tant de charme. Il n'a vraiment pas besoin de se laisser aller à de vulgaires vantardises.

Les liens entre Gémeaux et Lion portent la marque du destin auquel ils ne peuvent guère résister, que ce soit dans le cercle de famille, en affaires, en amitié ou en amour. Par gratitude pour des services reçus autrefois, le Lion se sent obligé d'enseigner à la fille des Gémeaux des choses qui peuvent réellement améliorer son existence, encore plus qu'il

ne s'y sent obligé envers d'autres. C'est beaucoup dire. Elle doit donc
s'attendre plus que n'importe qui à de longues admonestations léonines,
car cet homme ne cessera de lui faire remarquer ses défauts, de lui signaler ses erreurs, de lui montrer ce qu'elle fait ou pense de travers,
qu'il s'agisse de régime alimentaire, de la manière de se vêtir, de ses
opinions politiques ou de sa foi religieuse. Malgré tout le Lion aime protéger la native des Gémeaux. Les faiblesses de cette femme lui inspirent
une sympathie attendrie et il cherche à y remédier.

De même, la native des Gémeaux entend défendre son Lion et le protéger quand d'autres personnes blessent son énorme vanité, même sans
le vouloir. Quelque chose, dans son cœur plein d'intuition, lui indique
ce qu'il convient de dire et de faire au bon moment, afin de mettre en
valeur la chaleureuse affection et la générosité de cet homme. Parallèlement elle voit en lui un havre d'amour et de sécurité dans un monde
sceptique qui ne la comprend pas. Cela flatte naturellement le Gros Matou dans son orgueil viril, bien plus développé chez lui que chez la plupart des mâles. Il ne l'en chérit que plus. Leurs relations peuvent donc
glisser lentement vers une société d'admiration mutuelle.

Néanmoins leur compatibilité foncière n'empêchera pas que surgissent des crises de mutinerie d'un côté comme de l'autre. La nonchalan-
ce aérienne des Gémeaux peut échauffer le tempérament du Lion, lent
à s'enflammer mais difficile a éteindre dès qu'il s'est mis à flamber. Elle
pourra alors recourir à sa tactique de querelle en usant de sa faconde et
de ses sarcasmes qui blesseront profondément l'amour-propre du Lion.
Si ses multiples fascinations et intérêts extérieurs à ceux du foyer l'empêchent de manifester quotidiennement son adoration au Lion, il se posera la même question que n'importe quel monarque dont les sujets
sont trop affairés pour s'aligner au bord du trottoir afin de l'acclamer à
son passage: peut-être ne sont-ils plus fidèles à leur roi? Peut-être a-
t-elle trouvé quelqu'un qu'elle admire plus que *lui*?

La malheureuse ne sait pas ce qu'elle risque. Toutes les femmes qu'il
a aimées et abandonnées avant de la connaître furent littéralement dé-
vastées par le chagrin lorsqu'ils rompirent, ainsi qu'il le lui a répété souvent. Qu'elle prenne garde! Le Lion pourrait consulter son petit carnet
noir souvent feuilleté et appeler quelques numéros entre «A» pour Aimer et «Z» pour Zoé. Oui, la plupart de ses anciennes maîtresses sont
mariées, sauf quelques-unes qui sont entrées au couvent. Mais notre
Lion est convaincu que n'importe laquelle de ses esclaves rejetées, y

compris les nonnes, bondirait de joie s'il lui donnait le moindre espoir d'être rappelée au service de Sa Majesté. *Certaines* femmes savent profiter de la chance.

Le Lion étant plus fixe et par conséquent doué d'un esprit plus pratique que la mutable Gémeaux, le comportement imprévisible de cette dernière pourrait provoquer des feulement de colère. Absorbée par la lecture d'un livre elle peut oublier de préparer le dîner, bavarder au téléphone quand il a besoin d'un auditoire, ne plus avoir envie d'aller au théâtre quand il a déjà réservé les places, oublier où elle a garé la voiture, perdre ses clés ou noyer le carburateur de son auto. Voilà des fautes qu'on ne reprochera jamais au Lion. C'est outrageant, bien sûr, mais le Lion est un homme vrai et énormément capable qui fait face à toutes les urgences sans efforts, avec aisance, à peine un haussement d'épaule royale et cette question qu'il ne pose pas, par modestie somptueusement affectée, mais qu'entendent les témoins de l'exploit: «Tout le monde n'en ferait-il pas autant?»

La suite dans les idées et la vigueur avec laquelle il s'attache à atteindre ses buts, sa loyauté, son intelligence, son honnêteté enchanteront la native des Gémeaux. Mais peut-être deviendra-t-elle turbulente et sujette à des sautes humeur; elle dérangera son partenaire lorsqu'il travaille, étudie ou simplement se détend. Elle pourra aussi lui donner un sentiment d'infériorité en le suppliant de prendre ensemble des vacances coûteuses à un moment où il est démuni mais trop fier pour l'avouer.

Il rugira mais pardonnera sans doute dès qu'elle le cajolera et que le Jumeau léger, intrépide, amène deviendra son autre elle-même; une femme sensible, dévouée à l'homme qu'elle aime. Quant à ses occupations extérieures à la maison, il ne s'en souciera pas, si elle poursuit une carrière, prend des cours de danse classique, se met à la marche à pied, collectionne des momies ou chasse les papillons... à condition qu'il conserve la priorité sur tout: travaux et distractions. Mais la fille Gémeaux ne doit jamais taquiner le fier Lion en lui faisant remarquer que le Gros Matou de la jungle permet à ses compagnes de chasser pendant qu'il somnole au soleil. Si elle se le permettait, il la rappellerait au foyer, auprès de lui et il en serait fini de toutes ses occupations extérieures au ménage.

En outre, cela n'est vrai que pour les Lion lions mais pas pour les Lion humains. Sa qualité de Lion lui confère des droits héréditaires. Un roi permettrait-il à sa reine de se soucier des affaires d'État, de conférer avec le ministre du Trésor pour débrouiller les questions budgétaires, là-bas, au château, pendant qu'il parcourrait la forêt derrière ses meutes de chiens ou qu'il essaierait une couronne neuve?

Ma foi, oui, il le permettrait probablement... à condition qu'elle fasse preuve d'humilité à ce sujet. Tout compte fait, chaque femme mérite de poursuivre des buts personnels qui donnent de la saveur à sa vie, notamment de veiller à ce que son époux soit heureux et satisfait. La favorite du roi est d'ailleurs comblée de récompense. Il la divertit, il est généreux; il lui accorde son temps, son argent; il est vigoureux et brave, très aimable, tant qu'on lui caresse l'ego dans le sens du poil. Enfin, cité en dernier lieu mais qui n'est pas le moins important, le Lion est un amant prodigieux. L'imagination géminienne stimulera leurs relations physiques et si elle continue à lui donner l'impression de la conquérir sexuellement, il restera un monarque satisfait et monogame.

Le Lion exaucera toutes ses promesses romanesques au contact d'une Gémeaux qui ne manifeste aucune intention de le dominer et dont la manière aérienne d'aborder la sexualité tisonnera ses désirs les plus enflammés, au moins au début. Cependant il pourra sentir petit à petit que quelque chose lui manque. Lorsqu'il fait l'amour avec une des deux jumelles, l'autre observe froidement le tableau. Un engagement aussi partiel pourrait traumatiser l'homme du Lion.

Pour le Lion au cœur chaleureux, la sexualité est synonyme de l'affection et de la passion. Or l'amour des Gémeaux comporte quelque chose de vague et de distant. Il est capable de la séduire au point de vue émotionnel et physique, mais l'esprit de la belle refuse de s'engager tout à fait dans l'abandon sensuel. L'impossibilité de conquérir totalement sa partenaire peut détruire chez le Lion l'image qu'il se fait de sa propre virilité et qui est nécessaire à son épanouissement psycho-sexuel. Elle se plaindra parce que ses pratiques amoureuses paraîtront manquer d'intérêt pour sa partenaire, alors qu'en réalité la froideur de cette dernière, son détachement, sa conduite en partie double ont suscité chez lui la crainte d'être inapte à la satisfaire. Dans ce cas il répugne à s'exposer à un échec parce que rien ne peinerait plus ce mâle que le moindre doute quant à ses talents de parfait amant. Elle devrait se rappeler que son Lion est un idéaliste au point de vue sexuel et employer son imagination mercurielle à inventer de nouveaux moyens d'apaiser sa faim de romanesque et de sentiments comme toile de fond à leur intimité sexuelle au lieu de gaspiller cette imagination au cours de ses fugues dans les nuages, au moment où il a le plus besoin de la sentir auprès de lui, nichée contre son cœur.

Étant donné que les Gémeaux possèdent le don des langues, elle devrait être capable de traduire les injonctions insolentes et royales de son Lion en expression de passion et de désir.

«Tu parles trop. Pourquoi ne te tiens-tu pas tranquille de temps en temps?» Cela signifie qu'elle l'a atteint dans sa vanité en accaparant une fois de plus l'attention grâce à son double talent de vivacité et d'intelligence.

«Ne te soucie pas du repas, je vais dîner dehors, n'importe où, tout seul» signifie qu'elle l'a dédaigné une fois de plus *et de trop* parce qu'elle s'occupait ce jour-là d'idées ou de gens intéressants, et l'amour-propre de son Lion aspire à des consolations.

«Annule notre sortie de samedi soir. Dis à ces gens-là que nous ne pouvons pas y aller. Trouve des excuses. Nous restons à la maison.» Cela signifie qu'il préfère passer le week-end seul avec les deux personnes qui constituent son épouse plutôt que de s'habiller pour aller éponger l'admiration d'une foule. Et, de la part d'un Lion, Madame, c'est ça *l'amour*.

LION
Feu - Fixe - Positif
Régi par le Soleil
Symboles: le Lion et le Timide Minet
Forces diurnes - Masculin

CANCER
Eau - Cardinal - Négatif
Régi par la Lune
Symbole: le Crabe
Forces nocturnes - Féminin

Les relations

La *Demoiselle de la Lune* et le Lion. Le *Crabe* et la Lionne. Le *Cancer* et le Lion. Est-ce vraiment ainsi que vous les appelez? Vous commettez une grosse erreur. Elle semble minime, mais la graine du séquoia aussi paraît infime par rapport à l'arbre gigantesque qui en naîtra... Alors, corrigeons dès le début. Vous n'imaginez pas combien ce sera utile. Le *Lion* et la Demoiselle de la Lune. *La Lionne* et le Crabe. Le *Lion* et le Cancer. Attention au protocole. Le respect ira loin dans une telle association et, à ce point de vue, ne vous souciez pas de la succession des Signes solaires sur la roue du Zodiaque.

De nombreux périls menacent deux personnes quelconques nées sous des Signes d'Éléments Feu et Eau quand elles associent leurs personnalités au bureau, à l'école, à la maison. Quand nous avons affaire au Lion et au Cancer, il importe de les rappeler une fois de plus au cas où vous n'auriez pas lu le chapitre des Éléments à la fin de ce livre.

Si ces deux personnes le désirent, elles peuvent apprendre ensemble et se manifester l'une à l'autre autant de tolérance que tous les autres gens unis dans ces Éléments. Mais, s'ils ne le souhaitent *pas,* le Feu du Lion et l'Eau de Cancer peuvent se détruire réciproquement, et ils se serviront de ce pouvoir sans s'en rendre compte le moins du monde, jusqu'à ce qu'il soit trop tard et que les dommages à l'un ou l'autre (voire les deux) soient déjà faits.

Le Lion n'est pas aussi tolérant envers la personnalité du Crabe qu'on pourrait le supposer, du fait que le Cancer représente la douzième maison du Zodiaque par rapport au Lion. En général, le Crabe désire moins apprendre les leçons qui pourraient lui être données par le Signe qui le suit, le Lion (bien que le Lion, de son côté, ait grande envie de les lui enseigner). Néanmoins, qu'il désire s'instruire ou pas, le Cancer *sait* secrètement, même s'il ne l'avoue pas, qu'il a des leçons à apprendre de la sagesse solaire léonine, et, plus le Cancer retarde l'inévitable, plus ces leçons seront pénibles à apprendre.

Je vois très bien tous les Lion et Lionne sourire et hocher la tête en signe d'approbation à ce paragraphe, et tous les Crabes froncer les sourcils et renifler. C'est vrai, chers enfants de la Lune. Le Gros Chat a beaucoup de choses à vous enseigner. Si vous essayez, même *inconsciemment,* de renverser les rôles, de lui apprendre quelque chose ou de le dominer au lieu de vous soumettre et d'absorber ses leçons, vous enfreignez les règles de votre destinée. Vous nuisez aussi à celle du Lion, ce qui n'est pas malin ni prudent. Or, rappelez-vous combien vous êtes fiers de votre intelligence et de votre prudence.

Chers natifs du Lion, cessez de rire et de caresser votre vanité parce que l'astrologie a aussi des mises en garde à *vous* présenter. Est-ce parce que votre âme éternelle vient de subir récemment l'expérience cancérienne que vous vous montrez moins tolérants et compréhensifs que vous pourriez l'être envers les traits caractéristiques lunaires (si agaçants qu'ils puissent être pour vous) de vos amis, parents, partenaires cancériens? Avez-vous boudé au lieu de vous montrer protecteurs et de sympathiser? Avez-vous joué le rôle du Timide Minet et permis au Crabe de vous *enseigner,* à vous, alors qu'il devrait *apprendre* de vous? Laissez les Crabes enseigner la prudence aux natifs des Signes situés *derrière* eux: les Gémeaux en ont grand besoin! Vous savez déjà subconsciemment le besoin de pluie dans l'âme (humeur des Crabes), et vous devez leur enseigner la valeur du soleil dans le cœur humain. Avez-vous permis à un natif du Cancer d'éteindre les rayons enflammés de votre Soleil dominant, d'écraser la fierté qui est vôtre par droit de naissance avec l'eau du pessimisme et de la réprobation bénigne (qui, si bénigne qu'elle soit, n'en est pas moins de la réprobation)? Est-ce bien ce que vous avez fait? C'est honteux! Et ton rugissement? Allons! Secoue ta crinière (si tu es Lion), ferme à demi les paupières sur tes yeux bridés de chat (si tu es Lionne) et conduis-toi comme l'a voulu ta destinée solaire à l'instant où tu as pris ta première inspiration sur cette terre. Inutile de dépasser la mesure et de déshydrater complètement au Feu de tes flammes l'Élément Eau de ton ami, parent, amant ou maîtresse cancérien. Il est agréable d'avoir un Crabe auprès de soi quand on a besoin d'être endormi au son d'une berceuse ou de déguster un bol de soupe au poulet. Personne d'autre ne te racontera des rêves aussi fascinants ni des histoires aussi drôles. Mais ne permets pas à ces gens-là de noyer ton enthousiasme ou de te priver de ton adrénaline. Sois toi-même. Toi aussi, Cancer. Soyez vous-mêmes l'un et l'autre, et vous serez tous deux plus heureux. «Soyez fidèles à l'essence de votre Signe solaire», telle est la règle la plus sage de l'astrologie.

Il y a en effet, hélas! quelques couples Cancer-Lion dans lesquels Crabe et Lion (ou Lionne) ont interverti leur rôle. L'âme cancérienne est tendre et sensible, mais il arrive parfois que l'écoulement constant à longueur d'année de l'Élément Eau éteigne littéralement le Feu du Lion et sa confiance en lui-même. Cela peut commencer par un Lion du type Minet Craintif qui n'a pas été assez tolérant envers les dispositions et les buts différents des siens du Cancer et qui permet, petit à petit, à ce dernier (ou cette dernière) de ne pas assez le respecter et de l'adorer insuffisamment. Sa bouderie, alors, se transforme en léthargie au point que le charisme léonin sera complètement oblitéré.

Le Crabe aussi peut en être responsable. Nous ne répéterons jamais assez souvent que le Cancer est un Signe cardinal de direction, malgré la gentillesse superficielle et les réticences apparentes qu'il doit à la domination lunaire. Un Crabe dont l'horoscope présente le Soleil et Mars en aspect de puissance peut recourir à la patience, la ténacité, l'insistance, la persévérance cancériennes pour épuiser un Signe de Feu comme le Lion, à force de fatigue spirituelle. Voilà une chose extrêmement grave. Un long siège mené avec la stratégie subtile d'un Crabe exceptionnellement volontaire peut effacer l'orgueilleuse nature du Lion. Il est difficile de déterminer exactement lequel des deux Signes solaires a pris l'initiative de renverser ainsi les rôles, mais en général ni l'un ni l'autre des deux partenaires ne se rendent compte, au niveau de la conscience, de ce qui est en train de se passer. Ce phénomène n'est que rarement motivé par la malice ou une malveillance délibérée, ni d'un côté ni de l'autre mais déterminé plutôt par le manque de prudence constante lorsqu'on mélange le Feu et l'Eau pendant longtemps. Rien n'est plus affligeant qu'un Lion (ou une

Lionne) privé de sa fierté, de sa dignité, sauf un Crabe forcé d'adopter une attitude d'agressivité et de confiance en soi complètement étrangère à sa douceur et sa sensibilité.

L'interversion de rôles peut se produire dans le sens contraire. Le Feu du Lion peut dévorer la beauté des émotions profondes et normalement tranquilles du Cancer. Soumis aux exigences insolentes d'un Lion du type dominateur, un Cancer souffrira beaucoup en silence, se retirera peut-être dans l'introversion (dans les cas graves, cela peut aller jusqu'à un état de psychose), pourra aussi devenir irritable et faire claquer ses pinces à tout instant, mais il s'échappera pratiquement toujours à la dernière séquence (les Crabes sont des artistes experts en évasion). Si le Soleil et la Lune, dans leurs thèmes de naissance offrent un aspect négatif, le Crabe et le Lion pourront se blesser réciproquement, bien que sans intention de le faire. Dans le cas contraire, celui où ces Luminaires offrent un aspect positif, ces deux partenaires constitueront un couple créateur, imaginatif et dont les deux membres se protégeront réciproquement. Le Lion (ou la Lionne) protégera des émotions la personne lunaire hypersensible et qui a besoin de l'être dans un monde aussi dur que le nôtre. En échange, ce Cancer dorlotera affectueusement son Lion. Ne nous en étonnons pas, car ils sont régis par le Soleil et la Lune qui coexistent en paix et harmonieusement dans le ciel au-dessus de nos têtes. Le Signe solaire (paternel du Lion) et le Signe lunaire (maternel du Cancer), en dépit de conflits et tensions, en font souvent de bons parents.

Ils ne doivent pas perdre de vue que, natif d'un Signe cardinal, le Crabe doit commander, *si discrètement que ce soit,* et que le Lion doit le lui permettre, pourvu que son nom soit écrit en grosses lettres sur la porte. Quant à lui, il est né sous un Signe fixe voué à l'organisation. Son partenaire, le Crabe, doit donc lui permettre *d'organiser* leur vie, ce qu'il fera admirablement. C'est ainsi que Lion et Lionne seront les personnes rayonnantes qu'elles doivent être et que ressortira toute la ravissante tendresse lunaire du Crabe mâle ou femelle. C'est aussi comme cela que l'humour délicieux et inégalable du Crabe sera incité à se manifester. L'addition de tout cela suggère l'idée d'un berceau paisible de compatibilités; le Cancer berce le Lion à force d'amour et de rires. Le cœur généreux du Lion fait apparaître le Soleil et tomber la pluie, en comprenant et en pardonnant les variations d'humeur du Cancer.

Ils n'en sont pas moins destinés à s'affronter de temps en temps au sujet du fric. Sans toujours le dire, le Cancer pensera que le Lion est prodigue, dilapidateur. Le Lion, lui, ne se gênera pas pour dire qu'à force de frugalité le Crabe donne dans l'avarice. «Ne gaspillons pas l'argent pour ce qui ne nous fait pas défaut», couine le Crabe prudent et économe. «J'entends que le sol soit couvert de moquette chez nous ou je m'en vais!» rugit le Lion. Sa Majesté estime qu'elle a droit à la meilleure qualité en tout, que cela fait partie de ses droits naturels; condamnés à vivre dans un décor médiocre, les Gros Chats tombent dans la dépression ou se déchaînent en fureur. Ce que les autres considèrent comme le superflu et le luxe devient à leurs yeux une nécessité indispensable. N'oublions pas de signaler quelques rares (très rares) Lion qui dépensent prudemment leur argent et vont même jusqu'à la ladrerie; ces bons Minets s'entendront «royalement» avec les Crabes. Mais, dans leur grande majorité, Lion, Lionne, Lionceau ne se refusent rien et traitent fort bien leur entourage. Ils (ou elles) ont d'ailleurs parfaitement le droit de dépenser ce qu'ils gagnent grâce à leurs talents et à leur esprit d'organisation remarquable. Les ennuis commencent quand Leo se met à dépenser ce que Cancer a gagné (qu'il s'agisse de relations d'affaires ou conjugales).

Le Crabe typique ne lâche rien de ce qu'il a saisi entre ses pinces tenaces: vieilles photographies, vieilles amours, vieilles balles de tennis, vieux shorts, vieux souvenirs, vieux cauchemars, vieilles querelles, vieilles peurs, vieux trousseaux de clés, vieux postes de télévision, vieilles factures acquittées… Il ne choisit pas ses billets de banque, peu lui importe que ces derniers soient vieux et froissés ou tout neufs. Tous sont bons à conserver. Les natifs du Cancer peuvent se montrer d'une générosité touchante avec leur famille, leurs enfants et leurs amis; on en a rarement vu décevoir une relation dans le besoin, mais ils ont horreur de jeter l'argent par les fenêtres ou de jouer leurs économies à des jeux de hasard d'une manière frivole. Nous avons parlé de leur frugalité, celle-ci ne concerne pas leur nourriture. Au restaurant, le Crabe pourra se montrer d'une générosité stupéfiante avec tout le monde, sauf avec le garçon qui n'aura pas à se confondre en courbettes: le pourboire sera correct mais nullement extravagant. Si un Lion ou une Lionne participe au repas, il glisse un billet supplémentaire au serveur. Encore devra-t-il le faire fort discrètement, car il est malsain d'humilier un Crabe en public.

Fait curieux: Lion et Cancer adorent la photographie. Quatre-vingt-dix pour cent d'entre eux possèdent au moins un appareil photographique. Le Lion s'en sera offert un fort coûteux et très souvent cet appareil sert à prendre leur propre portrait. Quand ils ont leur appareil sous la main, ils s'arrangent facilement pour qu'un ami prenne leur photo dans une position et une attitude spectaculaires. Le Crabe possédera un engin à bon prix, peut-être de fabrication allemande avec des lentilles de très haute qualité: il n'hésite pas à dépenser, pourvu qu'il en ait pour son argent. Au point de vue des gens gouvernés par la Lune, la caméra photographique est un achat qui vaut la peine d'être fait parce qu'il permet de capturer Aujourd'hui qui sera chéri Demain quand Aujourd'hui sera devenu Hier. Disons d'ailleurs que la mémoire du Cancérien est pareille à une pellicule sensible qui enregistre toutes les impressions avec une grande clarté.

En cas de friction entre les natifs de ces deux Signes solaires, Lion ou Lionne chercheront des réussites encore plus grandes, rien que pour démontrer leur supériorité au Crabe trop prudent. Lorsque s'établit entre eux une compatibilité créatrice, l'instinct infaillible et la ténacité du Cancer guideront le Lion vers le succès dans l'accomplissement de ses projets grandioses et la Lionne vers la réalisation de ses rêves glorieux. De toute façon, le Lion pourra écrire un billet de remerciement au Cancer.

Cher Crabe… tu m'as fait ce que je suis aujourd'hui mais je t'aime quand même.

Femme LION • CANCER *Homme*

La Lionne musarde. Ce Cancer mâle est… étrange. C'est un homme aimable, sensible, qui lui manifeste plus de considération en tant que femme qu'aucune personne ne l'a fait jusqu'alors. Nullement dominateur, il la laisse agir à sa guise à peu près chaque fois qu'ils ne sont pas d'accord. Évidemment, il a ses humeurs, mais… il tient à elle et se soucie de ses sentiments. Il la protège avec amour et affection des gens vulgaires, insensibles, rudes qui l'offensent. Tout à fait sincèrement, elle ne s'est jamais sentie chérie aussi sûrement par qui que ce soit depuis le début de sa vie, sauf lorsqu'elle était au berceau. Elle a enfin trouvé l'homme qui l'apprécie sincèrement. Voilà une chose indéfinissable. Mais elle éprouve en même temps un léger malaise, comme si elle entendait murmurer une mise en garde. Mise en garde à quel sujet?

Ce qu'elle a perçu, c'est l'influence de l'essence cardinale de cet homme. Le Cancer est un Signe cardinal de commandement. Les astrologues se tuent à le rappeler aux natifs des Signes de Feu. Cela signifie que, sous son exquise galanterie, ses manières courtoises, derrière ses sourires, ses rires, son humour, il parvient subtilement à... eh bien! à diriger les choses, y compris la vie de sa partenaire. Il ne braille jamais contre elle, il ne s'enflamme pas en de violentes crises d'humeur et ne présente pas une exigence outrancière. À cela, elle saurait faire face. Un défi franc et direct stimule la Lionne, mais ne l'effraie ni ne la désoriente. Sans que des mots le précisent, elle sait d'une manière subliminale que son destin l'oblige à suivre cette direction suggérée aimablement. Que le royaume sur lequel ils règnent soit exigu ou vaste, il sera gouverné par eux deux en collaboration. Libre à elle d'assister à tous les bals, d'organiser toutes les joyeuses festivités dont elle a envie, de se vêtir comme une reine, d'ajouter une ou deux gemmes à sa tiare quand elle est déprimée et au besoin, un rubis de plus pour se rasséréner; elle pourra même donner des ordres au porteur de lait, au facteur, à la valetaille qui fait le ménage du château et décider des initiales qui figureront sur leur linge et leur argenterie. Lorsqu'il s'agira de parader, elle se poussera en avant, sourira et saluera de la main la foule qui l'acclame, sur un trône portant son nom écrit en pétales de rose. Mais il administrera dans les coulisses et il sera nettement entendu que, bien que les lubies et les fantaisies de Madame soient traitées avec indulgence à 98 %, il exercera le veto dans 2 % des cas, ceux qui importent, chaque fois que l'impulsivité de Madame se heurtera de front avec la prudence de Monsieur.

En va-t-il vraiment ainsi avec lui? Oui, oui. Ça se passe comme ça avec lui. Voilà: elle croyait que cet homme personnifiait ce qu'elle croyait être les qualités de l'Élément Eau: bonté, sympathie, douceur, sensibilité et... attendez un instant! Il a toutes ces vertus, toutes absolument toutes. Ma foi oui... mais cette affaire de direction a quelque chose de troublant. De quoi s'agit-il au juste? Votre Majesté la Lionne, ma chère enfant, si vous voulez un homme qui possède toutes les qualités de l'Élément Eau, sans les vibrations de commandement, il faudra un Poissons ou un Scorpion mâle. Mutable, le Poissons ne cherchera pas à vous gouverner, pas même d'une manière subtile, mais vous ne pouvez pas vous fier à lui autant qu'à l'aimable Crabe, bien qu'il soit aussi hautement intelligent, sensible, car il est fuyant au point de vue émotionnel. Le Scorpion ne passera pas sa vie à essayer de vous conduire. Il représente un Signe fixe d'Eau et il cherchera à organiser les choses pour vous mais il y a toujours un péril avec lui: sa piqûre empoisonnée si vous piétinez son orgueil ou si vous le vexez. Votre aimable Crabe ne vous piquera pas. Peut-être boudera-t-il un peu ou se retirera-t-il dans sa carapace pour quelques heures ou quelques jours, mais il ne vous piquera pas au moment où vous vous y attendez le moins.

Pensez-y. Avec votre homme cancérien, vous avez toutes les belles qualités positives de l'Élément Eau plus la sécurité que vous donne la promesse astrologique qu'il ne vous piquera jamais pour vous régler votre compte, et la certitude qu'il est beaucoup plus sûr au point de vue émotionnel que ses frères gouvernés par Neptune. Ses actes et son comportement sont régis par la Lune; il réfléchira donc votre lumière solaire vers vous, adoucie. Vous saisissez l'intérêt qu'il y a à faire réfléchir vos rayons solaires. (Quelle native du Lion ne le comprendrait pas?) Vous êtes née sous le Signe fixe de l'Organisateur vous-même. Alors pourquoi ne pas le laisser diriger si c'est vous qui organisez sa direction? Il n'éclipsera pas votre rayon, il le réfléchit, rappelez-le-vous. Vous êtes le Soleil, il est la Lune. Le jour vous incombe, à vous, et la nuit, à lui. Je n'avais pas l'intention d'aborder l'aspect sexuel de votre idylle aussi tôt, mais le voilà qui montre le bout du nez. Alors, occupons-nous-en dès maintenant.

Cette image d'après laquelle le Soleil (Lion) règne le jour et la Lune (Cancer) la nuit ne manque pas d'intérêt. Cela pourrait signifier que la Lionne se réjouira de laisser le Crabe diriger l'expression physique de leur amour pendant la nuit. C'est en effet probablement ce que cela veut dire. Mais le même schéma peut aussi présenter une autre signification. Le gouvernement du Soleil pourrait faire saisir au Crabe l'heureuse et chaleureuse surprise d'une sorte d'intimité exceptionnelle, d'une union physique partagée en plein jour, en plein soleil.

Leurs relations associent les influences solaires et lunaires, ce qui pourrait les amener tous les deux à jouir d'expériences vivifiantes consistant à rompre avec la routine de l'orthodoxie, à amender les règles anciennes, fatiguées, qui ont perdu leur sens dans à peu près tous les domaines de l'existence. Pourquoi devrait-il s'attendre à ne faire l'amour que la nuit, qui serait seule acceptable? Une telle idée peut en engendrer des centaines sur le caractère oppressif des codes et des mœurs sociaux. Elle l'incitera à pénétrer dans des mondes d'originalité et d'audace auxquels il avait à peine rêvé, jusqu'à ce que le Soleil de Madame s'associe avec sa Lune. Avant de la connaître, il rêvait seulement de voyager. Après, avec elle, il nouera des ailes à ses talons et à son cœur, et ils voleront ensemble vers des horizons nouveaux, des endroits où ils souhaitaient parcourir le ciel. Et c'est bon. C'est bon pour lui. Bon pour elle.

En parlant de rompre avec l'orthodoxie, je ne faisais nullement allusion à de nouveaux genres de dévergondage tels que la sexualité de groupe, les massages collectifs, les histoires de Sodome-et-Gomorrhe, avec encore Décadence-et-Chute-de-l'Empire-Romain, Orgies-d'ivrognes-autour-de-l'Acropole-en-Grèce. Ça, c'est la route qui conduit au regret et au vide tant du cœur que du corps. J'entends dire que la découverte en commun du fait que la sexualité entre un homme et une femme peut contenir nouveauté et fraîcheur n'a pas besoin d'être dictée par des canevas d'habitudes insensées, semées dans le subconscient. L'érotique et le sensuel peuvent s'associer à des souvenirs de sentiments et de sensations particuliers: granges embaumant le foin fraîchement coupé; flocons de neige tombant le matin de Noël; lumière des étoiles, fraîcheur d'un sous-bois profond, d'un ruisseau paisible sinuant au flanc des montagnes, enjambé par des ponts, sur un sentier à demi endormi, au lever du soleil à Pâques; lys de la vallée; chevaux; feu de camp d'une équipe de scouts… et même l'odeur du journal qui annonce un nouveau jour quand on le retire de la boîte aux lettres un matin d'été après avoir pris sa douche, et que l'encre d'imprimerie semble avoir été séchée à l'ozone… Ou bien une fumée de feu de bois… la rencontre avec quelque bébé écureuil.

Voilà à quoi ressemble la sexualité quand elle est juste, bonne et particulière. L'unicité physique entre un homme du Cancer et une femme du Lion peut être une expérience émouvante, car les sentiments sexuels de cet homme sont poétiques, intuitifs, paisibles et profonds; et ceux de cette femme enflammés de désir intense, quoique parfois sereins et calmes comme un jour de canicule au mois d'août. La profondeur émotionnelle de Monsieur et la chaleur émotionnelle de Madame peuvent faire de leur union un moment béni propre à rétablir la paix entre eux. Encore faut-il qu'ils veillent au danger d'unir les Éléments Feu et Eau. Elle peut le glacer à le rendre impuissant quand son orgueil est blessé, et il peut aussi bouder, pleurer ou devenir dur, impassible si elle lui fait sentir qu'il est rejeté pour quelque motif déraisonnable. Le Crabe incline à imaginer des vexations auxquelles personne n'a pensé et encore plus à nourrir des rancœurs d'amour-propre plus ou moins justifiées. Ils feraient mieux, l'un et l'autre, de cultiver d'autres talents que ceux-là. La tendresse reste la pierre angulaire de l'intimité entre Cancer et Lion. Quand elle manque, paix et satisfaction dans l'union sexuelle disparaissent.

Au ciel, la Lune passe d'une phase à l'autre et simultanément les émotions et l'esprit de cet homme varient. Cela inquiétera sa partenaire parfois et d'autres fois l'agacera, la mettra en colère. Mais elle est une Lionne au grand cœur généreux, prompte à pardonner à celui qu'elle aime, et elle n'est pas femme à garder rancune. Sauf si sa Lune ou son Ascendant est en Cancer, cas dans lequel ils seront extrêmement compatibles en tant qu'amoureux et garderont rancune *l'un comme l'autre* en général pas l'un envers l'autre, mais contre tous ceux qui vivent hors de leur cercle d'amour, ce qui pourrait être pénible pour leurs amis et parents. Cependant, la mère du Crabe ne fait jamais l'objet de rancune, pas du plus léger petit soupçon. Elle fut, est et sera toujours une sainte, officiellement canonisée ou non. La Lionne ferait bien de se le rappeler. Alors qu'elle ne cultive guère le souvenir des vieilles injures, le Cancer incline à s'y accrocher fermement, qu'il les ait essuyées quelques heures ou quelques années auparavant. Si le Crabe imitait la magnanimité d'esprit de sa femme Lionne, il serait beaucoup plus heureux. Voilà une des choses que veut dire l'astrologie quand elle décrète que Cancer a bien des leçons à recevoir de Lion.

Ils se marieront vraisemblablement parce que les Cancer tiennent aux arrangements permanents et que les Lionne ne tentent leur chance que pour le rôle de Reine-Épouse, jamais de maîtresse ou de petite amie facile à jeter au rancart. En se mariant, le Cancer devrait savoir une chose au sujet de sa compagne ensoleillée et charmante: elle *doit* gouverner *quelque chose* ou bien elle cherchera à gouverner *quelqu'un:* lui. (Et les enfants, évidemment, mais que se passera-t-il quand ils auront quitté la maison? Ce couple peut procréer une nichée de jeunes Sagittaire, certains d'entre eux quitteront le foyer dès l'âge de dix ou douze ans.) Le Cancérien qui aime sincèrement sa Lionne — et Dieu sait que le Cancérien n'aime jamais que sincèrement parce qu'il n'est que sincérité — l'encouragera à poursuivre une carrière digne de ses talents (il n'est jamais né de femmes sous le Signe du Lion qui ne possèdent pas un ou plusieurs talents impressionnants) ou bien lui permettra d'être le monarque absolu et bienveillant de leur foyer. L'un ou l'autre. Dans le cas contraire, elle sera extrêmement malheureuse et il sera un bien misérable homme de la Lune, souvent rôti par le Soleil dominateur de sa partenaire. Alors, il recourra à la bouteille ou à d'autres liquides d'évasion, tels que la nage à minuit pendant une éclipse, au-delà des rochers de la plage, peut-être même flottera-t-il au-delà des rochers, vers la ville voisine, et y restera-t-il jusqu'à ce qu'elle soit prête à lui présenter des excuses. Le siège pourrait durer longtemps quand on pense à l'allergie des Lion pour tout ce qui suggère une idée d'abaissement.

Quelle espèce de vie vivraient-ils: lui, s'il se retirait seul dans une sinistre chambre d'hôtel, entre une pile de serviettes achetées dans un magasin à prix unique et une boîte de savons qu'il a trouvée dans la rue avec une bouteille d'alcool pour noyer ses tourments; elle, s'efforçant avec courage de dissimuler son chagrin en circulant toute seule dans le vaste, confortable et luxueux château qu'elle a décoré avec goût pour lui? Et puis il y a aussi le partage des biens. À qui échoira l'édredon en duvet de canard sauvage que Maman lui a donné, sa collection d'autographes de Lincoln, l'insigne qu'il portait au revers de son veston pendant une campagne électorale, sa canne à pêche... le séchoir à cheveux, la tiare de rubis, ses tapis d'Orient, ses plumes de faisan et son trône portant l'inscription de son nom en pétales de roses... fanées maintenant... leurs chiens, chats, l'aquarium, la machine à laver la vaisselle, la tondeuse à moteur... l'appareil de stéréo, le break, la maison en bordure de la plage qu'elle lui a offerte et la petite breloque en or en forme de Nouvelle Lune qu'il lui a offerte? (Ils s'offrent des présents qui ne se ressemblent guère. Ceux de Madame sont plus coûteux, somptueux même, car elle a le cœur généreux. Ceux de Monsieur un rien plus modestes, mais donnés avec amour d'un cœur affectueux.) Enfin énoncés en dernier lieu bien que ce ne soient pas les moindres, qu'en ira-t-il de leurs comptes joints, compte courant, compte d'épargne, des polices d'assurances, de leurs biens fonciers, des annuités d'hypothèque? Que Dieu nous épargne ce jour de partage!

Elle ferait bien mieux d'avaler son sot orgueil, et lui de sortir de sa carapace protectrice. Le Crabe et la Lionne ne sont pas chez eux dans l'océan, où elle ne se sent pas chez elle, ni dans la jungle, où c'est lui qui n'est pas à l'aise. Ils ne sont chez eux qu'ensemble, dans le ciel, au niveau astral où leurs esprits peuvent communier... ou bien dans les bras l'un de l'autre où le Feu et l'Eau défient les lois élémentaires et s'unissent... en une sorte de communion qui n'a jamais reconnu aucune autre loi que la sienne.

Homme LION • CANCER *Femme*

S'ils espèrent faire durer leurs relations toute leur vie, ces deux amoureux, Demoiselle de la Lune et Lion, se trouvent devant trois possibilités. 1 — Au bout de quelques années, à force de la tyranniser insolemment, il en aura fait une créature larmoyante, soumise à ses caprices impérieux et plus boudeuse, plus sujette à des sautes d'humeur qu'elle ne l'était quand ils se sont rencontrés. 2 — Au bout de quelques années, à force de tracasseries doucereuses mais persévérantes, elle l'aura privé de sa confiance en lui-même. Il se retirera alors dans un silence affligé et lugubre. 3 — Au bout de quelques années, ils auront réussi à s'arranger entre eux en usant de compromis au sujet de leurs différends, et ils vivront heureux à jamais en s'aimant, en riant, en pleurant et en s'instruisant.

Réussir dans la troisième voie ne sera pas de la tarte, et ce n'est pas non plus une tâche à la portée des cœurs faibles et égoïstes. Il faut, en effet, avoir le cœur sensible et connaître les soins à appliquer lorsqu'on mélange l'Eau et le Feu. *Il* devra tolérer les sautes d'humeur stupéfiantes de sa partenaire et s'efforcer d'aller jusqu'aux racines de ses réflexes de possession. *Elle* devra passer outre à ses attitudes centrées sur lui-même et ne pas s'apitoyer excessivement sur elle-même lorsque, par distraction, il dédaignera ses sentiments. *Il* devra réaliser que son esprit de possession disparaîtra à moitié dès qu'elle aura des nourrissons à bercer et à envelopper dans des langes frais; que l'autre moitié disparaîtra lorsqu'il prendra le temps de calmer ses craintes et de rétablir son sentiment de sécurité émotionnelle. *Elle* devra réaliser que les doutes secrets du Lion quant à ses aptitudes provoquent une bonne part de son insolence (et que cette crainte secrète grandit en proportion directe de ses réussites, ce qui est une des caractéristiques les plus étranges du Lion), qu'elle n'arrivera à rien en étouffant sa fierté et qu'elle peut au contraire le stimuler en le félicitant *sincèrement* pour ses vertus et ses supériorités, et aussi en lui laissant prendre l'initiative dans à peu près tous les domaines. Mais *elle* doit veiller, parallèlement, à préserver sa dignité et sa personnalité.

Si tout cela vous semble ressembler au chemin de la sainteté, vous ne vous trompez pas. C'est à peu près cela. Il faut en effet beaucoup de sérénité, d'amour et de patience à la Crabe comme au Lion pour parvenir petit à petit à se fier au cœur de leur partenaire, car leurs rêves sont très différents. Ne désespérez pas. L'astrologie nous offre des recettes sûres permettant de transformer ces relations en une réussite permanente donnant accès à un bonheur brillamment éclairé par la Lampe lunaire de Madame et chauffé par le Soleil de Monsieur. Voici une de ces recettes, par exemple:

Lorsque je fis connaissance avec ma bonne amie Ilene Goldman, elle titubait au gré des humeurs d'un oiseau lunaire. Ilene est mariée à Bill Coleman, auteur de quelques livres à grand succès, de dramatiques de télévision, de pièces de théâtre — *Butch Cassidy and the Sundance Kid* et *All the President's Men* — qui lui ont valu des Oscars. Bill est un Lion, ni timide Chaton, ni roi de la jungle rugissant. Il est Lion, tout simplement Lion: un monarque, un roi au cœur exceptionnellement tendre et généreux. Bref, un Lion d'une beauté frappante à faire tourner les têtes des dames et demoiselles. Il ronronne. (Il gronde aussi de temps en temps, bien sûr, mais il ronronne beaucoup plus souvent.)

Je la connaissais depuis quelques secondes lorsque je lui demandai: «Quel est votre Signe solaire?» Elle me considéra de ses grands et beaux yeux brillants comme des étoiles qui prirent une expression de tristesse affectée, et elle poussa un petit soupir de résignation en répondant: «Je suis native du Cancer. J'ai deux enfants natifs d'un Signe de Feu, un chien Lion, un chat Lion, plusieurs parents Lion, une gouvernante Lion et mon mari aussi est un Lion… Je pleure beaucoup.» «Je vous crois volontiers!» répondis-je en proie à une sympathie instantanée. Je devinais qu'elle plaisantait, évidemment (au sujet des larmes, mais l'énumération des Signes solaires était exacte), et qu'elle manifestait simplement son humour lunaire. Sa réflexion indiquait pourtant avec subtilité qu'elle se rendait compte des sacrifices auxquels doit consentir une Demoiselle de la Lune vivant dans une jungle où grouillaient Lion et Lionne. Elle joue en souplesse le rôle que lui assigne son Signe solaire et apprend les leçons qui lui sont destinées durant cette existence de servitude... disons plutôt: durant cette incarnation. Soyons sérieux, en effet, cette dame Crabe est indiscutablement éprise de son Lion. Elle le respecte et ne cherche jamais à passer avant lui. En échange, il lui permet de porter la couronne scintillante qui la désigne aux yeux de tous comme sa Reine et qui lui va d'ailleurs fort bien. Leurs rapports ne comportent aucune soumission ni humiliation: elle a conservé son indépendance de femme et n'est pas réduite en esclavage. C'est à peine si de temps en temps elle joue le rôle de valet de pied.

Comme toute épouse et mère cancérienne, elle couvait peut-être excessivement ses enfants lorsqu'ils étaient en bas âge. Elle les gavait de bonnes soupes et de vitamines, les étouffait sous les petits soins et sous son affection dans une maison où abondaient jouets, flacons, crayons de couleur, thermomètres; elle les bronzait au rayonnement de son amour et les bourrait de gâteaux. Mais, au bout d'un certain temps, elle a fermement rajusté sa couronne et elle est partie de l'avant majestueusement pour s'associer avec son amie intime Lola Ref Redford. Ensemble, elles fondèrent la C.A.I. (Consommateurs Agissez Immédiatement), association énergique et pratique dont a énormément bénéficié le mouvement écologique. Pour le compte de cette C.A.I., notre Demoiselle de la Lune a *presque* autant parlé à la radio, à la télévision et écrit dans les journaux que son Lion. Je n'ai pas dit autant mais presque autant. La différence importe.

Elle mène une vie palpitante qui lui donne assez de préoccupations, et elle a même ses propres bureaux; mais cela ne saurait empiéter le moins du monde sur les attentions dont elle comble son Gros Matou; il y tient et il est servi. Hôtesse de rêve, peut-être est-elle plus enchanteresse que lorsqu'ils se sont rencontrés. Elle ne manque pas de sujets de conversation avec son Lion; elle peut traiter d'autres choses que de détergents, de vaisselle, serviettes, torchons et dépression. Il y a la C.A.I. et l'épuisement de nos ressources naturelles.

Chacun admire sincèrement l'esprit, le talent, les exploits de l'autre. Malgré l'emploi du temps fort broussailleux de sa Dame de Lune, le Lion est dorloté à souhait. Si quelque académie distribuait des prix du bonheur, Ilene recevrait sans doute l'oscar du second rôle. *Il n'y a guère*, une de ses amies vivait une tragédie personnelle dans une période de dèche noire; Ilene apparaissait chez elle tous les deux ou trois jours, comme un ange de miséricorde, son panier plein de fruits, de friandises et même d'argent. Elle lui manifestait ainsi sa fidélité. (Mais elle retournait toujours chez elle à temps pour les repas afin de nourrir son Lion et ses Lionceaux affamés.)

Maintenant vous avez le schéma de compatibilités entre la Crabe et le Lion, Demoiselles de la Lune et Chatons, Cancer et Lion. *Dito* pour Lion et Crabe, Chatons et Demoiselles de la Lune, Lion et Cancer. Ça marche dans les deux sens et même tous les sens, mais les résultats sont plus rapides dans le deuxième. Le Lion aime remporter des victoires. Cancer préfère gagner la guerre. La Cancérienne est fortement influencée par le fait que son Signe solaire est féminin, régi par un maître féminin: la Lune lunatique. Elle personnifie donc le mystère de la femme, toutes les aspirations complexes et le comportement inexplicable d'Ève elle-même. L'homme du Lion est aussi puissamment influencé par le fait que son Signe solaire est masculin, gouverné par un maître masculin: le Soleil. Il personnifie donc le charisme conquérant de l'homme, toute la sagesse, la vigueur, l'esprit de rébellion et la fierté d'Adam lui-même. Vous voyez pourquoi elle l'attire d'emblée, pourquoi il se laisse séduire si aisément par les tartes qu'elle prépare elle-même. Mais son Signe est cardinal, ce qui en fait une Ève plutôt autoritaire. Lui, son Signe est fixe, ce qui en fait un Adam opiniâtre. Ils seront plus à l'aise l'un avec l'autre si elle se garde de rivaliser avec la personnalité plus vigoureuse de son Lion et lui permet ainsi de révéler toute la tendresse et la tranquillité qui sont ses propres qualités. N'est-il pas naturel que la Lune (Cancer) absorbe les rayons brillants du Soleil (Lion) et les reflète adoucis, comme les exquises illuminations du clair de lune?

Se fier aux ordres de Mère Nature n'égare jamais les êtres *humains*, pourvu que nos deux partenaires n'exagèrent pas leur rôle Soleil-Lune et ne tombent pas dans le piège des outrances. Trop de couples Cancer-Lion s'y laissent prendre par inadvertance. Il n'y a rien de «naturel» dans une union comportant des éléments évidents de sadomasochisme. Mais il s'agit là de cas extrêmes. La femme cancérienne et l'homme léonin doivent s'efforcer d'atténuer leurs divergences par un jeu subtil d'échanges de qualités; ils éviteront ainsi une domination excessive de la part de l'homme et une docilité excessive de la part de la femme. Une Lune ou un Ascendant en Gémeaux ou Balance dans l'horoscope de l'un, voire des deux, contribuera considérablement à cet équilibre.

L'attraction chimique qu'exercent l'un sur l'autre la Crabe et le Lion lorsqu'ils tombent amoureux l'un de l'autre peut stagner au bout d'un moment et même diminuer. Certes, leur magnétisme physique est puissant, mais il exige une union délicate de leur nature. S'il se montre impulsif, exigeant, négligent aussi dans ses pratiques amoureuses et si elle est trop sensible, passive, fuyante aux mêmes moments, l'esprit de Monsieur pourrait s'égarer et les émotions de Madame s'estomper derrière des brumes étranges. Quand l'intimité physique entre eux se révèle heureuse, elle l'est extrêmement, car la dame Crabe réagit superbement, et il se montre magnifiquement chaleureux et affectueux. L'échange passionnel entre eux peut atteindre de grandes profondeurs parce qu'il y a dans l'attitude sexuelle de la fille Crabe une douceur et un charme qui s'associent à souhait avec l'intensité du Lion. Malheureusement, lorsqu'elle est trop préoccupée, elle peut le blesser par ses expressions maussades qu'il prend pour un manque de réaction. Dans ce cas, il peut la blesser aussi en se retirant en lui-même lorsqu'il a des ennuis, et elle y voit à son tour, de l'indifférence.

Les larmes font souvent partie de leur intimité, mais elles peuvent être apaisantes. Avec Cancer et Lion, elles deviennent des larmes de joie, particulièrement quand il dissipe les cauchemars de sa compagne rien que par le réconfort de sa présence familière. Les rêves de cette femme sont toujours plus ravissants quand elle s'endort dans les bras de son Lion, parce que cela signifie que son cœur retrouve la sécurité pendant un moment et oublie les craintes de solitude qui hantent constamment son subconscient depuis son enfance. Dans ces mêmes circonstances, il sent combien on a besoin de lui et *il* en pleure… mais elle dort, elle n'en sait rien et il ne lui dira jamais rien. Elle a bien des secrets, il n'en a qu'un: sa vulnérabilité.

Le Lion qu'enchante une Crabe par un beau soir d'été s'étonne toujours quand il la connaît mieux. Elle paraissait tellement désemparée, en quête d'un appui vigoureux… aussi douce qu'un petit lapin qui tète encore, aussi timide, égarée même, elle dénotait le besoin évident de quelqu'un qui la guiderait dans la vie. Il sentit alors monter en lui une bouffée de tendresse. Plus tard il apprit qu'elle est plus que féminine: *femme*. La féminité attise; le fait d'être femme atteint plus profondément. Maternelle et tranquille, elle le borde dans une couverture de sécurité qui sent la lavande… elle est tellement intuitive qu'elle devine ses pensées et ses sentiments sans qu'il ait besoin de dire un mot. Beaucoup plus tard, il pressentira quelque chose d'autre, de brumeux, de difficile à définir. Ça le dérange parce que, juste au moment où il est sûr d'être totalement maître de leurs relations, elle l'évite et lui fait sentir qu'en réalité il n'est pas son seigneur et maître; tout au moins pas aussi complètement qu'il a cru l'être autrefois. Elle ne le défie jamais, mais il soupçonne qu'elle s'évade vers un coin secret de son esprit lorsqu'il la vexe, lorsqu'ils se sont querellés.

Il aimerait l'y suivre pour lui exprimer ses regrets, mais il ne connaît pas le chemin. Le voilà donc obligé d'attendre qu'elle revienne de sa cachette. Inutile d'insister en cajoleries, inutile de la presser. Il se réjouit à ses retours qui la rendent de nouveau réelle, normalement joyeuse, drôle, alerte, brillante… chantonnant quand elle met au four des tartes aux pommes, excitante par le parfum de ses cheveux quand elle lui baise la joue. Il est temps de proposer spontanément un voyage. Son goût de l'errance réveillé, elle répondra «Allons-y!» Alors, sûr de lui, il se charge de préciser le projet. Doivent-ils partir dès le lendemain matin? Pourquoi pas?

Voyager n'importe où ensemble équivaut à une brise qui vivifierait leur amour. Elle l'a pour elle toute seule, bien à elle, comme il lui plaît, et il peut lui donner toutes sortes de nouvelles leçons. Peu importe où ils vont. Partout, il connaîtra à fond les gens, leur langue, les magasins, la géographie du pays. Elle écoute, cette gentille fille de la Lune… hypnotisée. Et en lui prêtant l'oreille, elle se rappelle pourquoi elle est tombée amoureuse de lui. Ce fut parce qu'elle pouvait se détendre assise auprès de lui, ne rien dire, l'écouter parler. Il en savait tant sur tant de choses, et il les rendait toutes passionnantes. Il avait tellement confiance, il était tellement sûr de lui, exactement comme elle aspirait à être et ne le pouvait pas. Mais… quelque chose la tracassait dans cette assurance et, pendant longtemps, elle ne parvint pas à préciser quoi. Enfin un jour elle saisit. «S'il est tellement confiant, s'il en sait tant, s'il est tellement certain d'avoir raison, pourquoi a-t-il constamment besoin de mon approbation?» se demanda-t-elle.

Tout à coup elle comprit. «Il *feint* seulement d'être courageux, vigoureux et sage, sauf lorsqu'il comprend que je le crois, car alors il en est convaincu, lui aussi.» Elle en éprouva aussitôt une douleur d'amour aiguë. Elle versa exactement les mêmes larmes qu'Ève quand le fruit de l'Arbre de Sagesse enseigna à cette dernière le plus profond secret de la femme.

LION
Feu - Fixe - Positif
Régi par le Soleil
Symboles: le Lion
et le Timide Minet
Forces diurnes - Masculin

LION
Feu - Fixe - Positif
Régi par le Soleil
Symboles: le Lion
et le Timide Minet
Forces diurnes - Masculin

Les relations

Il suffit que deux Lion se rencontrent pour constituer une société d'admiration mutuelle. À combien s'élèveront les cotisations? Mais parbleu! l'adoration suffit. Elle vaut beaucoup mieux que l'argent pour les Gros Matous.

Sous chacun des douze Signes solaires, il naît naturellement des sujets négatifs et des types positifs. Mais, en vérité, je n'ai jamais rencontré de Lion d'un type ou l'autre qui ne possédait pas la splendide aptitude à illuminer la pièce dans laquelle il se trouvait. La vibration du Lion, régi par le Soleil lui-même, est presque palpable, on la ressent dans tout son être en présence d'un Lion ou d'une Lionne. On éprouve un réconfort indéniable à se prélasser dans une telle chaleur, comme lorsqu'on est allongé sur la plage et que les rayons du Soleil nous imprègnent d'énergie et nous pénètrent jusqu'au cœur. Sérieusement, vous n'avez jamais remarqué la tiédeur qui nous enveloppe, lorsqu'un de ces Lion — même s'il se conduit en monarque gâté — nous reproche nos défauts et nos erreurs… nous tyrannise? Il est difficile de résister à l'attrait des Chats et Chatons joyeux, chaleureux, affectueux. De même, on ne résiste guère à celui des Lion, aussi enjoués et affectueux.

Une attraction magnétique mystérieuse unit presque tous les Lion aux chats de la nature. Un natif de ce Signe, des plus sages, des plus nobles, qui mérite réellement d'être adoré, dit souvent, à regret semble-t-il: «Il n'y a qu'une seule bonne chose au monde: les Chatons.» Mes propres chats à demi sauvages du Colorado acceptent tranquillement, et même en ronronnant, qu'il leur taille les griffes. Ils arracheraient à coup sûr les yeux de quiconque essaierait d'en faire autant. J'en conclus que tous les félins se comprennent et se fient les uns aux autres. Qu'ils se trouvent dans la jungle, dans le chai au bout de l'arrière-cour ou bien dans le zoo astrologique.

Dans un couple Lion-Lionne, chacun donne à l'autre ce qu'il offre au commun des mortels: farouche protection contre les ennemis, loyauté et dévouement inégalables. Ils possèdent à eux deux toutes les qualités nécessaires à une amitié durable. Par le fait, l'amitié, dépassant de loin la définition banale de ce mot, est un trait commun de nos Gros Chats. Le félin qui les symbolise possède les mêmes qualités qu'eux: loyauté, suffisance et froide dignité. Lions de la jungle, chats de gouttière et de salon, natifs du Lion sont tous également capables de sacrifices héroïques, de subir les pires rigueurs au nom de l'amitié, de l'amour ou de quelque engagement sacré dont la nature nous échappe. Cette persévérance dans le dévouement dément leur réputation de snobisme, de complexe de supériorité et d'esprit dominateur.

Au XVe siècle, Sir Henry Wyatt, fidèle partisan des Lancastre, fut condamné à la prison par le roi Richard III. Poussé peut-être par la curiosité, une petite chatte trouva le moyen de pénétrer dans sa cellule obscure et humide. Une étroite amitié s'établit entre le prisonnier et la menue bête. Le froid et la faim auraient fait souffrir Wyatt de manière intolérable s'il n'avait reçu chaque jour la visite de sa royale amie qui lui apportait aussi souvent qu'elle le pouvait un petit morceau à manger. Étant donné que les chats sont, en vertu de leur nature, épris de confort, seul un attachement affectueux explique cette attitude, car la cellule de Sir Henry n'avait rien d'un coussin douillet auprès d'un âtre chaud et attrayant. L'aptitude à des relations humaines d'une telle loyauté et d'une telle noblesse existe chez tous les Lion.

On connaît d'innombrables histoires de chats qui ont couru de grands dangers et subi d'extrêmes difficultés en parcourant des centaines, voire des milliers de kilomètres, afin de retrouver des êtres chers dont ils étaient séparés malgré eux. Gros Chats humains, les natifs du Lion sont capables de consentir des sacrifices aussi énormes et de peiner avec la même persévérance pour retrouver ceux qu'ils ont aimés, même s'il leur faut pour cela surmonter des obstacles qui paraissent infranchissables. Malgré un sybaritisme qui nous agace et des allures d'indépendance désinvolte, les chats de toute nature sont des créatures étranges et merveilleuses. Si vous ne me croyez pas, demandez à l'un d'eux! Modestie et tendance à l'effacement ne gênent que très rarement les Lion aux entournures.

Bien sûr, Lion et Lionne ont d'autres qualités moins admirables. Si vigoureux et courageux qu'ils puissent être en temps difficiles, ils peuvent aussi se montrer d'une arrogance insupportable et se laisser souvent aveugler par un sot orgueil. Leur nature chaleureuse et leur disposition ensoleillée d'esprit et de cœur sont sujettes à faire place inopinément à une attitude de majesté figée, comme lorsqu'un paysan ose sortir du rang pour critiquer le roi ou la reine. Le Lion ou la Lionne rugira un avertissement furieux contre quiconque menace seulement d'enfreindre les droits du souverain qu'il faut respecter et obéir.

Quand deux natifs de ce Signe unissent leur vie, ils se disputent, boudent, rugissent et se réconcilient plus souvent que les membres des autres couples unis de la sorte. La bataille pour la suprématie fait presque toujours rage entre eux. La satisfaction d'être ensemble les fait ronronner, chacun pardonne à l'autre sa vanité hypertrophiée, son sot orgueil, son besoin d'être admiré. Mais ils ne peuvent s'empêcher de faire campagne à l'occasion pour récolter les suffrages d'animaux de moindre importance. S'ils se trouvent seuls sur la scène, ils consentiront presque toujours à être égaux, et un respect réciproque cimentera leur amitié. Quand une tierce (ou quatrième ou cinquième) personne entre en scène, ils rivalisent aussitôt pour s'assurer l'attention du public qui doit, en fin de compte, en désigner un *seul* comme *l'étoile,* l'autre n'étant qu'un faire-valoir. Il en va ainsi pour tous les Lion, qu'ils soient Lion ou Lionne extravertis ou Timides Minets introvertis. La seule différence, c'est qu'il faut beaucoup moins de coups de cymbales à ces derniers qu'aux premiers. Tous les Lion doivent être admirés. Or un Chat ne saurait vraiment en adorer un autre sans abandonner son sceptre.

Qu'ils soient seuls entre eux ou bien devant de nombreux spectateurs passionnés, deux Lion font toujours tout avec grandeur. Si un Lion décide de faire campagne pour être élu gouverneur d'un État, ce ne sera pas, en général un des plus petits. Leur générosité va souvent jusqu'au gaspillage, ils aiment conduire de grosses voitures, manger dans les meilleurs restaurants, ils font des rêves plus glorieux. À coup sûr, leur ego dépasse de beaucoup celui des gens du commun. Si vous en voyez un dans une toute petite automobile, vous pouvez penser immédiatement que ce Lion-là a réussi à réprimer son complexe de supériorité. Il n'en est pas moins présent chez lui à l'état latent. Raillez sa petite voiture et ses yeux bridés, ses yeux de chat vous adresseront une mise en garde précise.

Lion du type Timide Minet, Sydney Omarr, astrologue respecté à juste titre, est l'auteur d'un ouvrage que je considère comme le meilleur guide pour les débutants qui veulent apprendre comment dresser un horoscope. Je n'en ai jamais recommandé d'autre, car il associe la clarté et l'exactitude. Après avoir désespéré de comprendre le charabia de la plupart des manuels de ce genre, tous ceux qui s'en serviront le chériront comme un trésor. Il n'est pas seulement fait pour les débutants, mais permet aussi aux initiés de se perfectionner, car il souligne ce que la plupart des autres textes dédaignent: l'importance extrême de placer exactement le Soleil sur le schéma. C'est une nécessité impérieuse si l'on veut obtenir un résultat exact. Cette mesure est un premier pas dans la technique de rectification de l'heure de naissance, sans laquelle on ne saurait se fier totalement à l'astrologie, tant dans l'analyse des caractères qu'en fait de prédiction, dans toute la mesure où on traite des horoscopes complets.

Vous voyez que je tiens cet ouvrage dans la plus haute estime. Selon toute évidence, son auteur léonin en avait aussi une excellente opinion. Comment l'a-t-il intitulé? *Mon Monde de l'Astrologie.* Pas moins. Seul un Lion pouvait choisir un titre englobant ainsi tout l'univers, le monde entier. Il insinuait que l'auteur s'arrogeait un droit royal et public de propriété sur la plus ancienne des sciences connues par les Terriens: la mère de l'astronomie, de la médecine, des mathématiques, des religions. Le Lion ne conçoit pas qu'il puisse exister quelque chose qui échappe à sa domination.

Ce n'est pas par hasard que j'ai donné cet exemple de vanité léonine. J'entends m'en servir comme mise en garde à l'usage de tous les natifs de ce Signe qui envisagent des relations étroites avec un autre Lion et qui, par conséquent, tôt ou tard, rivaliseront avec leur partenaire pour avoir la vedette sur la scène du salon familial, du bureau ou de leur nid d'amour. Avec l'un comme l'autre ce sera: MON MONDE DE… n'importe quoi. Sauf si quelque transaction leur permet de partager le trône et s'ils s'efforcent de considérer NOTRE MONDE DE… n'importe quoi, il faudra que quelqu'un appelle des gardiens de la paix. *Mon* et *notre* n'ont pas le même sens. Cette différence pourra fort bien être le facteur décisif de succès ou d'échec de n'importe quel effort commun de deux Lion, que ce soit en affaires, en amitié ou en amour.

Né un 15 août, Napoléon Bonaparte fut le Lion le plus typique qui ait jamais régné sur la jungle politique de la planète Terre, monarque-né, destiné à gouverner tout ce qui se trouvait à portée de son regard. Son insolence en même temps que sa dignité royale apparaissent clairement sur tous les tableaux des peintres qui ont cherché à saisir son comportement. Comme bien des Lion, il s'entoura de béni-oui-oui qui ne cessèrent de l'encourager dans ses idées de grandeur et de confirmer son opinion selon laquelle il ne pouvait avoir tort ni commettre d'erreur. Voilà une des faiblesses de l'orgueil qui amena l'inévitable Waterloo. Personne ne doute le moins du monde qu'il gouvernait tant Joséphine que la France jusqu'au jour où il surestima sa puissance, comme tous les Lion inclinent à le faire tôt ou tard.

Brillant et spectaculaire sous une prestance fallacieusement paisible, de manière féline (comme bien des Timides Minets qui n'en sont pas moins de fiers Lion et que vous pouvez connaître), Napoléon personnifiait son Signe solaire par chacun de ses gestes, de ses actes, de ses mots. Mon ami et éditeur, Dr Charles Musès, m'a accordé le privilège d'admirer chez lui sa collection d'objets anciens de haute valeur historique. L'un d'eux est constitué par un ensemble de quatre livres sur la culture égyptienne. Bonaparte en commanda l'impression après sa conquête de l'Égypte. Le charisme du Lion, transparaît dans toute sa munificence; reliés avec un luxe extravagant, en cuir rouge-orange, couleur du Soleil, ils mesurent approximativement 1 mètre de large sur 1,30 de haut. Ce ne sont guère des volumes de ce genre qu'on emporte à la cantine à l'heure du déjeuner ni dans le métro aux heures de pointe. À leur parution, ce ne furent sûrement pas des best-sellers à Paris, mais, à coup sûr, ils sont GRANDS, ÉNORMES et, comme il se doit, IMPRESSIONNANTS.

Il n'est guère permis de douter que la plupart des Lion et Lionne dépassent de beaucoup et de bien des manières ceux avec lesquels ils condescendent à cohabiter. Intelligents, beaux, souvent élégants quand ils agitent avec confiance leur crinière luxuriante, gracieux dans leur démarche et leur port, irrésistiblement romanesques, bons et généreux, sages et protecteurs, courageux et nobles, loyaux et adorables. Tels sont-ils. De temps en temps, toutefois, quand ils profèrent avec leur arrogance pleine de dignité «le roi (ou la reine) ne saurait se tromper», ils nous donnent envie de leur appliquer avec affection la pointe de notre soulier sur le fond de leur pantalon. Essayez de faire admettre une erreur à un Lion. Allez-y, essayez, et bonne chance. Reconnaître une erreur exige de l'humilité, vertu qui manque quelque peu au Lion, c'est le moins qu'on puisse dire.

Ces deux personnes s'entendent très bien, d'une manière étonnamment fréquente; il y a à cela une raison fort simple. Les majestés se sentent toujours plus à l'aise en compagnie de leurs pairs qu'avec des inférieurs (les natifs des autres Signes solaires). Ils savent ce qu'est la vie d'un Lion et d'une Lionne. Chacun sait comment donner à l'autre sa ration minimale de compliments sincères, exempts de flatteries fallacieuses qui n'ont pas plus de valeur que les bijoux de clinquant comparés avec les rares et précieuses gemmes d'appréciation sincère. Dédaignant la pacotille, ils ne s'offrent jamais que des diamants s'ils en ont les moyens, des éditions originales de livres, et jamais des livres de poche. De même, un Lion n'insulte jamais l'autre en lui donnant de vulgaires imitations en plastique de flatteries au lieu de manifestations honnêtes de respect. Leur fidélité et leur dévouement seront profonds et intenses, car leur nature enflammée rendra chacun apte à faire face au défi des exigences de l'autre qui tient à faire reconnaître sa valeur. Comme tous les véritables monarques ayant affaire à des gens de noblesse égale à la leur, deux Lion manifestent en général un sens instinctif des délicatesses du protocole individuel; avec un jugement sûr, chacun sait jusqu'où il peut aller sans enfreindre les règles de l'étiquette royale. S'il arrive que, dans un moment de colère, deux Lion enfreignent accidentellement cette loi, ils trouveront toujours une tierce personne qui leur servira de bouc émissaire. Il est toujours malsain de se trouver à proximité du château dans lequel la guerre fait rage entre deux personnes de ce Signe solaire. Après avoir déclaré une trêve, ils jetteront vraisemblablement le spectateur innocent dans une oubliette en l'accusant d'avoir fomenté le désordre. Se faire frigorifier par la réprobation léonine, voilà un emprisonnement émotionnel des plus douloureux, soyez-en sûr. Ce n'est jamais ni le roi ni la reine qui déclenchent les guerres. Vous devriez le savoir. Ce sont toujours les meneurs, les sujets dévoyés de Leurs Majestés (amis, voisins ou parents plus ou moins proches) qui déclenchent les hostilités.

Au cours des inévitables combats pour la suprématie, ils s'infligeront réciproquement de fréquentes blessures, parfois profondes, qui laisseront des cicatrices dans leur amour-propre. Quels que soient les fiefs qu'ils gouvernent, il leur sera difficile d'en partager la gestion, ce qui les amènera occasionnellement à rugir de fureur l'un contre l'autre. Mais la bienveillance du Soleil qui les régit, brillant, chaleureux, rayonne à travers chaque parole et chaque acte des natifs de ce Signe. Chacun désire faire preuve d'assez de noblesse de caractère pour se montrer généreux dans la victoire et indompté dans la défaite. S'ils n'en sont pas capables, ils le feignent tout au moins. Si leurs Signes lunaires ne sont pas gravement incompatibles, ces deux personnes fières peuvent en général aplanir leurs différences, quel que soit le nombre d'épines qu'ils se plantent réciproquement dans les pattes, car le Lion gouverne le cœur où l'on a toujours trouvé le siège du bonheur.

Femme LION • LION *Homme*

Maintenant, faites un sérieux effort de réflexion. Supposez qu'un misérable chien usurpe le premier rôle qui revient toujours au Lion, ce dernier sera outragé dans sa dignité et rugira d'indignation ou bien boudera dans un silence humilié. Ne doutez pas qu'il le fasse. Alors imaginez sa réaction, s'il est écarté de la vedette par un membre du sexe prétendument faible. L'important dans cette affaire… eh bien… eh bien! je mets peut-être la charrue devant les bœufs. Commençons par le commencement.

Puis-je me permettre de parler franchement, catégoriquement? Oui, l'honnêteté est toujours la meilleure politique. Je serai donc catégorique et sincère. Une actrice native du Lion ne saurait jouer le rôle de ménagère sur la scène de la vie. Vous connaissez, évidemment, ou vous devriez connaître cette *vérité* métaphysique: «Le monde entier n'est que la scène d'un théâtre, et tous les hommes et femmes rien que des acteurs.»

Vérité ésotérique d'une grande profondeur: vous (oui, vous, chacun de vous, chers lecteurs), à un niveau qui n'est pas celui de la conscience ou du subconscient mais plutôt de la surconscience, écrivez le drame dans lequel vous jouez, vous le mettez en scène, vous dirigez le spectacle. Vous dirigez votre rôle et vous désignez les autres personnages depuis les principaux protagonistes jusqu'aux utilités et figurants. Puis vous oubliez avoir fait tout cela au moment où le rideau se lève. Il en va ainsi pour vous, pour moi, pour chacun de nous, natifs de tous les Signes solaires, ceux du Lion y compris. La seule différence entre le Terrien banal et les personnages mystérieux, sages gourous, avatars de divinités, maîtres qui nous viennent du ciel ou du haut de l'espace et passent parmi nous, c'est que ces derniers savent qu'ils sont seulement sur scène. Ils ont conscience de jouer un rôle préconçu sur le théâtre de la vie. Cela les attriste et les amuse à la fois que les autres acteurs et actrices prennent au sérieux les scènes qu'ils jouent, ignorant qu'ils pourraient remanier toute la tragédie ou comédie, récrire le dernier acte quand il leur plaît, de la manière qu'ils choisiraient. Il semble que les projecteurs leur jettent un sort et les empêchent de distinguer entre l'illusion de la réalité. Ils ont tous les pouvoirs des plus grands auteurs et metteurs en scène mais ne s'en rendent pas compte. Néanmoins, chaque native du Lion réalise au moins que le rôle de ménagère n'est pas celui dans lequel elle trouvera son épanouissement en qualité de femme, même si elle ne se rend pas compte du pouvoir dont elle dispose sur l'ensemble du spectacle. Cela vaut sans doute mieux, étant donné que, dès qu'il est absolument maître, le natif du Lion incline à abuser de son pouvoir. Il en résulte que, si la partenaire du couple en question se rendait compte de sa puissance, cela pourrait vraiment lui faire perdre la tête!

Je sais ce que je dis au sujet des Lion, vous voyez. Parce que, pas plus tard que la nuit dernière, je suis entrée en profonde méditation et j'ai pris contact (sur le plan astral) avec William Shakespeare, personnellement (qui prétendait être à la fois Francis Bacon et Sir Isaac Newton — vous savez de quoi les rêves sont capables). Le barde lui-même, pas moins! confirma mes soupçons au sujet de lady Katharine de *La Mégère apprivoisée*. Elle était bien native du Lion (*avec Lune en Bélier*). Il m'assura qu'il n'avait jamais osé lui donner le rôle de ménagère dans un ménage avec Petruchio. (Il me révéla un autre secret, mais je le garde pour la fin de ce chapitre.)

Balais et poubelles font mauvais effet auprès des tiares et des splendeurs d'un couronnement. N'oubliez pas que le Lion contient l'essence de la royauté. En vertu d'un précepte astrologique, chaque Lionne (et Lion) naît libre. Que l'une d'elles soit enchaînée à la cuisinière et à la table à repasser enfreint gravement ce précepte. Les Lionne s'en rendent compte d'instinct, qu'elles connaissent ou non leur horoscope, et la plupart d'entre elles, plus des deux tiers, poursuivent une carrière. Puisque nous en sommes aux statistiques, j'ajouterai qu'une enquête sur les membres des groupements de libération de la femme indique que les natives du Lion sont numériquement en tête de liste (et que celles du Bélier les suivent de près.) Tout cela est bel et bon. Je n'ai rien à redire à ce que les filles Lion rivalisent avec toutes les créatures prédatrices qui grouillent dans la jungle commerciale. Comment me permettrais-je de leur jeter la première pierre, moi qui vis ma propre carrière et qui proclame si véhémentement mon ressentiment contre l'esclavage consistant à laver la vaisselle et mettre des abricots en bocal? Qui a envie de passer ses journées à regarder pousser le basilic dans un pot de fleur sur le rebord de la fenêtre de la cuisine? Pour l'amour du ciel! est-ce une existence pour les Lionne, si brillantes, physiquement et intellectuellement? En outre, elles sont assez souvent observées pendant qu'elles exécutent cette tâche mesquine, et cela leur tape sur les nerfs. Moi-même je n'aimerais pas être observée quand j'accomplis les miennes.

Non, je ne soulève pas d'objection, je ne critique pas, je me contente d'offrir amicalement un avertissement au nom de l'astrologie. Il est bien de pratiquer un métier, sauf si la fille du Lion tombe amoureuse d'un Lion qui soit vraiment un LION. Alors l'affaire pourrait devenir assez épineuse.

Elle le reconnaîtra sans peine quand il entrera en tapinois dans son existence. Excusez-moi, je suis en train de décrire sa pièce de théâtre, et n'oubliez pas qu'elle l'a écrite elle-même et qu'elle a distribué les rôles, y compris en ce qui LE concerne (j'espère qu'elle lui a donné un rôle de vedette et elle l'a fait si elle est aussi sage productrice qu'auteur et directrice de troupe). Elle le reconnaîtra d'emblée, sans même savoir en quel mois il est né, parce qu'il aura une splendide crinière, encore plus luxuriante, mieux brossée et mieux peignée que la sienne propre. (Regardez la photo d'un lion de la nature et vous comprendrez ce que je veux dire.) Il sera courageux, enclin à la protéger tendrement et convaincu de sa propre valeur, même si le reste du monde ne l'a pas encore reconnue. Le monde ne tardera pas à le faire. Cela vaudra mieux! Elle aussi devra reconnaître sa valeur. Ses dents, d'une blancheur fascinante, ont un sourire ensorceleur, et ses ronrons dissimulent un tempérament féroce et une volonté puissante. Il est sincèrement généreux, chaleureux, ensoleillé, terriblement fier, extrêmement vulnérable, particulièrement à toute attaque contre sa virilité. Mais revenons-en à la carrière de Madame Lionne.

S'il se trouve qu'elle gagne plus que lui lors de leur rencontre, il en sourira, parfaitement confiant en une hausse de ses revenus qui égaleront bientôt ceux de la belle et même les dépasseront. Frappé par la foudre d'un amour profond et romanesque pour une belle Lionne gracieuse, sensuelle, séduisante, il ne va pas permettre à une affaire aussi mesquine que l'argent de l'empêcher de faire la cour à celle qu'il a choisie comme compagne et de la conquérir. C'est l'évidence même! Le parfum enivrant de l'amour et ses spirales de fumée dansante précipitent le Lion mâle au sang chaud dans une transe d'extase aveugle. Il n'y a pas d'autre espèce de Lion mâle. Cela veut dire que tous ont le sang chaud. Hélas! cette «affaire triviale» qu'est l'argent pourrait devenir de plus en plus importante après les premières bouchées exquises d'unicité, quand les premières flammes fulgurantes de la passion commencent à baisser vers les braises plus douces et plus paisibles d'une intimité affectueuse. (Ces flammes resurgiront à l'occasion, bien sûr, de temps en temps, mais dans l'ensemble ce sont les lueurs du calme, du dévouement qui l'emportent, aussi inextinguibles que celles qui sautent vers le ciel — si vous ne les éteignez pas à la lance à incendie… chose qui arrive.)

L'argent ne comptera pas entre eux s'il ne s'est pas trompé lorsqu'il prévoyait que ses revenus personnels équivaudraient ou dépasseraient bientôt ceux de sa partenaire. Et s'il réussit aussi bien qu'elle, au moins dans la jungle des professions. Mais s'il s'est trompé, s'il progresse moins vite qu'elle sur le terrain économique, s'il continue à moins gagner, l'argent deviendra une «grosse affaire». Il suffira que l'un des deux y fasse la moindre allusion pour que cela devienne «une affaire énorme», puis «quelque chose de gigantesque» jusqu'à ce que ce soit littéralement un «monstre» comme celui de Frankenstein qui se dressera entre eux, menacera de détruire leur amour, de les arracher l'un à l'autre comme des marionnettes impuissantes emmêlées dans les fils de leur orgueil et de leur ego. Quand les fils du cœur sont embrouillés, comment fuirait-on un monstre?

Disons-le crûment, si elle a plus d'argent (ou plus de n'importe quoi) que lui, leurs relations ne seront sauvées qu'au prix d'un sacrifice héroïque. Devinez qui se sacrifiera? Vous avez raison: *elle*, pas *lui*. *Vous* voyez que *vous* êtes en train d'apprendre l'astrologie. La native du Lion domine les hommes de tous les autres Signes solaires mais, lorsqu'un Lion mâle et un Lion femelle sont en présence, le Lion domine la Lionne. Cela se passe ainsi dans la nature, et il est malséant de se rebeller contre Mère Nature. C'est même tout à fait vain. De quel sacrifice s'agira-t-il? Eh bien! il ne s'agit certainement pas de tromperies. La Lionne aurait grand tort de mentir au sujet de ses revenus et de sa situation et de donner la moitié de ce qu'elle gagne, sans rien en dire à son partenaire, pour la cause des Amérindiens ou pour sauver les bébés phoques de Terre-Neuve. Certes, Amérindiens et bébés phoques en ont besoin et en seraient reconnaissants (plus tard, tous les deux pourraient répandre une pluie de lumière sur la planète Terre en militant activement pour la PAIX VERTE, comme il convient aux monarques conscients de leurs responsabilités envers leurs sujets), mais, pour l'instant, n'importe quelle espèce de malhonnêteté ou de feinte, si admirable que puisse en être le mobile, ne sauverait pas les relations léonines. Bien au contraire, elle tuerait tout amour et tout respect entre eux.

Le genre de sacrifice héroïque auquel je pensais consistait en ceci: la Lionne placerait leur bonheur commun au-dessus de tout, elle pourrait lui demander de l'aider dans sa tâche ou dans sa carrière, puis lui démontrerait qu'elle ne réussirait certainement pas aussi bien sans ses conseils (ce qui serait certainement vrai) et que, par conséquent, l'argent qu'elle gagne doit être partagé équitablement entre eux. Elle pourrait même aller encore plus loin: abandonner son travail ou sa carrière, surtout s'ils les séparent au point de vue géographique ou émotionnel. Il lui suffirait de prendre cette décision du jour au lendemain, comme s'il s'agissait d'un caprice, et de passer immédiatement à l'exécution. Tout simplement, comme ça! Si elle l'aime sincèrement (et ce sera le cas, surtout si la Lune de l'un ou de l'autre se trouve dans un Élément de Feu ou d'Air ou encore conjointe dans le même Signe), elle préférera garder auprès d'elle la grosse patte chaleureuse et protectrice de son partenaire, se promener dans le parc auprès de lui et voler de temps en temps quelques noisettes aux écureuils pendant les semaines maigres plutôt que de se languir toute seule dans un somptueux appartement en mangeant du caviar et en se demandant où le Gros Chat qu'elle aime aussi intensément promène son chagrin… ou pire encore, quelle sirène compatissante panse les plaies de son orgueil masculin.

Si elle le vexe, il lui laissera croire qu'il a une liaison passionnelle de même que, s'il la vexe, elle lui laissera entendre qu'elle a un amant.

Dans les deux cas, neuf fois sur dix, quand ils sont vexés, ils ruminent seuls leur dépit et ne se servent de la menace d'infidélité que pour effrayer leur partenaire. Les Lion sont ainsi. Évidemment quelques-uns sont vraiment infidèles pendant une séparation pénible, mais la plupart des Lion et des Lionne ne le sont pas, car il leur est difficile de trouver un autre roi (ou reine) digne de partager le trône. Ces majestés répugnent à fricoter avec le commun des mortels et sont quand même trop fiers pour avouer leur solitude et leur peine à l'objet de leur amour.

Pas toutes leurs querelles, mais une bonne partie, dériveront d'un choc reçu par l'ego masculin, souvent ce sera une affaire de jalousie au sujet des succès de carrière, de l'aptitude à gagner de l'argent, tout ce qui peut porter atteinte à la fierté d'un Lion. En réalité, la cause initiale de tous ces différends réside dans la rivalité pour dominer le ménage. Le Lion doit l'emporter. Il n'y a aucune autre manière de s'en tirer. S'il reste le second, il boudera en proie à un dépit pathétique, se sentant rejeté par le monde entier, comme Napoléon faisant les cent pas sur l'île d'Elbe. Quelle femme pourrait être vraiment heureuse avec un homme aussi amer et bougon? Certainement pas une native du Lion. Comme nous l'avons indiqué plus haut, le Lion naît libre. Le voir confiné dans une cage de chagrin, parce qu'il a perdu la direction de la femme qu'il aime, donc perdu sa fierté et sa superbe confiance en lui-même, est un spectacle lamentable.

Il ne faut pas non plus minimiser Madame Lionne et arriver à une histoire de la-femme-de-l'homme-dont-l'épouse-est-la-souris-dans-la-maison. Cela peut s'arranger entre eux de diverses manières: ils travaillent ensemble et partagent les mêmes intérêts ou suivent la même carrière — il est totalement satisfait de la profession qu'il a choisie — ils se retirent ensemble dans une fermette à la campagne et elle lui permet de recueillir et de vendre au moins la moitié des œufs — elle est sincèrement heureuse de rester dans l'antre commun qu'elle rend agréable et confortable pour qu'il ronfle paisiblement — ou bien ils se présentent à la présidence des États-Unis (lui) et à la vice-présidence (elle) sur une liste d'égalité sexuelle. Cette liste couvre à peu près toutes les possibilités. Ou bien ils peuvent être tous deux professeurs, sans doute, et se relayer pour les cours du soir, s'enseigner l'un à l'autre sous prétexte de se tenir au courant des nouvelles doctrines en fait d'instruction.

Rayons cette dernière phrase. Ils n'auront pas beaucoup de temps libre le soir sinon pour s'aimer, à condition qu'ils se soient bien adaptés l'un à l'autre et qu'ils aient réglé la question de rivalité entre eux. Alors les manifestations physiques de leur amour peuvent constituer des expériences chaleureuses, ravissantes, proches de la perfection. L'un comme l'autre peut accorder une part égale à la sexualité et à l'affection en sachant comment donner et recevoir la satisfaction physique sans sacrifier la magie de l'idylle. L'unicité complète, consommation du véritable amour, peut apporter une joie profonde et un renouvellement sans cesse répété du dévouement réciproque, à un couple bien assorti de Lion et Lionne. Il abordera l'union physique avec douceur et passion. À ce même moment, la sagesse instinctive de la jungle chuchotera à la Lionne exactement le rôle qu'elle doit jouer. Elle se soumettra volontiers, permettra à son homme de la dominer et de la conquérir grâce à sa tendresse protectrice. Cela pourra transformer la passion courante en extase chez l'un comme chez l'autre.

Cependant, s'ils ne sont pas venus à bout de leur rivalité dans d'autres domaines, l'extase pourrait faire place à des affres. Le Lion qui n'est pas respecté à souhait, dont l'orgueil a été atteint, ne peut conserver la certitude de sa virilité et deviendra alors impuissant d'abord pour de brèves périodes.

L'impuissance masculine commence comme un mal émotionnel, mais peut dériver vers une grave affliction physique qui couvre le spectre solaire d'une teinte grise et triste, celle du désespoir. Pour cacher son humiliation, il portera le masque de la raillerie glaciale et de la froide désinvolture, ce qui brisera le cœur de sa compagne. De la même façon, la Lionne qui n'est pas adorée et admirée à souhait, dont l'orgueil a été atteint, ne peut conserver la certitude en sa propre féminité, ce qui peut la rendre frigide pour de brèves périodes. La frigidité féminine, aussi, commence sous la forme d'une maladie émotionnelle, mais peut se muer en une grave affliction physique. Là encore, le triste gris du désespoir oblitérerait tout l'arc-en-ciel. Alors c'est elle qui porterait un masque d'insolence, d'ennui, de réflexions cinglantes pour dissimuler son humiliation. Elle briserait le cœur de son partenaire qui ne se douterait pas de ce qui s'est passé entre eux.

N'est-ce pas une scène ridicule à jouer pour ces deux personnes? Cet homme et cette femme peuvent être dans leur nature toutes les puissances et la gloire du Soleil lui-même. Ils sont nés sous la constellation du Lion qui représente l'Amour et qui régit le cœur humain. (Et n'oublions pas qu'ils ont écrit le texte de ce drame eux-mêmes et qu'ils peuvent le modifier à leur gré, quand il leur plaît.) Le seul moyen d'échapper à un malheur aussi inutile consiste à réaliser que l'orgueil mal placé — et même n'importe quelle espèce d'orgueil — fait cruellement périr d'inanition l'amour en emprisonnant une vérité qui pourrait le libérer et sans laisser l'espoir de voir le bonheur se réincarner. Il ne resterait plus que les cendres d'un vieux rêve. L'orgueil vaut-il cela? Évidemment pas. Alors pourquoi s'opiniâtrent-ils aussi désastreusement? Je ne répondrai pas à leur place. Veulent-ils vivre seuls, chacun de son côté, ou bien ensemble? Qu'ils fassent face l'un à l'autre, sincèrement, sans dramatiser et que chacun lise la vérité dans le regard de l'autre. La franchise totale, je l'avoue, peut amener certaines humiliations, surtout aux Lion. Mais, s'ils comparent cette humiliation temporaire à une vie entière de solitude, le bon choix apparaît clairement. Parfois il suffit d'admettre la vérité la plus simple pour ramener l'amour au foyer, c'est-à-dire à sa place.

Les incidents qui peuvent conduire à une impasse émotionnelle ce couple de Lion et Lionne normalement amoureux et affectueux peuvent être déterminés par n'importe quoi: l'un ne complimente pas l'autre assez souvent; l'un ou l'autre laisse échapper quelque mot de colère ou d'accusation concernant quelque incident réel ou imaginaire d'infidélité (peu importe qu'elle soit réelle ou imaginaire, car elle provoque la même jalousie douloureuse, fait des blessures cruelles, lentes à cicatriser); il peut aussi s'agir de toujours la même question: la carrière de Madame d'un côté, le besoin de supériorité ou, pour le moins d'égalité de Monsieur, enfin toutes les affaires de réussite professionnelle.

Cela me rappelle l'autre secret que j'ai appris astralement de Will Shakespeare pendant ma méditation de la nuit dernière, celui que j'ai promis de vous révéler à la fin de ce chapitre. Vous vous le rappelez, j'espère. Will m'a donc confié ce qui s'est passé dans les coulisses quand le rideau tomba après la dernière scène de *La Mégère apprivoisée*. Selon Shakespeare lui-même, quand Petruchio eut réussi à dompter Kat la Lionne (avec Lune en Bélier, ou vice versa, ce qui s'équivaut) pour en faire une compagne douce, soumise, qui l'admirait, l'appréciait, lui obéisssait comme il sied, il l'autorisa à accepter un travail à mi-temps consistant à enluminer de vieux livres et des manuscrits: art rare et peu répandu, d'une grande délicatesse. Plus tard, après cette première épreuve, sans qu'elle reprît ses allures dominatrices d'autrefois, il lui permit de dessiner à plein temps des joyaux pour les dames de Padoue. Elle réussit fort bien, devint même très célèbre. Son mari-amant n'en prit pas ombrage le moins du monde, vous voyez, parce qu'elle ne mit plus jamais en cause ses droits de mari. À peine son seigneur et maître lui ordonnait-il: «Viens ici et embrasse-moi, Kat!» qu'elle accourait joyeusement en sautillant.

Lorsqu'un Lion enseigne une leçon à sa femme, elle ne l'oublie plus jamais. Tiens! mais je ne vous ai pas encore tout dit. Le barde a aussi confirmé un autre de mes soupçons: Petruchio était aussi un Lion. Ainsi le destin de la pauvre Kat était-il tout tracé dès le début de la première scène du premier acte. Mais «tout est bien qui finit bien», sur la scène comme ailleurs.

LION
Feu - Fixe - Positif
Régi par le Soleil

Symboles: le Lion et
le Timide Minet
Forces diurnes - Masculine

VIERGE
Terre - Mutable - Négatif
Régi par Mercure
(aussi par la planète Vulcain)
Symbole: la Vierge

Forces nocturnes - Féminin

Les relations

Quand la comparaison de leurs thèmes de naissance offre des Luminaires et Ascendants en aspect harmonieux, les Gros Chats (mâles et femelles) et les Vierge (mâles et femelles) sautillent gaiement sur la route du bonheur en se souriant, en se jetant des fleurs, aussi heureux et pleins d'espérance que nous, mortels, sommes capables de l'être. Le Lion grattera le ukulele et la Vierge jouera du piccolo. Chacun chantera à son tour, accompagné par l'instrument de l'autre. S'ils détonnent quelque peu, la Vierge jouera une note plus aiguë, rectifiera, et tout sera de nouveau mélodieux entre eux; le Lion rayonnera sourire d'approbation affectueuse.

Cependant, avant de suivre ces heureuses gens jusqu'à la cité d'Émeraude, arrêtons-nous un instant pour tendre une main secourable aux couples Vierge-Lion qui pourraient avoir buté sur une pierre du chemin et ont besoin de notre aide.

À coup sûr, quelques rares associations Lion-Vierge éparses par le monde se catapultent plutôt rapidement dans le sado-masochisme. N'allez pas en conclure rapidement que, dans ces situations, d'ailleurs rares, le Lion est toujours le méchant sadique et la Vierge, le malheureux petit masochiste sans défense. Qu'ils soient engagés l'un envers l'autre en qualité d'amis, parents, associés en affaires, amants ou conjoints, chacun des deux peut adopter un rôle ou l'autre. Jouons à la Balance un moment et considérons l'affaire du point de vue de chaque partenaire. Voyons d'abord le Gros Chat. Il n'est pas sadique par nature. En réalité, ce n'est pas un défaut inné. Le sadisme est un comportement pervers d'une personne estropiée au point de vue émotionnel, embrouillée dans un nœud inextricable par des complexités internes de confusion et de crainte. Cette personne est malheureuse et en rend une autre aussi malheureuse pour ne pas être seule dans son cas. Bien que Lion et Lionne, normalement bienveillants, ne soient pas délibérément et intentionnellement sadiques, il leur arrive à l'occasion de se conduire comme s'ils l'étaient du fait de leur tendance à espérer et même exiger que les autres les considèrent comme des êtres supérieurs. Quand il se trouve que «les autres» (une personne ou plusieurs) sont nés sous le Signe solaire de la Vierge, on comprend que le Gros Chat soit tenté d'appuyer un peu sur ses exigences. Les Vierge, en effet, semblent se soumettre avec tant de douceur, calmement et courtoisement… au *début*.

Les natifs et natives de la Vierge ne sont pas plus masochistes-nés que les natifs et natives du Lion sont sadiques-nés. Il semble bien que les choses en soient là. En l'admettant, il n'en reste pas moins que les Vierge, homme ou femme, se conduisent de temps en temps d'une manière qui semble friser le masochisme, si l'on considère leurs propos aimables, polis (quand ils ne sont pas d'humeur maussade), leur discrétion allant jusqu'à l'effacement. Étant donné que Lion et Lionne sont souvent autoritaires avec une touche d'arrogance par-dessus le marché, il peut sembler à certains moments que les Vierge, plus introvertis, soient écrasés dans un moule de masochisme quand ils hochent docilement la tête et font des révérences au roi ou à la reine… au *début*.

Il faut admettre que, dans certains cas, les syndromes «oui, Votre Majesté» de la Vierge, «fais exactement ce que je te dis parce que je m'y connais mieux que toi» du Lion se figent en un canevas et se solidifient dans une situation permanente. Mais, comme je l'ai dit, ces cas sont rares.

Au bout d'un certain temps, le partenaire le plus passif subira une transformation dont on pourrait dire qu'il «vire sa cuti». Quand cela se produit, le Lion, déconcerté, constate que la Vierge, prompte à faire la révérence, obéissante au possible, ne saurait être piétinée que jusqu'à un certain point et que, lorsque ce seuil est atteint, cette Vierge tranquille qui souffrait discrètement se met à pérorer d'une surprenante manière. Tout à coup il (ou elle) débite une longue liste de reproches en citant avec une exactitude pénible tous les défauts et toutes les faiblesses du Lion. Puis il (ou elle) s'en va, toujours aussi courtoisement, quitte le château royal avec un aplomb et une résolution exaspérants (Vierge est un Signe de Terre, vous le savez) pour aller s'installer au coin d'une rue avec un nécessaire de cire-bottes. Par la suite, la Vierge refuse de cirer souliers et chaussons de Sa Majesté, encore moins de lui baiser les pieds.

Et puis nous avons le drame inverse: le Lion ou la Lionne (qui appartient forcément au type Minet) devient la victime masochiste après un long traitement de sadisme subtil de la part d'une Vierge (homme ou femme) froide et terre à terre, qui ne cesse de lui arracher les poils de sa crinière jusqu'à ce que le pauvre Roi de la jungle soit presque chauve (dans un sens symbolique évidemment). Le bourreau dénigre ou minimise les réussites ou les efforts de son Timide Minet, analyse ses rêves, démontre qu'ils ne sont pas pratiques et aussi crevés de trous qu'un morceau de gruyère, critique chaque mot et chaque geste du Lion, en lui prouvant qu'ils sont inconsidérément spectaculaires. Au bout d'un certain temps, privé de toute dignité, le natif (ou la native) du Lion à qui on a volé son amour-propre, sa confiance en lui-même erre lamentablement autour de la maison, de la salle de classe, du bureau, du parc d'enfants en bas âge. Il gémit, bat de la queue nerveusement ou replie ce malheureux appendice entre ses pattes arrière. Il verse des cataractes de larmes et fait pitoyablement appel au courage qu'il n'a plus. Rien n'est plus pathétique qu'un Roi ou une Reine de la jungle réduit à une masse de chair masochiste qui miaule tristement.

Nous n'avons décrit là qu'un exemple extrême, mais il y en a. Néanmoins cette histoire se terminera probablement à la manière de celle de O. Henry, de même que la précédente, lorsque la Vierge fit demi-tour et s'en alla. Une situation dans laquelle le Lion est réduit en esclavage ne saurait durer indéfiniment. Le Lion aussi «virera sa cuti». Il deviendra alors un fauve gigantesque, un Chat monstrueux qui poussera un rugissement assourdissant. La Vierge recevra un coup de patte inattendu, bien appliqué, comme celui du chat sur une souris. Enfin, magnanime, le Lion laissera son (ou sa) partenaire s'évader et prendra lui-même (ou elle-même) la porte ou bien s'installera, fier comme Artaban, à l'angle du parc. Et ne comptez pas sur lui pour faire les premiers pas d'une réconciliation. Il ne veut pas se réconcilier. C'est fini.

Ces tristes dénouements donnent une idée des dangers qui planent sur cette union Terre-Feu. Maintenant que nous les avons mis en garde contre les malices qui peuvent les tenter des façons les plus diverses si leurs aspects Soleil-Lune sont en quadrature ou en opposition ou si leurs Ascendants sont défavorables l'un à l'autre, j'espère leur avoir montré ce qui peut leur éviter des crève-cœur. Tout cela dit, voyons les côtés les plus favorables d'une association Lion-Vierge. Car il y a, à coup sûr, des cas beaucoup plus heureux.

Minet et Vierge, d'un sexe ou de l'autre, qui ont aplani leurs différences et suscité une atmosphère de compatibilité entre eux, offrent un des spectacles les plus agréables à contempler. Le Lion aura enfin trouvé un (ou une) partenaire doux, dévoué, qui apprécie sincèrement les vertus dorées du Roi de la jungle, un admirateur intelligent qui le (ou la) sert et demande en échange à être protégé royalement. La Vierge aura enfin trouvé un (ou une) partenaire digne de respect (et à ce point de vue les exigences des natifs et natives de ce Signe sont élevées), un ami chaleureux, généreux, à la fois sage et amoureux... assez vigoureux pour que l'on puisse compter sur lui (ou elle) dans les cas difficiles et pourtant assez vulnérable pour avoir besoin des soins et attentions constants d'une native (ou natif) de la Vierge. (Savoir qu'on a besoin de lui [ou elle], voilà un stimulant enivrant pour le [ou la] Vierge esseulé spirituellement.) Quand cette association est bonne, elle est très bonne, en vérité. Une fois que le Lion a enseigné à la Vierge qu'il (ou elle) ne se laissera pas tracasser ni critiquer à l'excès, une fois que la Vierge aura enseigné au Lion qu'elle n'a pas l'intention de devenir l'esclave de qui que ce soit ni de subir les exigences et les caprices d'un ou une partenaire, une communication chaleureuse et vibrante s'établit comme par magie entre eux. Nous disons bien *magie* parce que, en astrologie, Vierge est un Signe solaire «humain», symbolisé par une Vierge moissonneuse, et Lion est ce qu'on appelle en astrologie un Signe solaire «bestial», symbolisé par l'intrépide maître de la jungle, le Lion (ou sa compagne la Lionne, sensuelle et tout aussi sûre d'elle-même). Il n'est jamais facile, ni symboliquement ni littéralement, à un être humain et à un animal de communiquer réellement. Quand ils y parviennent, on pense infailliblement au jardin d'Éden... aux bois où se promenait si joyeusement saint François d'Assise en compagnie de loups, d'oiseaux, d'agneaux... et de toutes sortes d'animaux qui avaient confiance en lui.

Si grandiloquents, démonstratifs et brillants que puissent être les Lion, ils n'en ont pas moins les pieds sur terre et sont des organisateurs fort capables. Sauf lorsque leur orgueil, voire leur vanité, est en jeu, ils sont doués d'une réserve de bon sens stupéfiante. En raison de son esprit pratique, la Vierge admire ces qualités, mais elle est trop discrète pour en rien dire. Or elle doit prendre l'habitude de le *répéter* sans cesse à son Lion. De même le Lion approuve (et s'en réjouit évidemment) les efforts de la Vierge en vue de faire toujours de son mieux, souvent dans des conditions extrêmement difficiles; mais il oublie souvent d'exprimer sa gratitude, de féliciter sa Vierge d'être aussi sage et aussi sûre, au moins la plupart du temps, et en général beaucoup plus sûre que la plupart des gens à qui Leo se fie et qui le déçoivent.

Au moment où j'analyse l'association Lion-Vierge, une succession de souvenirs apparaît sur l'écran de ma mémoire, sans ordre logique ni chronologique... Un petit enfant Vierge aux yeux noirs, Gary, qui attend patiemment, sans se plaindre, pendant un temps qui n'en finit pas, humilié au-delà de tout ce qui peut se dire parce qu'on l'oblige à enfiler un habit de petit lapin aux grandes oreilles tombantes, un jour de mardi gras. Ce sont ses frères aînés, un Bélier, Signe de Feu, et un Lion vigoureux qui l'y obligent. Mais au dernier instant, le docile petit Vierge reste figé sur place, refuse de faire un pas pour sortir de la chambre à coucher vêtu d'une manière aussi stupide... Un père Lion, dans une petite agglomération du centre des États-Unis, qui lit les larmes aux yeux le poème écrit en son honneur par son fils Vierge absent depuis de nombreuses et pénibles années. Pourtant, quand ce garçon revient à la maison, le Lion a oublié ses larmes et lui dicte insolemment chacun de ses gestes, exigeant une stricte obéissance, sans jamais exprimer ni affection ni appréciation. Notre Vierge a oublié lui aussi la poésie qu'il a écrite en hommage à son père et ne voit que la vanité, l'arrogance du Lion qui tait son amour pour s'en tenir à des ordres... Je vois aussi la vedette du cinéma May West, native du Lion, qui donne une interview à un journaliste au sujet d'un homme Vierge qu'elle connaissait bien et avait été pendant des années un ami tendre et attentif... Elle consacre les trente minutes accordées au reporter à ne parler que d'elle-même, comme le font souvent les Lionne. Elle ne s'en rend même pas compte tant ce sujet l'absorbe. Elle est à la fois amusante et adorable... La tendresse inexprimable dans les yeux d'un Lion de Virginie occidentale quand il contemple sa femme, belle Vierge, brillante et gentille qui lui apporte une nouvelle raison de vivre et la promesse d'un été de la Saint-Martin, après la perte de deux épouses successives emportées par la même maladie, après des décennies d'adversité, consacrées à des devoirs épuisants, auxquels ce Lion a fait face avec un courage inébranlable, et au cours desquelles il se dévouait sans cesse pour les malheureux... Sa récompense? Le chant d'amour que la paisible Vierge chante à son grand Lion au cœur généreux qui n'espérait plus l'amour jusqu'à ce qu'elle apparût, comme un miraculeux air de musique.

Femme LION • VIERGE *Homme*

Croyez-vous que ce soit trop demander à un Vierge, amant-ami-partenaire-mari (dans un bon mariage, ces quatre mots s'appliquent dans n'importe quel ordre) de s'incliner devant sa Lionne allongée, langoureuse, sur son lit? Peut-être, en effet, est-ce trop demander de *lui*, mais ce ne sera jamais un hommage excessif rendu à *elle*. Je devine que quelques-uns d'entre vous sourient et que d'autres rient, incrédules. Peu importe, l'astrologie aura le dernier mot comme toujours. Chers mâles de n'importe quel Signe solaire qui lisez ceci, et qui avez une épouse Lion, je vous mets au défi de vous incliner ainsi demain matin. Gardez-vous de la stupéfier en entrant en trombe tout à coup. Commencez par lui apporter son petit déjeuner au lit sur un plateau, même si ce n'est qu'un verre de jus de fruits ou une tasse de café ou de thé. D'abord elle manifestera sa surprise en haussant discrètement un sourcil, puis elle vous remerciera avec grâce. Alors, à ce moment précis, tombez à genoux sur la descente de lit, mi-sérieux, mi-plaisant, prenez sa main, baisez-la, posez-la contre votre joue et dites doucement: «Je ne trouve pas d'autre façon de te montrer combien tu comptes pour moi.»

Peu importe que cela paraisse exagérément artificiel, voire grotesque, peu importe de quelle femme il s'agit pourvu qu'elle soit authentiquement native du Lion (attention, si elle fut adoptée, si ses parents adoptifs l'ont trompée sur sa date de naissance, elle peut être Capricorne et, dans ce cas elle se demandera si son partenaire n'est pas devenu fou). Elle sourira de son plus beau sourire, le plus riche, le plus brillant, le plus radieux; ses yeux brilleront, le rose du plaisir colorera

ses joues, et son regard exprimera un tel amour qu'il en sera momentanément stupéfait et qu'il oubliera la cocasserie de son attitude. Essayez,
vous verrez. Il n'est pas une seule Lionne au monde que ce genre de scène
puisse embarrasser. Elles acceptent (et leur contrepartie masculine
aussi), avec une bonne grâce vraiment étonnante, de telles marques
d'adoration, comme si elles leur revenaient de droit. Certaines les exigent, toutes les désirent et pas une seule ne les refuserait. J'énonce là
un fait absolument indiscutable.

Vous représentez-vous une femme imbue d'un tel besoin d'être adorée, amoureuse d'un Vierge qui l'aime et qui pourtant ne parvient pas à
choisir une carte postale pour lui souhaiter son anniversaire, qui est
trop timide pour la regarder affectueusement en public, même pour lui
tenir la main et qui ne la prendra jamais par la taille si quelqu'un peut
les voir…, un Vierge qui lui dit «je t'aime» à peine une fois par an, qui
la gronde chaque fois qu'elle dépense trop, qui l'oblige à écrire sur les
talons de son chéquier le montant de ses chèques? Figurez-vous cette
femme debout devant lui, courageuse, trop fière pour pleurer; elle porte
un *sweater* neuf; elle revient du salon de beauté et a changé de coiffure,
son rouge à lèvres n'est plus le même; ses yeux le supplient en vain de
lui dire combien elle est belle. Est-ce que vous vous représentez ce tableau? Oui et il vous afflige, n'est-ce pas? Attendez! j'en ai un autre aussi navrant à vous montrer. Gardez votre mouchoir à la main.

Le mâle de la Vierge peut être pris de vertige et de surtension quand
il est obligé de vivre dans le tapage et la confusion. Si l'ordre ne règne
pas dans sa vie et aussi autour de lui, son système nerveux s'embrouille.
Pratique et prudent par nature (sauf si sa Lune ou son Ascendant sont
dans un Signe de Feu ou d'Air), il a horreur du gaspillage et du désordre. Il se soucie de sa santé, s'agite au sujet de détails ou quand le
programme de sa journée est modifié inopinément, même pour un seul
instant; ça l'affole, et il lui semble avoir un gros poids sur la poitrine. La
panique le saisit si ses biens personnels sont mal employés ou abîmés.
Éclats de voix, scènes bruyantes lacèrent sa tranquillité. Aimable, assez
introverti et très sensible, quand quelque chose l'humilie, il souhaiterait presque être mort (ou pour le moins évanoui).

Maintenant, imaginez-vous un homme aussi attaché à ses habitudes,
aussi méthodique, et qui tient tellement à sa stabilité émotionnelle des
plus délicates… amoureux d'une Lionne qui l'aime aussi et pourtant

s'obstine à dépenser deux fois plus qu'ils ne gagnent ensemble pour s'offrir tous les luxes qui lui font envie, met de l'ordre à sa façon sur son bureau et dans sa commode, jette sans rien lui demander chaussettes et cravates préférées si leur couleur ne convient pas à Madame. Ajoutez quelques touches de pinceau à ce tableau. Figurez-vous cette Lionne chaleureuse et aimante, qui laisse traîner ses tampons de démaquillage dans le lavabo, son peignoir sur la moquette de la chambre, comme si elle espérait qu'une équipe de soubrettes remettra tout en place, que son homme de la Vierge exaspère parce qu'il a porté atteinte à sa dignité de quelque manière vénielle et qui le punit par une longue diatribe devant le plombier ou le perroquet.

Imaginez les sentiments de cette créature mâle, sensible, quand elle lui raconte des histoires au sujet de ses petits amis d'autrefois, le soir, juste à l'heure d'aller se coucher. Le voilà debout devant elle, humble, en pyjama décoloré par une grande tache d'eau de Javel, une jambe de 10 centimètres plus courte que l'autre parce qu'il a essayé de raccommoder lui-même une déchirure... Elle lui raconte les épisodes romanesques de son passé, un soir où le réveil est hors d'usage, ce qui signifie qu'il risque de dormir trop longtemps et d'être en retard à son travail le lendemain matin... Il s'efforce d'oublier qu'elle a défoncé l'arrière de la voiture l'après-midi, qu'elle n'avait pas payé la prime d'assurance du mois dernier parce qu'elle ne pensait alors qu'à remanier la décoration de leur salon, ce qui l'oblige à prendre une hypothèque sur leur maison pour payer la réparation de la voiture. Vous voyez tout ça?

Vous n'avez pas besoin de faire un grand effort d'imagination pour deviner ce qui va se passer après une telle scène lorsque la lumière est éteinte. La Lionne sera outrée parce que son compagnon s'endort instantanément (comme celui qui est en proie à un effondrement nerveux total) sans l'embrasser pour lui dire bonne nuit. Il est même possible qu'elle soit encore plus offensée le lendemain matin parce que le malheureux a parlé dans son sommeil pendant toute la nuit, ce qui a empêché Madame de prendre le repos nécessaire à sa beauté. Tout ça c'est arrivé par la faute de cet homme, elle lui dira lorsqu'elle se regardera dans son miroir et qu'elle verra des cercles foncés au-dessous de ses yeux.

Oui, je parle de cas extrêmes, mais qui sont utiles pour mettre en garde cet homme et cette femme afin qu'ils soient plus attentifs au talon d'Achille de leur partenaire. Ainsi nourriront-ils l'amour qu'ils éprouvent au début au lieu de l'affamer.

L'égocentrisme, l'orgueil et même la vanité d'une Lionne se transforment magiquement en attentions gracieuses, en générosités affectueuses, quand elle est suffisamment adorée et dorlotée, quand ses propres sentiments sont respectés. Oui, même *révérés*. De même, l'esprit tatillon, le détachement glacial de l'homme de la Vierge se transforment magiquement en tendre sollicitude, il devient plus calme et en même temps plus cordial; il est plus à l'aise… parce qu'au lieu de le troubler, de l'agiter, elle le traite avec courtoisie et lui montre qu'elle apprécie sincèrement ses qualités.

S'il veut que leurs relations soient heureuses, il doit comprendre dès le début qu'il devra refréner sa tendance naturelle à la critique. Il devra même y mettre un terme complètement parce que critiquer cette femme, c'est à coup sûr avoir des ennuis. Sa fierté léonine lui rend la désapprobation extrêmement pénible, beaucoup plus qu'il ne pourra le soupçonner ou qu'elle ne lui montrera. Elle n'en accepte pas la moindre de bon cœur. Vous penserez aisément qu'elle lui serait moins douloureuse quand elle vient de l'homme qu'elle aime. Eh bien! non, pas pour une native du Lion. Au contraire même, elle est encore plus blessée quand l'homme auquel elle tient trouve à redire à ce qu'elle fait ou dit, à son aspect, à sa personne. Si ces réflexions lui venaient de quelqu'un d'autre, elle en serait moins affectée. La seule manière d'amender une Lionne, c'est par des allusions subtiles, avec tact, mais jamais par des critiques catégoriques et certainement pas en la tracassant. Elle doit conserver l'illusion d'être plus ou moins au-dessus de tout reproche. Au lieu de dire à une reine qu'elle a tort, on peut à peine suggérer quelque chose de mieux. Au début, l'homme de la Vierge, évidemment, sera frustré, car la critique fait partie de sa nature intime mais il devra se dominer ou se résigner à l'inévitable: la Lionne qu'il croit avoir capturée définitivement s'échappera de la cage où la confine sa manie de la blâmer sans cesse. Le choix s'offre avec une parfaite clarté; à lui de décider. Bien qu'il ne soit jamais facile à un Vierge de faire gracieusement des compliments, il doit s'appliquer à apaiser la soif d'adulation qu'éprouve cette dame. Il maîtrisera d'autant plus rapidement cette technique qu'il verra comment les louanges nombreuses et sincères adoucissent les dispositions de sa partenaire, comment elles transforment les rugissements de fureur et les bouderies de fierté en ronronnements de satisfaction. Un mot (ou deux) affectueux prononcé au bon moment fera apparaître la personnalité ensoleillée de cette femme dans toute sa rutilance. La Lionne est un «noble animal» et, quand les qualités que lui confère le Soleil sont encouragées à s'épanouir au lieu d'être enterrées sous des tonnes de prudence virginale, elle peut devenir une fontaine éternelle d'espérance bouillonnante et de bonheur. On est alors ravi de se trouver auprès d'elle, à tout point de vue. Elle est parfaitement capable de créer l'atmosphère harmonieuse dont il a besoin. Elle devient paresseuse et négligente seulement lorsqu'elle s'ennuie parce qu'on ne l'apprécie pas.

Naturellement, elle devra descendre de son trône et faire la moitié du chemin vers lui. Elle ne devrait jamais discuter avec lui aux repas, quand il mange ses lentilles ou ses haricots rouges parce que les émotions le crispent et surissent ses aliments dans son estomac, ce qui provoque de graves indigestions. Si elle se donne la peine de chercher à comprendre le métabolisme émotionnel de son partenaire, pourquoi il se croit obligé de résoudre immédiatement tous problèmes, importants ou futiles, qu'il trouve en chemin, parce qu'il croit que si tout n'est pas parfaitement en ordre son monde va se disperser en mille miettes, le cœur généreux de la Lionne trouvera un moyen de dérider son front et d'apaiser bon nombre de ses tensions. Elle peut lui rappeler que la perfection elle-même est une imperfection, car elle supprime les charmes que les contrastes donnent à la vie, tous les tissus stimulants faits de lumière et d'ombre, et ne laisse que des surfaces planes, tristes et inaptes à susciter l'enthousiasme. Mais elle doit lui expliquer des choses de ce genre gentiment, sans insolence, en prenant soin d'écouter aussi son opinion. Lorsqu'ils s'entretiennent ainsi, elle doit vraiment *l'écouter* au lieu de se contenter d'attendre son tour de parler.

Sans communication mentale et émotionnelle entre eux, ils ne peuvent espérer que leur union sexuelle leur donne tout ce qu'elle devrait et pourrait leur apporter. Parfois les pratiques amoureuses de Monsieur sont trop personnelles et mécaniques pour la spontanéité des désirs de Madame. Alors, si elle manifeste timidement sa réprobation, cela ne fera qu'ajouter à l'humiliation de son partenaire et le découragera même. La hauteur glaciale de la Lionne en de tels cas peut être déprimante au point de vue sexuel. La critique, même silencieuse, du Vierge n'est pas non plus ce que la nature a trouvé de plus efficace comme aphrodisiaque. Il doit s'accorder plus de liberté et manifester plus d'enthousiasme dans son expression sexuelle. Il doit apprendre que l'amour doit être une intimité partagée, sans crainte de rejet, et pas la prudente libération des sentiments. L'expérience bouleversante de l'union physique entre un homme et une femme ne doit pas être seulement un échange dosé d'affection. Elle, de son côté, doit réaliser que la passion peut parfois s'exprimer aussi discrètement qu'un murmure. Souvent, pour que leurs cœurs s'unissent et leur apportent la satisfaction totale qu'ils sont capables d'atteindre ensemble, il leur suffit d'un changement d'attitude et d'un petit effort de plus en vue de comprendre réciproquement leurs besoins les plus profonds, qui ne diffèrent d'ailleurs pas autant les uns des autres qu'il le semble.

Il peut, d'une certaine manière, représenter pour elle une sécurité soit matérielle, soit émotionnelle; de son côté, elle sent qu'elle a bien des leçons de bonheur à prendre de cet homme intelligent et consciencieux. Plus ils se familiariseront l'un avec l'autre, mieux il tolérera l'indépendance et le tempérament impulsif de sa partenaire. Si elle patiente, elle remarquera combien il est fier de la voir aussi belle et de ses succès. L'amour entre Vierge et Lion ressemble à une flamme qui brûle lentement, mais petit à petit de plus en plus brillante chaque année si on l'alimente avec soin et si on la protège des vents de l'égoïsme.

C'est un homme étrangement lointain, parfois extrêmement sensible et, à d'autres moments, d'une insensibilité entêtée, dont les canevas émotionnels offrent une symétrie sévère. Le frais vestibule de marbre de ses réflexions offre un lieu de repos à l'esprit de sa compagne. Parfois, il fait discrètement des choses extraordinairement touchantes. Quand leur vie commune menace de devenir un peu trop nette et précise, il appartient à la Lionne d'ouvrir impulsivement les fenêtres pour que le soleil y pénètre et revigore leur amour. Je me demande ce qu'il arriverait si c'était *elle* qui lui faisait la surprise de lui apporter son petit déjeuner au lit un matin. Qu'en dites-vous? Il faudrait que ce soit très tôt, avant le lever du jour, parce qu'il pourrait imaginer une manière particulière de la remercier, et cela pourrait durer longtemps... Elle doit veiller à ce qu'il n'arrive pas en retard à son travail...

Homme LION • VIERGE *Femme*

Lorsque le Lion rencontre la Vierge, il éprouve un besoin urgent et puissant de mettre sa vigueur et son cœur aimant à la disposition de cet être ravissant et mignon pour le protéger des épreuves et des laideurs de la vie. Ensuite, au bout d'un certain temps, il commence à ressentir un léger malaise. Quand il se verra dans une glace, il se demandera s'il n'a pas besoin de se faire couper les cheveux. Puis il remarquera quelques petites taches auxquelles il n'avait pas prêté attention jusqu'alors sur son veston et s'empressera de le confier à un teinturier. Ses chaussures lui paraissent tout d'un coup honteusement moches, et il s'en achète aussitôt plusieurs paires. En procédant à ces achats, il lui viendra à l'idée que la couleur de ses chemises est trop criarde, et il aura envie d'en avoir quelques-unes de teintes plus discrètes. (Peut-être sera-ce l'inverse: il en aurait assez de porter des chemises de couleurs ternes et en achètera de plus voyantes.) Petit à petit un soupçon s'insinuera dans son esprit: il soupçonnera vaguement que son langage n'est pas le modèle de perfection qu'il croyait depuis le début de son existence, aussi tombera-t-il dans des phases de silence (LION, SILENCIEUX? Eh bien! oui), et il se mettra à consulter le dictionnaire quand elle ne le regarde pas, pour s'assurer que tel ou tel mot prononcé un instant auparavant signifie bien ce qu'il a toujours cru.

Comprenez-moi bien. Elle n'a rien dit qui puisse lui donner des idées pareilles. Elle est beaucoup trop polie pour le critiquer oralement et directement (au moins jusqu'à ce qu'elle le connaisse mieux), mais il y a le regard de ses beaux yeux clairs... un vague sourire à peine perceptible... ce n'est pas tout à fait du dégoût, mais c'en est trop près pour le confort de la vanité léonine.

Notre Lion est alors en grand danger de se laisser dompter. Pourtant elle n'a même pas de fouet ni de pistolet chargé à blanc. La musique apprivoiserait les bêtes sauvages, dit-on. Or la nature méticuleuse de la Vierge, son discernement, son sens exquis du beau, outre la grâce de ses manières courtoises, sa façon charmante de lui signifier son respect et son admiration pour ses vertus... tout cela peut métamorphoser un Lion rugissant et égocentrique en un docile et joyeux Minet qui ronronne, heureux, et qui se roule en extase sous le charme de cette femme, pareille à de la cataire.

Si elle a la prudence de ne pas exagérer, cette technique fera merveille avec le Gros Chat. Il l'adorera parce qu'elle lui fait sentir qu'il est adoré, sans soupçonner que c'est elle qui lui fait petit à petit changer son style de vie. Au bout d'un certain temps le malaise disparaîtra, notre Lion sera plus détendu, l'image qu'il verra dans le miroir lui plaira davantage, sa confiance en lui-même renaîtra. À coup sûr, persuader un Lion de s'améliorer lui-même, sans porter atteinte à son amour-propre, est un exploit extraordinaire. Elle mérite que le Lion caresse (patte de velours) sa jolie tête bien coiffée. Mais surtout qu'elle ne se laisse pas emporter par ce succès au point de se permettre quelque critique ou de le tracasser, car elle franchirait alors une ligne de sécurité: ligne ténue, difficile à préciser, mais les natifs de la Vierge sont experts à tracer et définir des démarcations. Elle aura donc sans doute assez de bon sens (les Vierge en ont plus qu'il ne leur en faut) pour s'arrêter à temps et passer à une politique de louanges pour toutes les merveilleuses transformations qu'il a apportées à sa propre personne, de sa *propre initiative*. Si seulement tout le monde était capable de s'améliorer soi-même ainsi! Il est tellement prompt à l'introspection, et il exerce sur lui-même une telle discipline! N'est-ce pas stupéfiant! merveilleux!

Oui, il n'est rien moins que stupéfiant et merveilleux de parvenir à transformer ce qui pourrait avoir un effet déprimant sur l'ego gigantesque du Lion en une nouvelle raison de lui dire combien il est fort et intelligent. Madame Vierge, vous m'émerveillez! Maintenant, ne gâchez rien. À partir du moment où vous l'avez remodelé pour le rendre plus ou moins conforme à votre idée de la perfection masculine, n'allez pas plus loin, laissez-lui conserver quelques petits défauts pour qu'il reste humain. Sinon il comprendra ce que vous avez fait (surtout si vous continuez à le faire) et, quand la poussière de sa dignité outragée sera tombée, vous vous retrouverez, littéralement et pas symboliquement, Vierge de nouveau... pourrait-on dire. Vous serez seule, sans votre compagnon qui fut affectueux, aimant et fidèle. Ne coupez pas les cheveux en quatre, s'il vous plaît. Vous avez déjà frisé la virginité de trop près. Il n'y a pas tellement de différence entre une femme qui n'a jamais eu d'homme et une femme qui n'en a plus. Si on va au fond des choses, c'est même encore pire parce que la véritable Vierge ne sait pas ce qu'il lui manque parce qu'elle n'a pas fait l'expérience des satisfactions que donne le véritable amour. Mais vous, belles Vierge compagnes du Lion, vous le sauriez, vous, et votre mémoire vous ferait souffrir. Laissez-le donc commettre quelques erreurs de temps en temps, porter parfois des chemises de sport aux couleurs criardes, surestimer l'importance de son compte en banque… et souriez quand il améliore un peu une histoire, laissez-lui croire qu'il est aussi bon chauffeur qu'il pense l'être et ne lui rappelez pas que, quand c'est lui qui consulte la carte, il vous égare en chemin. À quoi bon lui dire que lorsqu'il encombre la cuisine et disperse tous les ustensiles, il fait des plats presque immangeables, qu'en dépit de sa voix de baryton il chante faux sous la douche? Qu'est-ce que vous y gagneriez? Rien, mais vous pourriez beaucoup y perdre… lui, par exemple. C'est beaucoup.

Quand ces relations sont heureuses, elles sont tellement merveilleuses! Malgré la tendance de la femme Vierge à trop critiquer les autres (et à se critiquer cruellement elle-même), elle peut se montrer tolérante lorsqu'elle juge cet homme. Il est toujours possible (surtout en cas d'échanges négatifs entre les positions du Soleil et de la Lune dans leurs deux horoscopes) qu'elle se laissera aller de temps en temps à le tracasser un peu mais, dans l'ensemble, il l'acceptera plutôt bien. Si elle lui marche trop lourdement sur la queue, il ne rugira que modérément, et elle s'excusera avec grâce. Tout bien considéré, l'harmonie se rétablit facilement entre eux après quelques malentendus véniels.

En dernière analyse, le Lion sera le maître. Elle pourra l'orienter un peu par quelques suggestions discrètes, à peine insinuées, et il *se* permettra de suivre ses conseils quand ils lui conviendront. La décision ne dépendra que de *lui*. Son autorité ne doit jamais être mise en cause. Le dernier mot lui revient dans toutes les affaires importantes, car c'est celui de la sagesse et on ne doit pas le discuter. (Tout au moins, mieux vaut qu'il en soit ainsi. Sans cela, elle devra le dorloter pendant des phases de dépression, de bouderies dues à une blessure de vanité.) Elle se soumet, la plupart du temps, si gentiment et agréablement aux préférences de Sa Majesté Royale qu'il se sentira libre de lui prouver sa reconnaissance en la comblant de toute la chaleur ensoleillée de sa nature, en traitant avec une bienveillance presque palpable cette femme polie, intelligente, aux yeux limpides. Plus que quiconque, elle bénéficiera de sa noblesse, de sa générosité. Par conséquent l'adoration qu'elle lui prodiguera sera sincère et lui viendra du fond du cœur.

Tous les natifs du Lion qui vécurent, vivent et vivront sur notre Terre sont «amoureux de l'amour», qualité qui en fait des amants inégalables, à la fois sensuels et sentimentaux. Si érotiques que puissent souvent être leurs désirs, ils ajoutent toujours à leurs pratiques amoureuses une dimension d'honnêteté et de naturel qui permet à la femme Vierge de se fier suffisamment à son Lion pour se détendre dans ses bras et donner plus d'elle-même qu'elle n'y incline normalement. Il y a en effet dans le comportement sexuel de l'homme du Lion quelque chose de confortable et de rassurant. Il sait transformer la manifestation physique de l'amour en un geste de tendresse qui crée une ambiance de sécurité émotionnelle dans laquelle la sexualité devient une expression de passion et de protection chaleureuse. Cela atteint la Vierge jusque dans son subconscient et met au jour tout ce qu'il y a en elle de pur et de virginal. Elle répond donc avec enthousiasme et avec une foi touchante à la gentillesse de son partenaire. Tant que sa confiance en lui-même est entretenue, le Lion a le cœur et l'esprit ouverts. C'est pourquoi les Lion sont tellement aimables et attrayants (et aussi pourquoi il est si facile de leur pardonner leurs bouffées de vanité et d'insolence exaspérantes). Venons-en à la Vierge: la simplicité attrayante de son attitude sexuelle fait apparaître dans toute leur plénitude les talents amoureux considérables de son partenaire. Il est une chose qui pourrait étouffer leur harmonie physique: la possibilité toujours présente que Madame éprouve le besoin de parler de quelque vétille quand Monsieur envisage silencieusement l'unicité. Alors, avec un regard de dignité glacée, son Lion saisira peut-être oreiller ou couverture pour aller coucher sur le canapé du salon, où il boudera comme un monarque en exil et finira par s'endormir... tout seul. Mais au petit matin, quand il aura froid aux pieds, et qu'il aspirera de nouveau au confort, il retournera dans la chambre à coucher.

Si curieux que cela paraisse, ces deux partenaires dormiront peut-être beaucoup. S'ils sont des représentants typiques de leurs Signes, ils partagent l'espèce de métabolisme qui exige plus de huit heures de sommeil par nuit. D'ordinaire, ils se couchent tôt et se lèvent également de bonne heure. Le Lion a besoin d'une longue nuit de sommeil pour reconstituer l'énergie mentale qu'il utilise à se soucier d'à peu près tout en s'efforçant de ne pas le montrer. Peut-être s'accordera-t-il quelques petits roupillons à peu près n'importe où, n'importe quand, ne serait-ce qu'assis sur une chaise, le coude sur la table, en fin d'après-midi. Sa partenaire, au début, s'imaginera qu'il est paresseux. Mais il ne l'est pas plus que le lion de la jungle qui pourtant en donne l'impression. Au bout d'un moment, il redressera la tête, bâillera, s'étirera langoureusement, comme un chat, et retrouvera aussitôt toute son activité: il réparera quelque chose, en mettra une autre de côté, en remodèlera une autre et, plein d'enthousiasme, suggérera l'idée d'un vovage ou de quelque nouvelle aventure; bref, il s'occupera de tout.

Le Lion humain répare ce qui est cassé (y compris les petites fêlures au cœur de sa bien-aimée lorsqu'elle est vexée), il ne tergiverse jamais quand quoi que ce soit a besoin de son attention, y compris *elle* qui en est absolument ravie. De même, il est enchanté par la délicatesse, l'air toujours propret, l'image gracieuse quoiqu'un peu hautaine qu'elle présente au public à tout instant. Les Lion aiment exhiber leurs dames à tout moment (de même que leurs exploits) et s'en enorgueillissent. Celui-ci sera particulièrement fier de la belle intelligence de Madame. Bien des Lion inclinent à épouser des femmes qui ne leur sont pas supérieures ni mêmes égales au point de vue intellectuel. Ainsi le roi aura toujours auprès de lui un sujet qui l'admirera, qu'il formera, enseignera et admonestera. Mais le plus heureux d'entre eux est celui dont la maîtresse ou l'épouse représente un défi stimulant au point de vue mental. À ce point de vue-là, la Vierge lui conviendra parfaitement.

La personnalité de Monsieur est gouvernée par le puissant Soleil, c'est pourquoi Madame se sent agréablement rôtie en sa présence et attrape même aussi parfois des *coups* de soleil. Sa personnalité, à *elle*, est façonnée et influencée à la fois par son maître intérimaire, Mercure, et par sa véritable planète dominante, Vulcain, qui ne tardera pas à être découverte. Elle a l'esprit vif, elle est alerte, versatile et à peu près constamment active; elle doit ces qualités à Mercure, et ce sont celles que l'on remarque d'emblée. À un niveau plus profond, Vulcain le tonitruant suscite déjà dans son cœur une étrange espèce de musique qui promet de libérer son esprit des contraintes qui la retiennent jusqu'à maintenant; cette musique va même jusqu'à lui suggérer qu'un jour elle deviendra aussi courageuse, audacieuse et indépendante que le Lion en personne. Voilà une perspective d'autant plus éclatante qu'elle n'aura peut-être pas longtemps à attendre une telle transformation. Peut-être que la noble personne solaire de son partenaire entend cette même musique qui lui promet pour demain l'accès à des hauteurs encore plus élevées lorsqu'ils prennent ensemble leur essor!

En attendant, dans le présent confortable, il lui est reconnaissant de sa présence paisible, des règles d'ordre pratique qu'elle lui apporte, de sa fraîche douceur, de son mélange fascinant de Terre et de Ciel. Il se sent béni d'avoir une compagne dont les rires cristallins évoquent les sonnailles de traîneaux. Et lui, chaque beau matin où ils s'éveillent enlacés, il lui offre une tranche de Soleil... enveloppée dans les rubans dorés de son optimisme inébranlable, la certitude que chaque jour doit être une belle journée. Comme d'habitude, il a raison... tous les jours ne sont-ils pas splendides auprès de lui? Qu'il pleuve, qu'il vente, que le temps soit radieux, la journée sera belle, car la petite pluie douce et qui lave tout a une odeur de bénédiction, ou bien la neige froide qui étincelle est un miracle... Il en va toujours ainsi quand on aime et qu'on se sait aimé.

LION
Feu - Fixe - Positif
Régi par le Soleil
Symboles: le Lion et le Timide Minet
Forces diurnes - Masculin

BALANCE
Air - Cardinal - Positif
Régi par Vénus
Symbole: la Balance
Forces diurnes - Masculin

Les relations

Il se trouve que les deux personnes citées dans le titre viennent de discuter un conte de fées mais, avec eux, le sujet de la conversation importe fort peu. Quel qu'il soit, nous pouvons être sûrs que le Lion se prononce avec une autorité bon enfant et que la Balance pèse le pour et le contre, adopte l'opinion de son partenaire, puis l'opinion contraire, pour être certain (ou certaine) de ne rien négliger d'important.

Le Lion suscite la chaleur, la Balance y fait passer un courant d'air frais. Il en résulte une conversation animée par une brise allant du tiède au chaud. Le Lion s'attend à ce que toutes ses déclarations soient accueillies avec un respect inconditionnel, sinon avec une admiration hautement proclamée. Il ne dédaigne pas quelques génuflexions de temps en temps. La Balance, au contraire, adore la discussion, tient à mettre en valeur tous les points qui méritent d'être controversés. Il (ou elle) s'est déjà fait une opinion (avec sagesse, évidemment) avant que le Lion ne se prononce. Vous en êtes-vous rendu compte? Non. La Balance non plus ne l'a pas remarqué. Comment pourrait-on faire un choix sensé entre deux aspects d'une question sans avoir assez longtemps discuté le pour et le contre en long et en large? Malheureusement, avec la Balance, assez «longtemps» peut durer «extrêmement» longtemps. Que le Lion ne s'impatiente pas et ne s'irrite pas. Tant d'indécision est plus pénible à son partenaire qu'à ceux qui sont forcés de participer au tarage des balances assez méticuleusement précis pour que le fléau se dresse exactement à la verticale du bon sens.

Le Lion doit apprendre que, pour la Balance, la «discussion» ne signifie pas une querelle tapageuse entrecoupée de tirades furieuses. Pour l'amour du ciel, qu'on lui épargne de telles scènes qui ne lui conviennent pas du tout. Elles interdisent des relations agréables, équilibrées, et détruisent toute chance d'harmonie. Étant donné qu'harmonie, équilibre et paix représentent une sainte trinité pour toutes les Balance — hommes, femmes, enfants —, nous devons comprendre qu'ils n'engagent pas de tels débats dans le but de susciter une querelle, mais seulement pour tirer les choses au clair, aérer leurs idées et permettre à chacun de comprendre logiquement et honnêtement les données du problème. Vous voyez? Le Lion ne verra pas toujours, mais peut-être voit-il plus souvent que la plupart des autres. La justice est sacrée pour la Balance. Je remarque avec intérêt combien d'autres écrivains ou journalistes, qui ne savent rien du tout en fait d'astrologie, repèrent sans s'en rendre compte les caractéristiques des Signes solaires. Je citerai, par exemple, la couverture d'une revue américaine sur laquelle apparaissait en grosses lettres rouges cette phrase: CARTER TROUVE LA VIE INJUSTE. Pauvre homme, je ne doute pas que ce soit vrai.

Mieux encore, dans le même genre, la fin d'un article consacré à la Lionne Jackie Onassis: «... Une chose est certaine: quoi que fasse Jackie, elle le fera royalement et c'est tout ce que lui demande le public.» (Et tout ce qu'exige son Signe solaire, ajouterai-je.)

Il y aura entre ces deux partenaires une grande quantité de communications sur divers plans, du fait de l'un ou de l'autre et le plus souvent des deux. Lion et Balance réalisent entre eux des amitiés de l'espèce la plus sincère, beaucoup plus facilement que les natifs des autres Signes solaires. La vie leur offrira une succession presque ininterrompue d'occasions dans tous les domaines d'efforts personnels ou autres. Saisiront-ils ces occasions et qu'en feront-ils? La réponse dépend de leurs Signes de Lune individuels et d'autres aspects planétaires dans la comparaison de leurs thèmes de naissance.

Lorsqu'ils unissent leurs forces, Lion et Balance peuvent réussir à peu près n'importe quoi, soit une idylle ou un mariage heureux, soit une solide amitié, soit encore une affaire. Leurs Éléments sont l'Air et le Feu et, quand le premier attise le second, il en fait jaillir des flammes plus élevées qui profitent à tous deux... Encore faut-il que le Lion n'absorbe pas tout l'oxygène nécessaire au processus mental aérien de la

Balance. Des crises d'humeurs désagréables du Lion peuvent finir par inciter la Balance à s'éclipser. N'importe quelle rupture d'harmonie rompt également l'équilibre des plateaux de la balance, plongeant la Balance dans un état de dépression qui ne convient pas à ce Signe solaire normalement brillant, optimiste et enjoué. Néanmoins, ils seront d'accord sur assez de sujets pour que leurs relations soient plus paisibles qu'orageuses. L'injustice, sous n'importe quelle forme, les indigne autant l'un que l'autre. Le Lion est chaleureux et magnanime; la Balance loyale et impartiale. Quand ils associent ces qualités, rares seront les victimes piétinées autour d'eux, et peu de «causes perdues» resteront perdues. Victimes et causes perdues exercent sur eux un étrange attrait; pourtant, cet idéalisme se manifeste chez eux d'une manière plus pratique que celle des illuminés; sans doute est-ce pourquoi ils réussissent mieux à ce point de vue. S'il est possible de renverser une situation et de transformer en victoire la défaite d'un perdant apparent, c'est le Lion et la Balance qui y parviendront le plus vraisemblablement. Il est bon de les avoir de son côté quand il s'agit de régler les comptes. Le Lion régi par le Soleil défendra loyalement son protégé; la Balance, régie par Vénus, appliquera un baume apaisant sur ses blessures qui guériront presque instantanément.

Il est aussi difficile au Lion de dire: «oui» qu'à la Balance de dire «non». Voilà pourquoi ils s'entendent si bien. Je crois que cela mérite une explication.

La fière personnalité léonine, d'un sexe ou de l'autre, répondra normalement NON! au lieu de oui lorsqu'on lui ordonne quoi que ce soit. Rois et reines sont nés pour donner des ordres et pas pour y obéir. La Balance sait d'instinct comment soigner l'ego du Lion et par conséquent transformer son rugissement en ronron, en lui faisant croire tout simplement que ses ordres sont des supplices. On peut appeler ça de la flatterie. Les natifs de la Balance donnent rarement des ordres. Ils flattent, cajolent, suggèrent avec habileté. Le Lion ne parvient donc jamais à deviner qu'on le manipule pour lui faire faire ce que désire la Balance. Diable! qu'elles sont moelleuses les relations avec les natives de la Balance, d'un moelleux admirable!

Étant donné que les gens de la Balance ont horreur des tensions qu'ils pourraient provoquer en répondant sèchement NON aux ordres royaux du Lion, ils céderont en prononçant un OUI mélodieux plutôt que de susciter une querelle (sauf, évidemment, si le sujet présente une importance brûlante). Cela convient parfaitement aux Gros Chats. Mais n'oublions pas l'astuce avec laquelle Vénus feint de ne pas commander, alors qu'elle prend en main la situation et son habitude de répondre joyeusement oui plus souvent que non avec colère. Si agréables que puissent être ces caractéristiques, elles n'empêcheront pas la Balance d'exercer son droit inaliénable de «discuter» plus ou moins longtemps avant de céder. J'espère que désormais vous comprenez tous que le mot «discuter» est une formule polie pour les argumentations de la Balance. Mais de tels débats peuvent ne pas nécessairement se terminer en querelles. D'accord? Il s'agit seulement d'un échange d'idées en toute sympathie. Plus souvent que vous pourriez le supposer, une stratégie aussi subtile viendra à bout du caractère autoritaire du Lion qui ne se rendra pas compte qu'il (ou elle) se fait manœuvrer et qu'il en viendra à faire exactement ce que la Balance désire et lui impose par une technique de flatteries. À ce point de vue, le talent avec lequel Vénus pénètre l'âme humaine facilite la réussite des natives de la Balance.

À certains moments, l'optimisme constant de la Balance agace les natifs des autres Signes solaires, mais les Gros Chats, au contraire, s'en réjouissent. Ces deux personnes réfléchissent des vibrations masculines positives, de forces diurnes; aussi les verrez-vous plus souvent répandre la lumière et le soleil qu'en train de broyer du noir dans l'obscurité. Dans une certaine mesure, tous les Lion et toutes les Lionne éprouvent le besoin de protéger les faibles et les sans-défense; à un certain degré également, tous les gens de la Balance sont mus par un besoin urgent de veiller à ce que la justice soit rendue. Voilà ce qui donne un caractère tellement sympathique à leurs relations. Ils partagent aussi un besoin profond d'expression créatrice, le plus souvent dans le domaine des arts, mais ils peuvent se consacrer avec autant de joie à la gestion d'un hôpital ou d'un magasin de chaussures, pourvu qu'il leur soit permis d'apporter des progrès équivalant à la créativité. Chacun d'eux est plus heureux lorsqu'il est le maître dans n'importe quel domaine. Cela pourrait évidemment provoquer quelques frictions entre eux de temps à autre. La Balance étant un Signe cardinal, ceux qui en sont natifs aiment commander. Les natifs du Lion tiennent à commander parce que... eh bien, comment un roi ou une reine ne dirigeraient-ils pas? Lion et Lionne ne sont *pas* nés sous un Signe cardinal, mais fixe; l'égocentrisme fixe équivaut à l'instinct de direction. Si les deux membres du couple ne peuvent satisfaire de tels besoins, le Lion deviendra un Chat boudeur et grognon, la Balance un Crocodile maussade, confus et frustré. Alors leur harmonie cessera momentanément; la bienveillance rayonnante normale du Lion deviendra une insolence exigeante, et les discussions agréables de la Balance tourneront en querelles.

Un danger pèse toujours sur leurs relations. La fierté du Lion, disons même sa vanité, associées à la vigueur et à l'autoritarisme de son Signe solaire, peuvent devenir accablants pour le natif de la Balance aux manières plus policées et qui est gouverné par Vénus. D'autre part, le Lion est évidemment capable d'éveiller les enthousiasmes latents chez ses proches, et sera tout à fait apte à équilibrer les plateaux de la Balance de cette association. La Balance devra veiller à donner au Lion (hommes, femmes ou enfants) des marques suffisantes de respect et d'admiration. Ce n'est pas une tâche facile. Mais la Balance peut faire appel au charme vénusien pour la réussir. Personne ne sait faire des compliments avec autant de grâce que la Balance et personne ne les apprécie avec une jubilation aussi intense que celle du Lion.

Les natifs de la Balance raffolent de tout ce qui est beau, ceux du Lion préfèrent ce qui est le plus grand et le meilleur. Cela peut rendre leur couple plus qu'un peu dépensier, sauf si l'un (ou les deux) a sa Lune dans un Signe plus parcimonieux et économe tel que Taureau, Capricorne ou Cancer. Mais si, au contraire, leurs deux Lunes sont en Air ou en Feu, comme leur Soleil, ces deux personnes ne se refuseront aucun luxe et même jetteront l'argent par les fenêtres. Dans ce dernier cas, elles se chamailleront peut-être pour savoir ce qu'elles doivent viser en le lançant ainsi.

La Balance admire le courage du Lion et la bonne volonté avec laquelle il (ou elle) entreprend de déplacer les montagnes s'il le faut. Le natif (ou la native) de la Balance sera donc parfois tenté d'en bâtir quelques-unes, rien que pour le plaisir de voir son Chat majestueux les renverser. Ces montagnes pourront ne pas être de roc, évidemment, mais plutôt de paroles; c'est quand même une sorte de jeu auquel il ne leur déplaît ni à l'un ni à l'autre de s'adonner. Il leur plaît, en effet, de se lancer des défis réciproques dans des jeux d'esprit. Il faut signaler une des principales différences entre eux. Le sens de l'humour dont le Lion est abondamment doté a pourtant certaines limites: il n'admet guère qu'on plaisante à son sujet. La Balance est plus équilibrée à ce point de vue et admet volontiers d'être l'objet de la plaisanterie.

Sans l'ombre d'un doute, le Soleil et Vénus sont en harmonie dans la galaxie. Toute association, de quelque nature que ce soit, entre le Gros Chat et la Balance devrait éclairer le ciel au-dessus d'eux. Presque toutes leurs qualités et caractéristiques s'associent bien. Ils sont tous deux artistes et sentimentaux. Ils aiment autant l'un que l'autre les compliments et le mouvement. Le Lion exige plus ou moins que la vie et l'amour lui donnent le bonheur; la Balance s'y attend, comme si cela allait de soi. Il y a, à l'évidence, une différence entre *exiger* et *s'attendre à*. Différence minime mais qui existe. Si le Lion rugit trop souvent pour accaparer tous les applaudissements, la Balance pourra se sentir obligée de rappeler au Lion ou à la Lionne que tout élastique s'étire dans les deux sens, ce qui monte doit descendre et qu'au carrefour le feu rouge est aussi utile que le feu vert pour empêcher les accidents de la circulation et… eh bien, vous savez vous-même toute la logique équilibrée de la Balance. Vous serez peut-être abasourdis d'apprendre que le Lion peut écouter gentiment, s'excuser et tourner la page. Les natifs d'aucun autre Signe solaire ne peuvent ramener en douceur les Gros Chats à la raison. Ils se rouleront de plaisir sur le dos et sauteront à travers des cerceaux.

Le secret du domptage des animaux se trouve dans les yeux et le fouet. Les yeux de la Balance sont doux et amicaux. Son fouet est invisible, et, lorsqu'il frappe, on le croirait en velours. «Ronrrrr ronrrrr», fait Minet. «Tu es tellement supérieur à tout le monde», chuchote la Balance avec un sourire qui lui fait apparaître des fossettes sur les joues. Et les voilà partis dans leur carrosse royal. Où vont-ils? Diable! je n'en sais rien. Sans doute quelque part où le Lion ne voulait pas aller pour faire quelque chose qu'il refusait obstinément de faire. Le *croyez*-vous? On croit difficilement à toutes les merveilles que peuvent obtenir un peu de persuasion habile et un fouet de velours invisible.

Femme LION • BALANCE *Homme*

C'est vrai. Ces deux personnes constateront que leurs relations ont le maximum de chance de durer s'ils restent ensemble à la maison… pas tous les soirs, évidemment, mais au moins plus souvent qu'ils ne sortent. Si harmonieuses que puissent être leurs natures, trop de mondanités peuvent constituer le cadre d'à peu près tout, en partant de la friction pour aller à la fureur. La plupart des Balance mâles raffolent de toutes les festivités, depuis la course en traîneau jusqu'au pique-nique sur une plage où l'on fait cuire des coquillages à l'étouffée dans le sable. Il est aussi attiré par les soirées intellectuelles, par exemple un dîner dont la recette servira à doter l'école d'une nouvelle bibliothèque ou bien un dîner de campagne électorale pour son candidat préféré... et encore plus si c'est lui le candidat.

La Lionne ne refusera pas souvent non plus une invitation. Ce qu'elle aime le mieux au monde, c'est attirer l'attention et provoquer des remous autour d'elle; n'importe quelle réunion nombreuse la ravit. C'est tout simplement une affaire de nombre, rien que la quantité de participants. Plus il y en aura, plus elle recevra sans doute de compliments. D'autre part, tout natif de la Balance a quelque chose d'un play-boy dans sa nature; toute femme du Lion, une touche de play-girl. J'ai dit «touche», cela signifie donc qu'ils ont aussi leurs moments de sérieux. Ils sont capables l'un et l'autre de travailler dur et avec conviction. Mais disons-le tout simplement: ni l'un ni l'autre ne sont nés pour passer sa vie dans le désert, la jungle, le sommet des montagnes, sans autre compagnie que celle d'une chouette, oiseau de la sagesse.

Pour en revenir au début de ce chapitre, je ne prétends pas qu'ils doivent rester à la maison tous les soirs, mais que trop de sorties implique le risque d'entendre retentir les accords les moins harmonieux de la symphonie constituée par l'union de leurs Signes solaires. De quoi s'agit-il au juste? La jalousie de Madame et l'attrait que Monsieur exerce sur les femmes. Peut-être ai-je mis la charrue devant les bœufs une fois de plus. D'abord, l'attrait que Monsieur exerce sur les femmes. Ensuite la jalousie de Madame. Après tout, une fille du Lion n'est pas jalouse pour rien. Il faut qu'elle ait des motifs. Cet homme lui en fournira de nombreux.

Il y a quelque chose chez lui qui incline toutes les femmes à se sentir Cléopâtre en sa présence. Cette chose est bien difficile à définir, sauf par cette formule: *Quelque chose... de charismatique.* (Vénus, sa planète dominante, est vraisemblablement la coupable.) Le charme du Balance produit cet effet sur les sujets du genre féminin, même lorsqu'il dit seulement: «Passez-moi les cornichons, s'il vous plaît.» S'il adresse un sourire à fossettes par cornichon, celle qui les lui a passés palpitera d'intérêt; une scène de ce genre ne fait pas ronronner sa Lionne. Elle montrerait plutôt ses jolies petites griffes de chat bien polies et vernies.

Et ça y est! Une griffure! Et puis il y a aussi un autre problème: l'entourage d'admirateurs rassemblés autour de Madame lorsqu'ils sortent ensemble, scène qui rappelle Scarlett O'Hara au barbecue des Wilkes. Inutile de se leurrer: elle les encourage par ses gestes gracieux, ses regards fauves, où tous ces messieurs sont émerveillés de retrouver les rayons du soleil. Une fois de plus, la jalousie est un danger. Hélas! l'homme de la Balance n'est pas jaloux de ses succès; c'est son *manque* de jalousie qui exaspère la Lionne.

Vous voyez, la plupart des hommes de la Balance estiment que la jalousie est *malhonnête.* Ils considèrent toujours tout sous deux points de vue. Quel droit aurait-il de critiquer ces flirts innocents en nombreuse compagnie, quand toutes celles qui lui passent des cornichons se mettent à lisser leur plumage dès qu'il entre dans la pièce? Cette tolérance bien intentionnée ne plaira pas du tout à sa femme Lion, étant donné qu'elle est flattée par un brin de saine jalousie. Toutes les natives d'un Signe de Feu me comprendront. La jalousie signifie simplement pour une femme que l'on *tient* à elle. Supposons qu'il lui dise tranquillement: «Ne te gêne pas, ma chérie, danse donc avec cet intéressant champion de ski, je m'entretiens d'art grec avec cette ravissante dame sculpteur qui reproduit les corps humains en marbre; n'est-ce pas passionnant?» Une lueur de sauvagerie passera dans le regard de sa Lionne dont le sourire deviendra pareil au rictus du félin à l'affût lorsqu'il va bondir sur sa proie. S'il est assez sensible et sensé, et s'il tient à la conserver, il ne perdra pas un instant pour l'inviter à la prochaine danse en disant au besoin au champion de ski d'aller lacer ses bottes. Évidemment, il y a des moments où les plateaux du Balance sont un peu déséquilibrés et où il perd ses dispositions bienveillantes. Alors l'attitude de sa compagne l'agacera suffisamment pour qu'il assène un bon coup de poing sur le nez d'un de ses admirateurs..., mais ce sont là des incidents tout à fait exceptionnels, contraires à la règle générale.

Par bonheur, il possède le remède qui guérira n'importe quel ennui véniel provoqué par leur vie mondaine. Pacificateur-né, il applique ce talent inégalable aux querelles qu'il provoquerait lui-même avec sa compagne. Au lieu d'exiger une «explication», il trouvera quelque chose de touchant ou de sentimental à dire, il suggérera quelque chose de passionné ou de délicieusement fou, voire de merveilleux, à faire. Il le fera gracieusement, murmurera si mélodieusement que la Lionne vexée oubliera sa blessure et fondra… dans ses bras de nouveau. L'amour remportera une victoire de plus. Bravo! En réalité, nous aurions pu le prédire dès le début. Nous avons ici affaire à une association de Signes solaires qui offre quelques possibilités éparses de disputes, mais assure bien plus la réconciliation.

Quand on y prête attention, le comportement des célébrités confirme ce que l'on sait des Signes solaires. Prenons par exemple le cas de l'ancien président Jimmy Carter et de sa femme Rosalynn. Il est Balance, elle est Lion. D'une part, il réprouve l'adultère. Non, non, aucun bon mari ne peut se le permettre (et nous espérons aucune femme). À coup sûr, il aime sincèrement sa Lionne. Il lui est dévoué et éprouve encore pour elle un amour romanesque. D'autre part, il estime ne pas avoir le droit de juger ceux qui commettent le péché d'adultère parce que, dit-il (tous les natifs de son Signe s'efforçant toujours d'être parfaitement justes): «Mon cœur a connu la concupiscence pour d'autres femmes.»

De même que son mari est un représentant type de la Balance, Mme Carter est une Lionne type, indépendante, et que nous avons vue sourire sur des photos au premier congrès mondial féministe. Aussi fière que toutes les natives de son Signe, elle entend être connue comme autre chose que l'ombre de son mari. Lorsque la presse et tout le pays cancanaient au sujet de la «concupiscence» qui aurait régné dans le cœur du Président, elle resta majestueusement muette. Aucun membre de la presse n'osa demander à cette reine ce qu'elle pensait des «concupiscences» de son époux. Ni la Lionne Rosalynn Carter, ni la Lionne Jacqueline Kennedy Onassis ne prononceront jamais un mot à l'usage du public sur leurs sentiments intimes et leur vie privée. Ça ne se fait tout simplement pas chez les monarques. Le vulgaire peut cacarder autant qu'il lui plaît, mais les personnes convenables ne s'abaisseront pas à donner une ombre de valeur à des bruits saugrenus en les confirmant ou en les infirmant. Ce serait trop plébéien. Laissez chuchoter les gens de peu. La monarchie ne se mêle pas à d'aussi sordides histoires.

L'homme de la Balance n'a pas besoin d'être président des États-Unis pour se trouver en situation épineuse avec la native du Lion qu'il aime. Elle n'est sans doute pas obsédée par les scrupules qui le rendent indécis. Elle nourrit des opinions précises et les proclame sans difficulté. Son amoureux Balance risque de l'exaspérer quand il s'efforce de lui faire comprendre que personne n'a jamais tout à fait tort ni raison, après tout, et qu'en fin de compte une idée en vaut une autre parce que tous les hommes sont égaux. Comment? les gens de la plèbe seraient les égaux de ceux qui gouvernent et prennent soin d'eux? Égaux à leurs *maîtres?* Quelle sottise! On pourrait faire remarquer à cette Lionne qu'elle contredit du tout au tout son attitude en ce qui concerne la libération de la femme. Mieux vaut s'en abstenir pour avoir la paix.

L'homme de la Balance apportera vraisemblablement à sa femme du Lion quelques cadeaux occasionnels qui donneront à celle-ci l'impression d'être confortablement chérie et adorée, comme il sied. Cela compte pour la Lionne, qu'elle soit premier sujet dans un ballet d'opéra ou muletière sur les hauts plateaux des Andes péruviennes. Elle aime les cadeaux. Il est expert dans l'art de faire comprendre à cette femme qu'elle est son trésor (à moins qu'il ait son Ascendant ou sa Lune en Vierge ou Capricorne). Voilà pourquoi leur union physique peut aller de beaucoup mieux que satisfaisante à follement enivrant. Quand elle se sent totalement désirée et adorée, elle est capable de se laisser aller à des passions qui font penser au mot concupiscence et aux folies de la jungle. Quant à l'homme de la Balance, il aime les femmes qui aiment faire l'amour.

Cet homme régi par Vénus sait que le meilleur moyen de libérer les riches émotions d'une Lionne consiste à lui promettre au moins la Lune et les Étoiles. (Elle n'a pas besoin du Soleil parce qu'il lui appartient déjà par droit de naissance.) Elle abandonnera sa hauteur plus facilement avec cet homme qu'avec la plupart des autres. Par conséquent, leurs interactions leur apporteront finalement une intimité chaleureuse et merveilleuse. Leurs disputes, même, ajoutent du lustre à leurs pratiques amoureuses. Il sait s'excuser avec la charmante contrition d'un amant de rêve et elle sait pardonner avec toute la grâce bienveillante d'une souveraine dont l'amant a enfreint les règles de l'étiquette. Mais il doit se garder de laisser errer distraitement le fil de ses pensées au moment où il l'aime ou avoir le regard vague, comme cela arrive souvent aux natifs de Signes d'Air, au milieu de la passion, à un de ces moments capitaux où elle a besoin de savoir qu'elle seule existe pour lui. S'il commet ce crime, elle peut le congeler littéralement par la manière dont elle lui dira de coucher désormais avec ce qui lui donne des regards vagues, car elle entend désormais dormir seule. Elle ne jouera jamais de second rôle ni de second violon, ni de seconde flûte dans les rêveries de son partenaire. Surtout pas dans les rêves nocturnes, ni dans la carrière de Monsieur. Le Numéro Un, c'est elle. Messieurs les natifs de la Balance, n'oubliez pas ce paragraphe, cela pourrait vous porter malheur. Si elle voit une expression de distraction rêveuse passer sur les traits de ce natif d'un Signe d'Air, elle le fera aussitôt sursauter par cet ordre:

«Dis-moi immédiatement à quoi tu penses. (Vous avez entendu parler de la curiosité du chat? Eh bien! n'oubliez pas que la Lionne est une Grande Chatte.)
— Tu sais très bien à quoi je pensais, mon idole adorée.
— Non. Je ne le sais pas. Dis-le moi.
— Je pensais à un beau jour de printemps. Le matin en me levant je croyais que ce serait un jour comme tous les autres. Et puis je t'ai vue pour la première fois de ma vie et le ciel fut aussitôt plus brillant que je ne l'avais encore jamais vu auparavant.»

Madame la Lionne fronce les sourcils. «C'était en janvier. Nous ne nous sommes pas rencontrés au printemps. Il y avait même une tempête de neige. (Le voilà dans de beaux draps!)

— Le printemps pointait au-delà de l'horizon. Je le sentais. Et surtout, c'est toi qui as fait naître ce printemps dans mon cœur. Voilà pourquoi je me trompe. Parfois il me semble que tu pourrais faire fleurir des jacinthes dans la neige. Tu en fais pousser dans mon âme quand l'hiver y règne.» (Et voilà les fossettes qui apparaissent autour de son sourire.)

Elle sourit, elle soupire… elle s'étire langoureusement… en ronronnant comme un Chaton. Le charme de Vénus a triomphé une fois de plus. Mais qu'il soit prudent cet homme de la Balance. La Lionne est un fauve. Fauve superbe, généreux, passionné, mais fauve quand même.

Homme LION • BALANCE *Femme*

Elle énonce les compliments avec tant de grâce qu'on croit entendre une harpe l'accompagner en sourdine. Elle peut aussi être autoritaire, dominatrice d'une manière très gracieuse. Nappés de sucre ou non, l'autorité est l'autorité, l'esprit de domination est l'esprit de domination. Le Lion lapera les compliments avec le même plaisir que le chat lape la crème. Mais il secouera sa crinière et lui jettera un regard indigné si ses manigances vénusiennes manquent de subtilité. Traduisons: si elle cherche à diriger la vie de son partenaire, prétend qu'elle sait mieux que lui ce qui lui convient et s'efforce de lui faire comprendre les choses d'une manière logique et honnête… C'est-à-dire à sa façon.

Il se trouve que le Lion a aussi *sa* façon de voir et qu'il la préfère. Non seulement il la préfère, mais il n'en connaît pas d'autre. Comment pourrait-il y en avoir une autre? Bon, admettons que cela soit possible. Mais la sienne est la seule correcte et sensée. Le Lion s'efforcera d'enseigner cela à sa partenaire, d'abord tendrement… puis fermement. Elle feindra de s'instruire, mais, en dépit de ses airs de modestie docile, elle ne cédera jamais et ne conviendra pas qu'il sait tout, parce qu'elle est convaincue de tout savoir mieux que lui, au moins la *moitié* du temps. Elle est née sous un Signe cardinal d'Air: lui, sous un Signe fixe de Feu. Alors la question de savoir lequel des deux tiendra le volant dans le défilé provoquera constamment du tirage. Si c'est elle qui conduit, il boudera; le moins qu'elle puisse faire alors c'est de lui conseiller le rôle de tambour-major, étant donné qu'ainsi il sera maître du rythme de tout le cortège. S'il ne conserve pas au moins un semblant d'autorité, le Lion mâle se retirera dans un coin et refusera de marcher. Il n'acceptera même pas de tenir la bannière sur laquelle elle a si joliment écrit les mots: L'AMOUR SE NOURRIT DE COMPROMIS. Il ne marche pas dans des combines pareilles; il ne comprend pas la langue trop compliquée de la Balance.

La native de la Balance se présente habituellement comme une personne douce à la voix de chou à la crème, aux sourires étoilés; la pourpre dorée de l'automne teinte son nimbe. En la voyant, on pense aux matches de football, à des chandails de douce laine de cachemire, à des feux de camps, des promenades à travers bois quand les feuilles brunissent à l'été de la Saint-Martin… des couchers de soleil à la saison des brouillards. Observez-la, écoutez-la, il vous apparaîtra qu'elle est prête à «prendre les choses en main», il n'y a pas à s'y tromper. Le Lion ne s'en aperçoit peut-être pas. Ça peut lui échapper, *au début*. Il lui faudra même un certain temps pour s'en rendre compte. Il est si facilement frappé par la beauté. Et puis il y a aussi les accords de harpe qui résonnent quand elle sourit, et il n'entend pas quelques grincements à l'ar rière-plan. Les femmes distinguent plus facilement ce qui se dissimule sous les allures de fromage à la crème propres aux filles Balance. Elles sont plus sensibles à des choses de ce genre. La femme Bélier, par exemple, le perçoit immédiatement. À cela deux raisons: *a)* la fille Bélier est assez autoritaire elle-même, et elle sait de quoi il s'agit; *b)* les Signes solaires Balance et Bélier sont en opposition.

Nous sommes fortement attirés par les personnes du sexe opposé au nôtre, natives du Signe opposé au nôtre mais, quand il s'agit de personnes de notre propre sexe, natives du Signe opposé au nôtre, nous percevons plus facilement les nuances défavorables. Étudiez cela et réfléchissez-y. On y trouve en abondance des vérités reconnues depuis des siècles. Voilà pourquoi la native de la Balance dont nous parlons s'est imaginé autrefois, au cours de son existence il y a peut-être longtemps, qu'elle était amoureuse d'un Bélier et, en général (pas toujours mais la plupart du temps), elle garde ses distances avec les Chèvres, du Bélier pour *bien* des raisons. Voilà pourquoi aussi l'homme du Lion peut s'être cru amoureux au cours de son existence, et il y a peut-être longtemps d'une Porteuse d'Eau et garde en général ses distances avec les natives du Verseau pour *bien* des raisons. Oui mais, si notre propre *Lune* est en opposition avec notre Signe *solaire* dans notre propre horoscope de naissance, toutes ces règles d'«opposition» sont annulées. Ma foi non, peut-être pas tout à fait annulées mais modifiées. Certaines deviennent plus aiguës et d'autres atténuées ou supprimées. C'est variable. L'astrologie peut être singulièrement trompeuse si on lit les configurations astrales trop rapidement. Mais, si l'on prend son temps, on ne manque pas d'être récompensé par la sagesse et la perspicacité que l'on acquiert.

Vénus, planète dominante de la Balance, confère aux natives de ce Signe, leur charme, leurs fossettes, leur voix de miel, les rondeurs de leur silhouette, leur beauté d'ensemble et aussi leurs manières attrayantes. Mais elles sont nées sous un Signe masculin. Si éminemment féminines qu'elles soient, il y a donc chez elles quelque chose d'un tant soit peu viril. Leur symbole, la Balance, provoque chez elles traumatismes et tourments d'indécision. (Peut-être n'en sont-elles pas tourmentées elles-mêmes, mais cela traumatise leur entourage, surtout lorsqu'elles délibèrent sur le choix entre deux voies diamétralement opposées.)

C'est le Soleil, planète dominante du Lion, qui lui confère à la fois son orgueil et sa passion, de même que sa générosité, sa cordialité et sa bienveillance. Il n'est pas d'astre plus puissant dans le système qui s'appelle précisément système *solaire*. Le Soleil est un Signe masculin, et c'est ce qui donne au Lion son courage, de même que son machisme. Son symbole, le lion, lui donne sa sensualité, ses idées de supériorité et son insolence royale. Mais il en fait aussi un amant sensationnel. Vénus a la même influence sur la fille de la Balance. Ils sont donc extrêmement affectueux et manifestent sans réserve leurs sentiments l'un envers l'autre.

Dans la société émancipée d'aujourd'hui surtout, si Lion et Balance se marient, ils travailleront vraisemblablement tous les deux. (Même à l'époque victorienne, les natives de la Balance mariées réussissaient à trouver quelque chose à diriger hors de leur foyer, loin de leur mari et de leurs enfants.) Ils seront attirés par le droit, l'architecture, le théâtre, l'édition, le commerce. Dans leur profession, ils chercheront, l'un comme l'autre, l'indépendance ou quelque espèce d'autorité sur leur entourage. Mieux vaudra l'indépendance que l'autorité. Cette femme sera insatisfaite, et même malheureuse comme les pierres du chemin, si elle est condamnée à passer de trop nombreux mois comme dactylographe ou assistante dans n'importe quoi. Certes, elle fera de son mieux pour s'adapter joyeusement à cette situation temporaire, mais elle en souffrira profondément. Quant à lui, supposons qu'il soit guide à Disneyland; il en souffrira atrocement. *Créer* un Disneyland, voilà ce qui lui conviendrait, car la réalisation d'un tel projet constitue un de ces défis dont il est friand. Mais conduire des gens à travers le rêve d'un autre homme!... Le Lion, qui n'est son propre maître ni le maître de ceux qui travaillent autour de lui, compensera cette atteinte à son amour-propre en affirmant sa supériorité au foyer sur sa femme. Qui d'autre pourrait-il gouverner? Si elle analyse les raisons de son attitude, elles lui paraîtront moins insolentes. Lui permettre d'être le roi du jour de temps en temps, dans son antre, ne fera pas trop de mal. Mais elle doit surtout se garder de lui laisser soupçonner que sa douceur, sa bénignité, en de telles circonstances, ne sont qu'un médicament utilisé pour apaiser son sentiment d'importance douloureusement atteint.

Il n'y a guère à craindre de démêlés vraiment sérieux au sujet d'affaires financières entre ces deux personnes. Ensemble, elles donnent à peu près la même importance à l'argent l'une que l'autre. Il sert à acheter la beauté et le confort qui leur plaît et dont ils ont besoin. Peut-être sera-t-il un peu plus regardant qu'elle, mais moins au sujet de leur argent qu'à celui de sa partenaire elle-même. Quand on réfléchit sur le Lion, il faut connaître sur le bout du doigt les lois élémentaires de la jungle, surtout au sujet des achats. Voilà comment cela fonctionne. Si c'est *elle* qui a envie de quelque chose, c'est une extravagance inutile. («Même s'ils sont anciens, nous n'avons pas *besoin* de ces deux chandeliers de laiton, ma chère. En outre, ils sont beaucoup trop chers.»)

Si c'est quelque chose *qu'il* veut, quel qu'en soit le prix, c'est un achat «pratique» et qui, à longue échéance, finira par «permettre d'économiser». Ce peut être une lampe de poche à trois couleurs à s'accrocher à la cheville quand on pratique le jogging la nuit, une Rolls-Royce légèrement usagée, un projecteur de cinéma neuf, voire l'aménagement d'une pièce insonorisée qui servira de salle de projection. Vous comprenez? Une telle constance dans l'égoïsme pourrait indigner une autre femme jusqu'aux larmes. La native de la Balance éclatera peut-être lorsque ses plateaux seront déséquilibrés un quelconque jeudi, mais en général elle se contentera de sourire gaiement et de l'approuver pour avoir la paix. «Tu as absolument raison, mon chéri.» Plus tard, elle retournera toute seule au magasin d'antiquités pour acheter les chandeliers de laiton. D'abord, elle les cachera dans la buanderie. Puis, un soir d'enchantement, lorsqu'ils recevront des amis (de préférence des gens importants pour eux), un des invités remarquera comme ils brillent joliment à la lueur des chandelles. *Alors seulement* il les remarquera. Avec un sourire rayonnant, il dira: «Le goût exquis de ma femme est une des raisons pour lesquelles j'en suis tombé amoureux.» Un sourire au beurre sucré éclairera le visage de la fille de la Balance et des fossettes apparaîtront sur ses joues. Il soupirera de bonheur. Fin de séquence en fondu.

Ce qui précède n'est qu'un des nombreux exemples que je ne cesse de vous donner dans ce livre au sujet de la «main de fer dans un gant de velours» de la femme Balance. Hormis quelques escarmouches pour savoir qui mettra le premier le pied sur l'escalier roulant et de menues bricoles de ce genre-là, le Lion a tout lieu de se féliciter d'une compagne aussi intelligente et gracieuse, douée d'un tel talent pour maintenir l'harmonie entre eux. Tel est d'ailleurs l'attribut le plus intéressant de cette dame. Elle sait toujours comment dérider le front de son partenaire lorsqu'il est soucieux. Elle est aussi douée d'un sang-froid exceptionnel, sauf lorsque, bouleversée, elle devient tout à fait déraisonnable. Peu importe, d'ailleurs, elle est entièrement faite pour le mariage. Natifs et natives de la Balance ont tellement besoin de se marier que, parfois, ils se précipitent dans le conjungo avec un (ou une) partenaire qui ne leur convient pas. Mais, à force d'expérience, ils (ou elles) réussissent parfaitement.

Bien qu'elle soit quelque peu macha (comme certains hommes sont machos), la femme de la Balance a besoin de beaucoup de romanesque dans ses pratiques amoureuses, et le Lion lui en fournira… s'il plaît à Sa Majesté. Saint Valentin, patron des amoureux, devait être natif du Lion. Grâce à l'éternelle compatibilité cosmique du Soleil et de Vénus, la sensualité langoureuse du Lion coïncide avec le besoin de passion voluptueuse de la Balance. Il est impulsif, elle réagit d'autant mieux qu'elle devine intuitivement les impulsions du mâle et peut, par conséquent, anticiper sur ses désirs. Elle est aussi apte à les satisfaire. Quand deux personnes s'aiment, les caractéristiques qui provoquent des désordres dans d'autres domaines de leurs relations se manifestent également dans leur vie sexuelle, mais d'une manière plus discrète, et nous dirions même abstraite. Supposons qu'elle ait besoin de *lui* un soir où il est fatigué physiquement; *il* la trouvera trop exigeante et l'accusera de manquer de considération pour ses besoins de repos. Quand il a besoin *d'elle* un soir où elle est particulièrement épuisée, il estimera qu'une saine manifestation physique de leur amour leur fera du bien à tous les deux et qu'elle se sentira plus reposée le lendemain matin. À part ça, leur chimie sexuelle s'équilibre joliment, et leur union peut être une expérience moelleuse pour l'un comme pour l'autre.

Les hommes du Lion sont toujours plus fidèles, sincères et détendus après le mariage qu'avant. Il leur faut un château, quelqu'un à protéger et l'heureuse certitude que quelqu'un les attend chaque soir. Les filles de la Balance sont irrésistiblement attirées par l'engagement réciproque de l'union conjugale. Leur mariage est donc bon pour tous les deux. Il est même très bon. Leur vie ne sera pas morne, et c'est toujours un avantage. Leur amour restera sémillant. Il y a des moments où elle accepte toute sorte de choses et d'attitudes insensées avec un calme superbe. À d'autres moments, elle aura des crises de rage ou plongera dans des humeurs discutailleuses pour la moindre vétille. Son équilibre émotionnel sera alors bouleversé, peut-être parce qu'elle préférerait avoir les cheveux plus foncés (ou plus clairs), parce qu'il n'a pas réparé le pied démanché de la table à café, parce que la teinte du couvre-lit l'exaspère… ou encore parce que sa carafe de cristal taillé est fêlée. N'importe quelle petite chose sans grande importance peut canaliser son humeur maussade. Peu importe: il la consolera affectueusement. Ses regards, ses étreintes, ses baisers chaleureux ramèneront le sourire brillant de la belle, et ils redeviendront d'heureux nigauds comme auparavant. (Les nigauds sont toujours les plus heureux d'entre nous.)

Un homme et une femme amoureux l'un de l'autre tombent dans l'apathie au point de vue romanesque quand ils n'ont plus d'intérêt commun que le lien sexuel. Ces deux-là ne tomberont jamais dans une telle apathie. Ils auront toujours un sujet de conversation. Elle sera toujours reconnaissante pour la sagesse qu'il lui enseigne et le manifestera comme il sied d'une manière charmante. D'autre part, bien qu'elle passe toute son existence à éduquer son Lion, le plus beau de l'affaire c'est qu'il l'ignorera probablement. Il n'est pas bon que l'homme sache combien il a besoin d'apprendre de sa femme… particulièrement si cet homme est le roi.

LION
Feu - Fixe - Positif
Régi par le Soleil
Symboles: le Lion et
le Timide Minet
Forces diurnes - Masculin

SCORPION
Eau - Fixe - Négatif
Régi par Pluton
Symboles: le Scorpion et l'Aigle

Forces nocturnes - Féminin

Les relations

Commençons par une note positive. Une des choses que Scorpion et Lion partagent, c'est un honnête respect réciproque. Comme indiqué précédemment, tous les natifs des Signes de Feu (et le Lion ne fait pas exception à cette règle) comprennent d'instinct que leur brillant enthousiasme pourrait être submergé par les profondeurs aqueuses du Scorpion... exactement comme tous les natifs des Signes d'Eau, tel le Scorpion, devinent intuitivement que, s'ils laissent flamber, sans le contrôler, le Feu du Lion, ils frisent dangereusement la déshydratation de leur sensibilité, ce qui les fait presque disparaître... et le «presque» pourrait être de trop. Le Scorpion s'enfuira au ras du sol dans l'obscurité de la nuit plutôt que de risquer la déshydratation finale par la faute de son Lion, qu'il soit son compagnon, son parent ou son ami. Ces Scorpion se soucient beaucoup de leur personne qu'ils tiennent à protéger.

Leurs deux Signes solaires sont fixes et ils nourrissent donc le désir secret de dominer. En ce qui concerne le Scorpion, ce désir restera secret; avec le Lion, il est plus ou moins évident... sauf s'il s'agit d'un Lion qui réprime son ego léonin normal, attitude extrêmement malsaine. Pour quiconque observe ce couple en témoin, il semble que le Lion doive l'emporter finalement puisque Lion et Lionne manifestent d'une manière tellement évidente leur intention d'être maîtres dans toutes leurs relations. Mais tous ceux qui observent distraitement ainsi ne sont pas des astrologues. S'ils l'étaient, ils prendraient soin de ne pas sous-estimer la subtile tactique à longue échéance du Scorpion, l'avantage qu'il acquiert en taisant ses buts, l'efficacité des attaques par surprise au moment où le partenaire s'y attend le moins. Il faut donc calculer méticuleusement avant de prédire quoi que ce soit au sujet d'une association entre ces deux créatures astrologiques, qu'elle ait lieu au bureau, dans le cercle de famille ou sur la scène conjugale.

Le Scorpion est sensible et, lorsque l'orgueil du Lion est atteint, il le sentira d'instinct. Alors, il sera prodigieusement réconfortant et même protecteur... si la blessure vient d'une tierce personne. Mais, quand elle a été infligée par le Scorpion lui-même (ou elle-même), le Lion aura l'impression qu'Attila, roi des Huns, montrerait plus de compassion. Nul autre que vous n'en est responsable, mon cher Lion. Je n'ai cessé de vous répéter que le Scorpion ne prend jamais une vexation à la légère. Il passe toujours aux représailles avec sa queue venimeuse. Quand il est fâché, il l'est pour de bon et les cajoleries sont inutiles. S'éloigner jusqu'à ce que la colère s'apaise ne servira à rien non plus. Elle subsistera à votre retour. Étant donné que les Scorpion n'oublient rien, la seule manière sûre de vivre en paix avec eux et de ne pas être piqué consiste à n'exaspérer ces gens régis par Pluton ni trop ni trop souvent.

Malheureusement le Lion ne tient compte que rarement de tels conseils. Marcher prudemment sur la pointe des pieds autour des Scorpion lui paraît de la lâcheté. Le caractère fier et indomptable du Lion lui fait mépriser une telle prudence, aussi provoque-t-il souvent l'irruption du diable. Même en craignant que ce soit vain, je répète mon conseil: attention! le diable est dans le coup.

Si étrange que cela soit, les relations entre enfants et adultes, apparentés ou non, sont fréquemment très étroites et même touchantes. Il y a toujours quelque chose de merveilleusement paternel ou maternel dans l'attitude du plus âgé envers le plus jeune. Le constater en qualité de témoin est une joie; en faire personnellement l'expérience, un délice. Si le Lion est le plus jeune, peut-être n'a-t-il pas encore eu le temps d'acquérir tout son féroce orgueil et supporte-t-il donc aisément l'attitude protectrice du Scorpion, son aîné. Si l'Aigle est le plus jeune, peut-être son instinct de représailles plutonien ne s'est-il pas encore totalement développé; aussi accepte-t-il plus volontiers l'autorité outrancière du Lion. Mais, en vieillissant, ils ne conserveront leur harmonie qu'au prix de grands efforts. Je connais un gamin Scorpion qui conçut un profond attachement pour un homme Lion. Ce dernier se conduisait avec lui comme un grand frère. Il est vrai que le frère aîné de notre Scorpion, natif du Verseau, passait en ce temps-là par les orages de l'adolescence et ne se souciait donc pas de son cadet. Le jeune Aigle s'appelait Mike et le Lion adulte Bob. Quand un Scorpion trouve quelque chose ou quel-qu'un qui mérite respect, nul ne peut-être plus respectueux que lui, et notre jeune Mike trouva beaucoup à respecter en Bob. Ce Lion lui ensei-gna patiemment et affectueusement comment attraper les lézards avec une ficelle puis leur rendre la liberté près d'un bassin poissonneux, comment donner assez d'essor à un cerf-volant pour qu'il s'élève jusque dans les nuages comme… eh bien, comme un Aigle, parbleu! Il lui ra-conta des histoires, répondit à ses questions avec le plus grand sérieux. Mieux encore, il indiqua sévèrement à la mère du garçon que ce dernier n'était pas un esclave du seul fait qu'il était plus jeune qu'elle de quelques années et qu'il méritait d'être traité avec respect; qu'au lieu de lui donner durement des ordres elle pouvait gentiment lui demander de faire les commissions, par exemple. Tout cela, notre Lion le fit lente-ment mais sûrement, et tout ce qu'il enseigna à Mike pénétra dans le subsconcient plutonien de ce dernier. Puis un beau jour, où cette paire d'amis se trouvait au bord d'un rocher devant l'océan en Californie, une énorme lame de fond déferla sur eux et les trempa. Si le Lion n'avait re-tenu le jeune Scorpion, ce dernier aurait été emporté par le reflux. Or il ne savait pas nager. Cela scella leur amitié. Dès lors Mike fut convaincu que Bob lui avait sauvé la vie, et il se trouva prêt à l'adorer à jamais. (Les natifs du Lion supportent fort bien beaucoup d'admiration!)

Plus tard, le Lion fut obligé de s'en aller, sans y être pour rien. Son absence dura près de sept ans. Mike le Scorpion eut le temps de passer de l'enfance à l'adolescence et devint même presque un jeune homme. Il n'oublia jamais le Lion son ami et lui resta totalement fidèle. Ils n'eu-rent plus aucun contact et ne communiquèrent pas du tout. Cependant Mike n'écoutait jamais ce qu'on lui disait contre Bob. Il savait que son ami avait eu de bonnes raisons de partir et de rester éloigné. Il *savait* que son ami reviendrait. Et un jour… le Lion revint, en effet. Nous voyons que, bons psychologues, les Scorpion se trompent rarement lors-qu'ils jugent un de leurs prochains.

Je connais aussi une fillette Scorpion du Connecticut qui éprouve les mêmes sentiments envers son frère Lion (véritable frère selon l'état civil) et lui voue une adoration sans limite. Ce Gros Matou en est évidemment ravi et, lui aussi, adore sa petite sœur. Tout se passe d'ailleurs de la même façon quand le Lion est le plus jeune et le Scorpion le plus âgé. Les natifs de ces deux Signes solaires protègent d'instinct le plus faible. Entre le sujet du Soleil et celui de Pluton, les relations ne se conçoivent qu'en «tout ou rien». Ni l'Aigle, ni le Lion ni la Lionne ne peuvent s'intéresser distraitement à quelqu'un. Ils s'attacheront passionnément ou s'ignoreront. Pas de demi-mesures pour ces deux-là, quelle que soit la nature de leur association.

Dans les cas les moins heureux d'union Lion-Scorpion, l'attrait initial peut faiblir et disparaître beaucoup plus tôt qu'ils ne l'avaient prévu. Le désenchantement se manifeste rapidement si l'un d'eux a un Signe lunaire incompatible. Que le Scorpion prétende avoir «toujours raison» agacera le Lion et finira par l'exaspérer. Le Scorpion n'a pas besoin d'énoncer de telles idées de supériorité; un long regard froid suffit pour proclamer sa confiance en lui-même. Le ressentiment léonin peut alors paraître injuste; tout le monde sait, en effet, que le natif du Lion ne doute guère de sa propre infaillibilité. Lorsque personne n'est de son avis, il n'hésite jamais à dire que tout le monde a tort et que lui seul a raison. (Pourtant ni le Lion ni la Lionne ne sont jamais tout à fait aussi *certains* de leur supériorité que ne le sont les Scorpion mâles ou femelles.) Leurs attitudes sont tellement semblables qu'on les croirait enclins à tolérer réciproquement ces idées de supériorité. Or, il n'en va pas toujours ainsi. Dans les relations entre deux personnes humaines, une seule peut avoir *toujours* raison comme le croient toujours le Lion et le Scorpion.

Le fait qu'ils soient tous deux natifs de Signes fixes n'arrange pas les choses. En l'occurrence fixité est synonyme d'entêtement, peut-être un peu atténué, mais qui de toute façon rend difficile le retour en arrière, à partir du moment où l'on a pris une position définitive ou émis une opinion. Faites-en l'expérience avec un Lion ou un Scorpion quand vous aurez du temps à perdre. Vous ne tarderez pas à comprendre ce que signifie un Signe fixe en astrologie. (Lion, Scorpion, Taureau et Verseau sont tous quatre fixes.)

Le Scorpion pourra rester silencieux pendant que le Lion monologue, mais ne vous y trompez pas. Il n'acceptera les opinions de son partenaire que s'il est tout à fait convaincu de leur validité. Quand le Lion (ou la Lionne) cherche à imposer insolemment au Scorpion ou à la

Scorpionne des opinions qui ne conviennent pas à ces derniers, ceux-ci ont le choix entre deux réactions: ou bien ils déclarent immédiatement et catégoriquement qu'ils ne sont pas d'accord, ou bien ils trouvent un moyen subtil d'éluder la question. C'est de l'esquive, et à ce point de vue ils sont habiles. Le Lion accusera le Scorpion de ruser, glisser, ramper, au lieu d'obéir purement et simplement aux ordres de Sa Majesté. Quant à lui, le Lion ne ruse pas, n'élude rien; même le Scorpion sera obligé de l'admettre. Ce que ces rois et reines désirent et exigent, ils l'expriment clairement à leurs sujets. Non, disons-le, en vérité, les Lion ne sont jamais rusés... seulement un peu tyranniques. Ils ont aussi des caractères d'enfants gâtés, habitués à imposer leur volonté depuis le temps où ils n'étaient encore que de menus Lionceaux à la mamelle. Pourtant il y a tant de cordialité, de soleil chez eux, ils sont tellement généreux et amicaux, malgré leurs airs d'autorité, que même le Scorpion, normalement très intuitif, ne discernera pas immédiatement le danger de déshydratation... voire pire. De même, les Aigles sont doués d'un talent assez subtil pour sembler céder, alors qu'en général ils ne cèdent pas d'un centimètre; et le Lion mettra longtemps pour comprendre qu'avec un tel partenaire il risque d'aller à son Waterloo.

Blessé, un natif du Lion boudera ou rugira. Les quelques premiers rugissements qu'il entendra troubleront l'âme sensible de Scorpion et le feront battre en retraite, au moins apparemment. Mais, si bouderies et rugissements se répètent trop souvent et pour des riens, des attitudes aussi dramatiques ne susciteront plus qu'un long et froid regard plutonien. Être fixé de telle façon par un Scorpion est à peu près aussi désagréable que se surprendre sur le point de poser le pied sur un nœud de vipère. Notre Lion en sera si durement frappé qu'il doutera de sa supériorité.

Si ces deux personnes s'intéressent moins l'une à l'autre qu'à une tâche commune, surtout dans un but abstrait ne les concernant pas personnellement, elles peuvent constituer un tandem parfait, une menace formidable contre les étrangers qui cherchent à étouffer le Feu du Lion ou à susciter des vagues dans l'Eau du Scorpion.

Mais, si l'idéalisme et la générosité impulsive du Lion sont noyés trop souvent, ses superbes rêves peuvent fondre. Alors le Scorpion sera banni du Royaume... Ou bien le Lion s'en ira lui-même (ou elle-même) pour s'installer dans un autre château où il recevra les marques de respect dues à un monarque. Peut-être pourrait-il (ou elle) refréner ses attitudes autoritaires envers ce partenaire. Dans ce cas-là, les natifs (ou natives) d'aucun autre Signe solaire ne voueront jamais une fidélité et un dévouement aussi profonds au Lion ou à la Lionne que ceux du Scorpion. Encore faut-il qu'ils les méritent. Cependant, il vaut la peine d'avaler quelques blessures d'amour-propre de temps en temps pour être adoré avec une intensité dont seuls sont capables les sujets de Pluton.

Femme LION • SCORPION *Homme*

En cas de conflit sérieux entre eux, la nature intime du Scorpion, pareille à l'eau d'un profond lagon, l'emportera sûrement en éteignant la défense enflammée de la Lionne. Il est né sous un Signe d'Eau: le plus fort des quatre Éléments. Le Feu consume, et que reste-t-il à conquérir quand l'opposition a été dévorée par les flammes? Mais l'Eau s'écoule, goutte à goutte, imprègne tout, même des rochers, du granit, selon le programme qu'elle choisit. Jetez un rocher dans un torrent, l'Eau continuera à couler. Mais jetez une torche enflammée dans l'océan… combien de temps durera sa flamme?

La quantité d'Eau importe, bien sûr, quelques gouttes jetées sur un grand feu de bois disparaîtront en vapeur dans l'atmosphère. Mais les couples de cette nature sont généralement plus équilibrés et le lagon (Eau) l'emportera. L'âme du Scorpion est plus riche d'expériences que celle de la Lionne, car elle est en avance sur la roue de l'horoscope. Il est utile de savoir cela dès le début. Étant donné que le Scorpion est en avance sur elle au point de vue astral, dans le cas de leurs relations, il est destiné à enseigner à sa partenaire quelque chose qu'elle a besoin d'apprendre, que cela lui plaise ou non…, et je vous assure qu'en dépit de sa nature de fauve elle sera élève docile. La même chose est vraie en cas d'interversion des sexes, c'est-à-dire si le Lion est l'homme et le Scorpion, la femme. Le Lion ne saurait résister aux ordres du destin, aussi est-il plus sage de se détendre et de les accepter.

Extérieurement, la fille Lion peut être cordiale, généreuse, sociable et amicale. Mais cela ne signifie pas qu'elle se réjouira lorsqu'elle se verra disséquée comme un papillon sous le regard invraisemblable, profond et soutenu du Scorpion qui s'efforce de sonder jusqu'en leurs extrêmes profondeurs son esprit, son cœur, son âme, sans parler de son corps. Et pensons à autre chose. Si le regard de l'Aigle cherche à pénétrer trop tôt son intimité, bien qu'elle se sente attirée magnétiquement vers lui, elle n'hésitera pas à transformer son Élément Eau en glace, en le congelant d'un air de dignité royale outragée. La Lionne a horreur de la familiarité des gens qu'elle ne connaît pas. Alors, cher Scorpion, attendez de mieux la connaître avant de chercher à la plonger dans une transe plutonienne par la seule puissance de vos yeux. On ne regarde pas une reine ainsi. Elle serait capable de vous bannir d'un simple geste méprisant de la main.

Leur premier affrontement pourrait avoir lieu au sujet de l'argent, bien qu'elle puisse se montrer étonnamment sensée quant à la manière et le lieu où elle le distribue et ne dépasse la mesure que rarement au cours d'extravagances somptueuses. De son côté, il peut manifester une générosité touchante, mais il acceptera mal qu'elle cherche à gouverner ses propres dépenses. Cela ne l'empêchera pas de régenter sans scrupule celles de sa partenaire. Voilà une contradiction dénotant plus qu'un peu d'égoïsme. Malheureusement, ils font preuve de ce travers à tour de rôle. Exceptionnelles sont les Lionne qui admettraient de telles prétentions sans que rugisse de temps à autre leur féminité outragée. Un budget commun provoque donc presque toujours des désordres entre eux. Elle dépensera inconsidérément, puis deviendra tapageuse ou ouvertement hostile lorsqu'il se plaindra parce qu'il ne reste plus d'argent pour finir le mois. Il n'acceptera cette situation que pendant un temps extrêmement limité. Ensuite il se réfugiera dans un silence menaçant et lui adressera des regards de pierre. Voilà une atmosphère dans laquelle l'amour ne saurait s'épanouir.

L'harmonie peut s'établir entre eux s'ils décident d'avoir des comptes en banque séparés, sans que l'un interroge l'autre ni lui demande de justifier quoi que ce soit, même si celui de Madame n'est alimenté que par le don d'une partie des revenus de Monsieur. Ce sera d'ailleurs rarement nécessaire étant donné que la Lionne type aura déjà épargné quelque argent lorsqu'elle rencontrera son Aigle et tombera amoureuse de lui. (Quatre-vingt-quinze pour cent des natives du Lion exercent une profession.) Elle se plongera peut-être dans les travaux domestiques pendant un certain temps quand elle sera totalement satisfaite par l'homme qu'elle adore. Mais cela ne durera guère. Elle ne tardera pas à éprouver un besoin urgent de répandre ses rayons solaires et aspirera à quelque intérêt hors du foyer, ce qui accroîtra son sentiment d'importance.

La Lionne n'est vraiment heureuse de tenir sa maison que si c'est la Maison-Blanche, un château bâti au sommet d'une colline battue par le vent ou bien quelque vaste empire... par exemple celui d'un magnat grec de la navigation. Considérez à ce point de vue Jacqueline Kennedy Onassis, née Bouvier. Lorsqu'elle devint veuve pour la seconde fois, Jackie n'avait pas besoin de travailler pour assurer sa sécurité financière. Mais son sang astrologique exigeait qu'elle prouve au monde entier sa valeur en tant qu'être humain, même lorsqu'elle n'eut plus de ménage à présider, sinon à tenir. Aussi trotta-t-elle élégamment vers un bureau, une table de travail et une carrière littéraire... dont nous entendrons encore parler.

L'ajustement sexuel entre une Lionne et un Aigle peut se révéler délicat. Au début, les pratiques amoureuses intenses et quelque peu mystiques de Monsieur combleront de délices les aspirations romanesques de Madame... mais, le temps passant, elle aura besoin de déclarations d'amour plus précises, plus riches et dénotant plus d'imagination ainsi que de démonstrations palpables de dévotion. Quant à lui, l'étrange mélange de hauteur et de Feu l'excitera irrésistiblement, et le défi constant de conquête qu'elle représente ne le lassera que rarement. Mais de trop fréquentes rebuffades par la dignité glacée de Madame le dépouilleront du magnétisme animal qui la fit chavirer à l'origine. Peut-être ira-t-il même jusqu'à la punir en s'endormant alors qu'elle gît à côté de lui en proie à une sensation de solitude et de vide. Refuser ainsi la satisfaction sexuelle en guise de vengeance est un exemple typique des représailles du Scorpion lorsqu'il a été blessé. Il se peut d'ailleurs qu'il ne s'agisse pas là d'une stratégie délibérée, mais que la vexation l'atteigne dans sa virilité.

Si cet homme et cette femme s'efforcent sincèrement de surmonter les obstacles de leur Signes solaires en quadrature, ils peuvent créer une union magnifique. Bien des choses s'y opposent dès le début; pourtant leur libre arbitre et leur volonté les favorisent. Représentez-vous un lac calme et limpide, au clair de lune, et un millier de flammes brillantes qui dérivent à sa surface, lançant des étincelles multicolores vers le ciel velouté de minuit. Comment ces flammes subsistent-elles sur l'eau sans s'éteindre? Parce qu'elles sont allumées au sommet de bûches qui flottent et les soutiennent. Pour le Lion, Signe de Feu, et le Scorpion, Signe d'Eau, ces bûches flottantes peuvent symboliser leur but commun.

À partir du moment où l'Aigle et sa Lionne ont trouvé le but commun (ou la carrière) qui convient à leur rêve à tous les deux et quand ils y travaillent ensemble, ils peuvent réaliser une magie d'alchimie combinant passion et puissance, capable de transformer le malheur en miracle. La patience du Scorpion et la puissance de la Lionne. Ou bien la patience de la Lionne et la puissance du Scorpion. Peu importe car chacun possède les deux.

Les crève-cœur viendront lorsqu'il embarquera sans elle vers quelque aventure excitante et qu'elle restera seule devant la table de repassage... ou bien à l'inverse quand, obéissant à une impulsion, elle ira danser au soleil du mois d'août en le laissant célébrer seul l'Action de Grâces. Une profonde insécurité gît, tapie derrière la personnalité courageuse et brillante de cette femme. Elle peut devenir aussi hargneuse et turbulente qu'une lionne enfermée dans la cage d'un jardin zoologique si son partenaire lui dénie le droit d'être un individu. Quant à lui, le Scorpion a tellement besoin de la splendeur léonine pour éclairer sa vie que cela peut éveiller en lui des bouffées d'esprit possessif et de jalousie plutoniens. Il doit pourtant réaliser qu'il faut absolument à cette femme se prélasser de temps en temps sous les projecteurs de l'admiration... ou bien dépérir littéralement. Si les adorateurs sont des hommes, cela ne signifie pas qu'elle se dévergonde, mais seulement qu'elle exerce son droit royal d'être adulée. Possessif, l'Aigle ne supporte pas que d'autres hommes courtisent sa femme, et pourtant il doit s'y attendre s'il la laisse seule. La Lionne ne sera jamais heureuse assise auprès du feu, à tricoter des chaussettes pour son compagnon, à fourbir les passions de Monsieur la nuit, à talquer son complexe de puissance chaque matin avant qu'il parte à la nage vers le monde brumeux, là-bas, qui l'attire. Ainsi, faute de collaborer, le sentier de ces deux amoureux sera parfois cahoteux. Mais savez-vous ce qu'on fait des nids-de-poule et des pavés qui encombrent le chemin? On comble les trous et on enlève les pierres. Ça suffit.

Si elle apprécie la sécurité émotionnelle et le dévouement exceptionnel qu'il lui offre et s'il estime à sa juste valeur l'esprit cordial, généreux, ensoleillé de sa partenaire, ils pourront transmuer la quadrature astrologique de tensions et de conflits entre leurs Soleils de naissance en un carré d'une énergie tout aussi puissante, mais afin de créer des liens d'une solidité stupéfiante. Car l'amour, comme un navire, est toujours plus sûr lorsqu'il a prouvé ses qualités marines.

En dépit de ses allures de flirteuse dans sa jeunesse, la Lionne sera fidèle à son compagnon, lorsqu'elle aura été domptée... à condition que la main du dompteur soit douce et pas trop stricte. Ceux qui ignorent l'astrologie prennent le Scorpion pour un obsédé sexuel. En réalité, du plus profond de son être, il est attiré par le mystère qu'il cherche à élucider. Puis il s'élève vers la pureté d'une expérience spirituelle. Si cet homme et cette femme consentent à se regarder au fond des yeux, pour voir directement leur véritable nature, toute jalousie et rivalité deviendront inutiles entre eux.

Bien des couples natifs d'autres Signes solaires s'efforcent en vain de cimenter leurs relations en procréant des enfants. Or la destinée a mystérieusement décrété qu'avec une Lionne et un Scorpion, si besoin est et si le désir est assez intense... *un enfant les conduira vers l'unicité.*

Homme LION • SCORPION *Femme*

Elle ment comme le font parfois les Scorpion dans un effort désespéré pour cacher leurs sentiments les plus intimes. Elle manquerait d'expérience? Allons donc, d'innombrables incarnations lui ont donné l'expérience de la sagesse plutonienne. Alors, ne tenez pas compte de ce qu'elle dit pour se minimiser.

Qu'est-ce qui attire la fille Scorpion vers le Lion? Son ego? Non. L'ego n'est peut-être pas le mot qui convient. Il s'agit plutôt de sa confiance en lui-même qu'il manifeste avec tant d'aisance et de désinvolture. Voilà le charisme qui enchante sa partenaire à première vue. Elle aussi, d'ailleurs, a confiance en elle-même (en réalité, elle en a des tonnes de plus que lui, de cette assurance). Mais elle est incapable de l'exhiber avec la même «confiance» que lui. C'est assez emberlificoté, je m'en rends compte, mais lisez et relisez, vous finirez par comprendre. De tout cela, il résulte en fin de compte que le Scorpion femelle trouve bien des choses à admirer chez le Lion et même à respecter. Contrairement à elle, il a trouvé le moyen de faire entendre au monde entier combien il est sûr de lui… même s'il ne l'est pas tellement au fond de son cœur. Il semble, quant à elle, que sa confiance dans ses propres connaissances intrinsèques, dont elle est *toujours* sûre, doive rester enfermée en elle-même à jamais. Peut-être en a-t-il la clé et, dans ce cas… quelle joyeuse liberté il pourrait lui conférer!

Il est attiré vers elle pour des raisons presque identiques, elle n'a pas conscience de l'impression qu'elle donne, ni de sa prestance, ni de la sagesse intérieure que projette son regard d'une profondeur vertigineuse. La plupart de ceux qui reçoivent ce regard se crispent et détournent la tête pour l'éviter; ils ne savent pas au juste ce qu'ils veulent esquiver, mais ils tiennent à lui échapper. Tous les autres, oui, mais pas le Lion vaillant, résolu, vigoureux. Au contraire, le regard de la Scorpionne le fascine. Parfois, il lui donne l'impression de plonger dans des eaux fraîches et paisibles, parfois il sent qu'il est en train d'apprendre des secrets mystiques par l'effet d'un transfert tacite de connaissances. À d'autres moments, il se croit dangereusement près d'être emporté par la tornade des vagues déferlantes qui apparaîtraient derrière le regard de la Scorpionne. Mais le Lion n'en concevra pas de terreur comme s'il avait affaire à un croquemitaine. Au contraire, il trouve cela stimulant.

Elle envie l'aptitude de cet homme à répandre autour de lui une si belle chaleur de cordialité. Native d'un Signe d'Eau, même si elle le regrette, la chaleur qu'elle éprouve auprès de lui se traduit dans sa physionomie par un certain détachement et des airs de froideur, même envers ceux qu'elle aime le plus. Mais le Lion mâle est régi par le Soleil enflammé, même au cours de ses fureurs et de ses bouderies. Quiconque se trouve à proximité d'un Lion sent les rayons du Soleil lui pénétrer tout le corps, comme s'il se prélassait, quand il est heureux, devant l'âtre couvert de braises ardentes. Il en éprouve le même enthousiasme effaré que s'il assistait à l'incendie d'une énorme forêt. Hélas! elle ne sait pas déverser ses propres émotions, beaucoup plus profondément ressenties, avec une désinvolture aussi somptueuse. Elle s'efforce d'exprimer ses sentiments plus ouvertement, mais en vain, jusqu'au moment où apparaît cet homme sémillant, capable de manifester sa fierté et ses idées préconçues avec si peu d'effort et tant d'aisance. Même sa démarche dénote une certaine grâce comme celle des Gros Chats parcourant la jungle avec une dignité royale sur laquelle on ne se trompe pas. Alors, comment ne tomberait-elle pas passionnément amoureuse de lui? Elle l'adore, ne nous en étonnons pas. Ne nous étonnons pas non plus en voyant le Lion mâle attiré par la fille Scorpion. Rien ne le réjouit plus en ce monde que d'être adoré, sinon vénéré. Et puis le serpent se glisse subrepticement dans la verdure de leur frais jardin d'Éden; ils en sont l'un comme l'autre surpris, vexés et déçus. Que s'est-il donc passé? Tant de choses sont encore en ordre… Qu'est-ce donc qui a mal tourné?

Il n'est pas difficile de se rendre compte des données du problème. Naguère, je rendis visite à deux bons amis, propriétaires d'un restaurant à Cripple Creek, dans le Colorado. Lui, Carroll, est un Lion; elle, Barbara, est une Scorpionne. Rien que pour m'amuser, mais en appliquant une certaine méthode à ma folie, je leur proposai de jouer à un jeu de télégramme astrologique. (Je pris une feuille de papier et dévissai le capuchon de mon stylo.) Je m'adressai d'abord à Barbara. «Peux-tu résumer en un seul mot tout ce que tu reproches à Carroll ou ce qui t'agace le plus en lui, et qui provoque le plus de tension dans tes relations avec lui… en un seul mot.» Elle réfléchit un instant puis jeta en direction de son partenaire un regard froid et dur de Scorpion. Puis elle proclama à haute et intelligible voix: «Insolence.» (Ils avaient des difficultés vénielles depuis quelques jours, comme il s'en produit de temps en temps dans tous les couples.) Craignant de me trouver englobée dans un conflit Feu-Eau, j'évitai le regard du Lion et lui posai la même question aussi joyeusement que je pus: «Comment pourriez-vous résumer en un seul mot ce qui vous déplaît dans les habitudes et le caractère de Barbara?» Alors, sans un instant d'hésitation, il fronça les sourcils et bougonna: «Silence.» Je m'exclamai aussitôt: «Parfait! Voilà qui est parfaitement parfait!» Tous deux me regardèrent intrigués, et je me hâtai d'expliquer: «Vos réponses en un seul mot donnent un parfait exemple de ce qui peut nuire à l'harmonie entre un Lion et une Scorpionne, disons plus exactement entre tous les natifs de Leo et tous ceux de Scorpio.» Puis je posai à Carroll le Lion ma seconde question: «Et maintenant, pouvez-vous résumer les qualités de Barbara qui vous attirent le plus, qui provoquent votre admiration et votre amour… en un seul mot?»

La colère qu'il réprimait à peine, mais qui lui faisait trembler les mains, fondit immédiatement comme la glace à midi un jour ensoleillé, il la considéra avec une tendresse sincère en répondant quelque chose de plutôt merveilleux.

«Un seul mot…, dit-il, alors ce mot sera… dévouement.» Il marqua un temps d'arrêt puis, en proie à une bouffée impulsive de sentimentalisme, il reprit: «Le mois dernier, quand j'étais à l'hôpital et que je souffrais affreusement de ma jambe cassée, allongé dans mon lit, plâtré des orteils à la fesse, abruti par les calmants, chaque fois que j'ouvrais les yeux, elle était là. Elle attendait patiemment pour le cas où j'aurais eu besoin de quoi que ce fût. Le chemin est long de Cripple Creek à l'hôpital Saint-Francis de Colorado Springs, et elle avait tant à faire avec le restaurant, les enfants (ils ont quatre garçons) et la maison et tout. Je me demande comment elle trouvait le temps et le courage de veiller ainsi sur moi. Elle était toujours là. Elle est toujours là… quand j'ai besoin d'elle.» Il rougit en se rendant compte du caractère passionné de cette déclaration devant moi et il finit en haletant quelque peu: «Je crois qu'elle… eh bien! c'est ce que j'ai dit… je ne trouve pas d'autre mot que *dévouement.*»

Pendant qu'il parlait ainsi, des larmes apparurent aux yeux de la dame Scorpion et elle eut du mal à avaler sa salive. La tension qui frémissait auparavant s'était évanouie par miracle, et ils échangèrent un coup d'œil fugace mais lourd de signification. Des larmes brillèrent aussi aux yeux du Lion. Bien qu'il me déplût d'interrompre ce précieux moment de communication entre eux, je repris le jeu en demandant à Barbara: «Et toi? quel mot choisirais-tu pour décrire les qualités positives de Carroll, celles qui te font l'aimer?»

Elle se tut pendant une bonne minute. Puis une autre minute s'écoula. Quelques minutes plus tard, elle n'avait encore rien dit. Enfin, gênée et visiblement mal à l'aise, faute de pouvoir exprimer ce qu'elle pensait, elle murmura assez humblement en s'adressant à nous deux: «Excusez-moi. Il y a certaines choses… mais je… je n'arrive pas à les préciser… je ne sais pas.» Quelques minutes de silence encore qui parurent sans doute durer une éternité à son Lion Carroll. Enfin, ne manquant jamais de mots en vertu des qualités propres à son Signe solaire, il rompit le silence par une réponse typiquement léonine: «Allons, Barbara, ne sois pas aussi timide. Pourquoi n'admets-tu pas tout simplement le mot *aimable*?» Sa femme continua à se taire. «C'est bien le mot que tu cherches, n'est-ce pas? reprit-il, *aimable*? ou bien *parfait*?»

Nous éclatâmes d'un rire assez contraint. Précisons que Carroll et moi rîmes. Barbara esquissa une faible tentative de sourire, puis s'excusa et alla à la cuisine chercher du café. Alors, même le Lion resta silencieux. J'estimai qu'il valait mieux me taire moi aussi. Le malaise devenait gigantesque dans la pièce. Enfin Barbara jaillit de la cuisine inopinément, une serviette à thé dans la main et un sourire au visage.

«Je viens de trouver le mot, annonça-t-elle, visiblement soulagée. C'est la *confiance*. Oui, la confiance qu'il m'inspire. Je peux toujours compter sur lui pour tenir parole, tant que c'est possible. Il ne laisse jamais tomber personne, ni moi ni qui que ce soit. Quand il a promis quelque chose, je sais qu'il fera l'impossible pour tenir parole. Personne ne m'a jamais inspiré autant de confiance que lui. Expliquer ça en un mot n'est guère possible. Disons seulement qu'il est *digne de confiance*.»

Quelle cataracte de paroles prononcées par une femme qui quelques minutes auparavant paraissait frappée d'hébétude! Être enfin parvenue à exprimer ses sentiments la faisait rayonner de bonheur.

Bien qu'un peu intimidé, le Lion sourit d'une oreille à l'autre, comme ces animaux superbes le font quand ils sont heureux, et il dit avec humour: «Tu ne veux vraiment pas ajouter les mots *aimable* et *parfait* à *digne de confiance*?» On aurait cru un chat qui se roule sur le dos, les pattes en l'air, en proie à l'extase dans un carré de valériane. Sa compagne lui avait enfin servi une portion de l'aliment dont il était souvent privé: un gros compliment sincère, de taille royale. Pendant la demi-heure qui suivit, tant d'affection flottait autour d'eux que je m'excusai et les quittai, les laissant seuls avec la nouvelle entente qui s'était établie entre eux. Une fois de plus, j'avais vérifié les miracles que peut réaliser l'astrologie utilisée comme elle doit l'être.

En effet, les silences d'une femme Scorpion peuvent frustrer et irriter un homme Lion. Plus sociable, il exprime mieux ses désirs et ses mécontentements; il a de même besoin d'exprimer son bonheur et son chagrin. Il ne vient jamais à l'esprit de ce Lion, régi par le Soleil, que son épouse, régie par Pluton, est condamnée au silence par sa tyrannie et ses airs de supériorité. Il ne voit pas non plus qu'il est affligé de la tare qu'il reproche à sa compagne. Avec lui, les silences s'appellent *bouderies*.

L'arrogance insupportable du Lion blesse et irrite la femme Scorpion qui réalise rarement ce qui pourrait y mettre un terme: simplement se donner le mal de lui offrir un compliment sincère (les Scorpion n'en font jamais d'autres que sincères) au milieu d'une de ses admonestations tatillonnes... et alors il ronronnera de plaisir, et oubliera même ce qui l'a fait rugir. Pour cela, il faut un peu d'introspection. Or le Scorpion en est beaucoup plus capable que le Lion, mais ce dernier pardonne beaucoup plus facilement que le Scorpion. Les choses s'équilibrent donc assez joliment... ou le pourraient, s'ils s'en donnaient la peine.

Les relations sexuelles entre un Lion et une Scorpionne peuvent avoir un caractère quelque peu intermittent et souffler tour à tour le chaud et le froid. La vigueur cordiale de Monsieur paraît érotique à Madame, d'une manière intime et affectueuse. L'intensité de la passion secrète et silencieuse de Madame fait à Monsieur l'effet d'un défi sensuel à sa nature intuitivement romanesque. Les aspirations qu'ils ressentirent lorsqu'ils firent connaissance et s'aimèrent subsisteront s'ils font preuve de considération réciproque: un peu plus d'expression verbale chez elle, un peu plus de sensibilité pour elle chez lui. Mais la puissante chimie initiale qui les précipita l'un vers l'autre peut s'amenuiser pour ne devenir que l'affection bénigne entre deux personnes qui s'ennuient. Alors, la véritable union ne se produit que de moins en moins fréquemment si Madame se tait trop et Monsieur est trop insolent. Cet affadissement pourra aller jusqu'à la frigidité chez elle et l'impuissance chez lui. Elle sait déjà ce que tous les hommes du Lion ont besoin d'apprendre: que l'union sexuelle satisfaisante ne dépend pas essentiellement des besoins fugaces du corps, mais doit commencer dans l'esprit et le cœur, puis mûrir graduellement pour devenir une sorte de besoin physique d'où viennent la paix et le contentement émotionnels.

Une des choses qui amènent ces deux partenaires à la froideur sexuelle, c'est l'intense ressentiment qu'elle éprouve pour l'entourage de femelles admiratrices qui souvent suivent le mâle Lion comme une meute de chiots malades d'amour... et le refus de Monsieur de les évincer par des rebuffades glaciales. Il s'en garde bien parce qu'il en *raffole*. Peut-on imaginer une chose pareille? Eh bien! oui, imaginez-le. Le Lion a besoin de se rouler dans la valériane de l'adoration de temps en temps, mais cela le conduit rarement à l'infidélité... et même *jamais* si sa partenaire fait face à cette menace par la plus puissante des armes:

la force admirable de l'AMOUR. L'homme du Lion, assez stimulé et adoré chez lui, dans son antre, n'errera pas loin de la jungle dont il est l'orgueil et qu'il partage avec sa partenaire. Voilà ce qui fait la différence entre sa *femme* et les *filles*. De celles-là, on ne peut que rire. C'est d'ailleurs ce qu'il fait intérieurement, si vous voulez savoir la vérité. Le plus profond des instincts du Lion, c'est sa loyauté. Cet élément de sa nature foncière ne change pas, sauf s'il est victime d'un excès de jalousie déraisonnable. Par déduction logique, elle pourra croire que, si l'entourage féminin de son Lion l'admire et le désire, il doit également admirer et désirer ces femmes. Mais la *déduction logique* se révèle parfois la plus trompeuse cousine du mensonge. Par indignation et rancune, justifiées ou non, notre femme Scorpion pourrait vraisemblablement se lancer elle-même dans un acte d'infidélité. Dans ce cas-là, il lui faut prévoir une réaction violente de son partenaire, car le Lion ne sera jamais capable de pardonner une infidélité physique, quoi qu'il ait fait ou pas fait pour la mériter.

Serait-il aussi égoïste que cela? Eh bien! oui, tels sont les natifs du Lion. À quelques très rares exceptions près, si un Lion découvre que sa compagne l'a trahi avec un autre homme, ce sera la fin. D'autre part, notre Lion doit savoir ceci: il faut beaucoup abuser de l'arrogance dont il ne se rend pas compte, de l'insensibilité envers les besoins les plus profonds de sa compagne pour la précipiter dans les bras d'un autre. Si jamais cela arrivait, il devrait se demander à lui-même de quoi elle avait si intensément besoin qu'il lui a refusé, peut-être sans s'en rendre compte. Ce pourrait avoir été un enfant… une carrière… ou bien rien qu'un peu de compassion, de compréhension amicale envers ses sentiments… un peu plus de tendresse de temps en temps.

Quand la tranchée de l'orgueil et de la bouderie devient trop large, ni l'un ni l'autre n'ont plus envie de sauter par-dessus; c'est presque toujours elle qui se voit obligée de faire le premier pas. Quels que soient ses regrets et son désir de réconciliation, il est toujours pénible au Lion de s'humilier en présentant des excuses. Il craint que s'abaisser ainsi lui fasse perdre la direction de son foyer, de sa femme et… pis encore, que cela lui fasse perdre les idées qu'il se fait lui-même sur sa supériorité. Alors, acharné à protéger son identité en qualité de maître de leurs relations, il fera retomber la responsabilité de leurs différends sur les épaules de sa partenaire qui ne le mérite pas, tout en espérant qu'elle acceptera cette injustice afin qu'il puisse lui pardonner majestueusement et que tout ainsi restera ensoleillé et chaleureux entre eux. Hélas! bien des natifs du Lion ne connaissent aucune autre voie conduisant au renouvellement de l'harmonie. Il sera moins difficile à la Scorpionne de prendre l'initiative d'une réconciliation si elle se rappelle ce qui est chanté à Anna dans *Le Roi et Moi* par l'épouse Numéro Un du monarque pour lui faire comprendre le caractère de ce dernier.

> *Il ne dira pas toujours... ce qu'on voudrait entendre, mais parfois*
> *il dira... quelque chose de merveilleux!*

> *Ce qu'il fait inconsidérément vous blessera et vous inquiétera*
> *Et puis, inopinément, il fera... quelque chose de merveilleux!*

> *Il nourrit mille rêves qui ne se réaliseront pas,*
> *Vous savez qu'il y croit et ça vous suffit.*

> *Vous persévérerez... et le défendrez quand il a tort,*
> *et quand il sera fort vous lui direz... qu'il est*
> *MERVEILLEUX*

> *Il lui faudra toujours votre amour, il aura donc votre amour.*
> *Un homme qui a besoin de votre amour... peut être merveilleux.*

Eh oui! il y aura toujours ces moments ensoleillés où il dira ou fera... quelque chose de merveilleux... pour faire oublier son insolence et son manque de considération. Quant à vous, Votre Altesse Lion, vous pourriez vous efforcer d'apprendre par cœur quelques vers d'une autre chanson:

> *Elle pourrait se lasser... Les femmes se lassent*
> *de porter la même robe minable...*
> *quand elle est lasse, donnez-lui un peu de tendresse.*

Peut-être attend-elle, espère-t-elle seulement
Les choses qu'elle ne possédera peut-être jamais
Quand elle attend ainsi, donnez-lui un peu de tendresse.

Cette femme n'est pas banale mais tout à fait extraordinaire; ses sentiments viennent du plus profond d'elle-même. Pour un Lion, n'importe quel degré d'affection vaut mieux que silence et solitude, pourtant la femme Scorpion préférerait rester seule plutôt que de n'avoir en partage que la moitié du cœur de celui qu'elle aime. Voilà où réside le vaste océan de différences entre les partenaires dont les Signes solaires sont en quadrature, un océan qui ne peut être franchi que par le pont de l'amour.

LION
Feu - Fixe - Positif
Régi par le Soleil
Symboles: le Lion et
le Timide Minet
Forces diurnes - Masculin

SAGITTAIRE
Feu - Mutable - Positif
Régi par Jupiter
Symboles: l'Archer et
le Centaure
Forces diurnes - Masculin

Les relations

Lion est un Signe fixe; Sagittaire, un Signe mutable. Étant donné que ni l'un ni l'autre n'est né sous un Signe cardinal de commandement, vous pensez sans doute qu'ils réaliseront tôt ou tard que ni l'un ni l'autre ne l'emportera définitivement dans leur jeu de rivalité destiné à déterminer lequel des deux ouvrira la marche et lequel suivra. Vous comptez aussi qu'ils abandonneront un conflit aussi vain et fastidieux pour consacrer leur temps à faire côte à côte des choses autrement plus joyeuses.

Vos suppositions sont fort raisonnables mais, s'il y a de nombreux Lion, Lionne et Archers, hommes et femmes, qui adoptent une attitude aussi raisonnable quant à leur association, il y en a aussi bon nombre d'autres qui s'acharnent à concentrer toutes leurs énergies flamboyantes (ils sont tous deux Signes de Feu) à cette rivalité pour savoir lequel acceptera (ou n'acceptera pas) les ordres de l'autre. Pourtant, même avec ceux de ce genre-là, le défi réciproque qu'ils se lancent constamment de l'un à l'autre inclinera vers une contestation amicale et bon enfant, une sympathie naturelle et une harmonie facilement atteinte (pas toujours mais la plupart du temps), de telle sorte que les étincelles de leurs affrontements provoqueront plus de détente rafraîchissante que de ressentiment hargneux. Puisque la compétition leur plaît tellement, pourquoi les empêcher de prendre ce plaisir? Autant leur accorder notre propre permission et celle de l'astrologie parce que, de toute façon, ces deux-là feront exactement ce qu'il leur plaît à courte ou longue échéance. De caractère très indépendant l'un et l'autre, ils préfèrent s'instruire par l'expérience de leurs propres erreurs, plutôt que de suivre les conseils des bien-intentionnés.

Quand les natifs de ces deux Signes masculins nouent leur caractère, que ce soit de leur propre gré (dans des relations d'amitié ou d'amour) ou en vertu des desseins de la destinée (comme parents, dans le cercle de famille ou comme associés en affaires rapprochés par leur profession), les témoins qui les observent s'amuseront presque autant que les deux protagonistes eux-mêmes. Le Lion est né pour commander, admonester, guider et conseiller. Il est né libre! Le Sagittaire est né pour se rebeller contre les ordres, refuser admonestations, conseils, orientations et, lui aussi, est né libre! Selon toute évidence, si agréable que soit leur association la plupart du temps, il faudra qu'à un certain moment l'un des deux cède. Ce ne sera pas le Lion. Ce ne sera pas non plus l'Archer. Si leurs Luminaires présentent un aspect favorable dans la comparaison de leurs thèmes de naissance, le mélange de leurs nimbes ultra-brillants créera souvent une sorte d'arc-en-ciel presque visible autour de ces deux personnes et illuminera leurs rencontres des douces teintes de mansuétude et de gaieté. Le Sagittaire est régi par Jupiter qui l'a frappé au coin de sa générosité sans réserve et de son idéalisme. Le Lion est gouverné et marqué par la cordialité bienveillante du Soleil lui-même. Ils disposent donc en grande abondance d'enthousiasme contagieux et d'affection sincère qu'ils pourront échanger heureusement s'ils décident de se précipiter avec une puissance de fusée à réaction dans des projets apparemment irréalisables ou si chacun cherche à satisfaire les ambitions de l'autre, voire celles communes aux deux. Outre leurs querelles tempétueuses, provoquées par leur tempérament également enflammé, Lion et Sagittaire peuvent échanger beaucoup de bonheur et en répandre autour d'eux. De leur association jaillit une activité palpitante et un flux d'énergie avec une importante somme de bonne volonté.

Le dragon le plus féroce des disputes qui menacent la tranquillité de leur sympathique combinaison porte un nom qui s'écrit en lettre de feu: ORGUEIL. Le Sagittaire type ignore d'ordinaire le sens de ce mot. Les Archers en effet peuvent se montrer turbulents et querelleurs, refuser de se laisser malmener par les fiers-à-bras mais le souci de la vérité oblige à dire qu'ils ne sont pas affligés de sot orgueil. Ils riront volontiers joyeusement des plaisanteries qu'on fait sur eux-mêmes et c'est souvent eux qui les racontent! Grâce à la conception philosophique de la vie propre à Jupiter, ces Centaures ne voient aucune raison de se sentir coupables ou gênés, simplement parce qu'ils se trouvent affligés de quelques défauts. Après tout, qui n'en a pas?

Les natifs du Lion, évidemment! n'en ont aucun. Demandez-leur. Pas de défaut. Pas la moindre faille. Ni Lion, ni Lionne ne peuvent se tromper ni faire quoi que ce soit de répréhensible ni de fâcheux. Tout ce qu'ils disent et font est bien. Toujours. La royauté est infaillible, à l'abri de l'erreur. Le jugement des natifs du Lion est à tout moment sain, sensé et sage. Il est aussi pratique, tout aussi naturellement supérieur au jugement de tous les autres. Tout le monde sait ça. Tout le monde sauf le Sagittaire. Cet Archer prendra souvent un malin plaisir à appliquer de puissants crochets du droit verbaux au coussin velouté de l'orgueil léonin. Plus l'orgueil du natif du Lion est atteint, plus le Lion ou la Lionne rugit puissamment. Comme toujours, le Feu attise le Feu, le tempérament expansif de Jupiter s'enflammera à l'insolence des rugissements et la situation peut devenir explosive.

Les possibilités de compatibilités harmonieuses entre ces deux personnes offrent la promesse de riches récompenses. N'est-il pas fâcheux que l'Archer les gaspille faute de réaliser cette évidence: lorsque trop d'épines se sont plantées dans la patte du Lion, il peut décider de s'éloigner pour toujours, blessé et outragé dans sa dignité.

Un parfait exemple de ce qui arrive quand on dédaigne l'orgueil solaire tatillon des sujets de cet astre m'est fourni par un incident dont trois personnes de ma connaissance furent les protagonistes; en l'occurrence, une grosse blague apparemment inoffensive rata son but et revint, comme un boomerang, frapper le joyeux Centaure qui l'avait perpétrée. Marié, arrivé à sa troisième année de droit, le Lion en question entretenait une liaison platonique avec une fille Archer étudiante à l'École des beaux-arts. Leurs deux facultés appartenaient à la même université. Rien de romanesque entre eux, rien qu'une amitié d'étudiants, pourrait-on dire. Or, il se trouve que Leo venait de se quereller avec sa femme, et que, d'un commun accord, quoique en colère, ils avaient décidé de mettre leur union à l'épreuve en se séparant momentanément. On conçoit que ce Lion fût esseulé, triste et morose et qu'il trouvât du réconfort dans l'optimisme bouillonnant de la fille Archer. (Il n'est rien de plus affligeant à voir qu'un Lion affectueux séparé de sa partenaire, qu'il erre dans la jungle de la nature ou dans celle des amphithéâtres.)

Un beau samedi après-midi, le Lion décida de s'imbiber de soleil sur la plage (passe-temps favori des natifs de ce Signe) avec sa jeune Sagittaire qui le suivit joyeusement pour lui tenir compagnie. Ils y étaient arrivés depuis à peu près une heure quand la jeune Archer remarqua que l'épouse de son bel ami prenait un bain de soleil à proximité. Le Lion ne s'était pas rendu compte de cette présence (son épouse était une Lionne, il est temps de le préciser). Sans l'intention de provoquer un scandale mais mue seulement par l'esprit jupitérien de la blague, la Sagittaire demanda à son ami de la porter sur ses épaules jusqu'à l'eau afin de s'amuser à recevoir les vagues déferlantes. Sans y réfléchir, il s'accroupit et lui permit de sauter à califourchon sur ses épaules, vêtue de son bikini à ceinture aussi mince qu'une ficelle et de lui entourer le cou de ses cuisses. Tout à coup, la moitié cheval de ce Centaure femelle eut une inspiration douteuse vraiment équestre. Elle se mit à lui taper le haut des bras comme un jockey fouette son cheval pour le faire galoper plus vite. Elle savait alors que l'épouse du Lion les observait. La vue de ce noble animal jouant à la bourrique pour amuser une gamine hilare qui le frappait et trottant plus vite pour lui obéir offrait, comme vous pouvez l'imaginer, un tableau sans dignité. Mais les natifs du Lion sont de braves gens cordiaux et il acceptait ce traitement plutôt que de passer pour grincheux. (Les dieux furent assez miséricordieux pour lui éviter de tomber à plat avec son fardeau, ce qui aurait ajouté au grotesque de la scène.) Plus tard, quand il comprit que cette espièglerie, mise en scène par la Sagittaire, avait été observée par la femme qu'il aimait et l'avait profondément vexée... eh bien! disons seulement que cette farce suffit à interdire toute possibilité d'amitié prolongée entre ce Lion et la jeune Archer.

Par bonheur, ce trot ridicule et humiliant n'empêcha pas une réconciliation entre le mari et la femme, mais il lui fallut faire amende honorable pendant un temps qui lui parut une éternité et fournir des explications désagréables, ce qui ajouta à sa blessure d'amour-propre. Le Lion tolère mal d'être placé sur la sellette pour expliquer son comportement à qui que ce soit, même à son épouse. Les excuses lui sont douloureuses, comme à la Lionne. Surtout quand le méfait qui leur est reproché résultait d'une «farce inoffensive» d'un tiers et qu'il est obligé d'en endosser la responsabilité.

Si le Sagittaire, homme ou femme, prend soin de ne pas franchir la ligne de sécurité avec un ami, parent, associé en affaires, amant ou conjoint régis par le Soleil, la tendance jupitérienne à offrir un miroir au Lion pour lui montrer à l'occasion ses défauts et ses erreurs (oui, même les natifs du Lion peuvent en avoir et en commettre, en dépit de toute leur supériorité), c'est excellent pour la santé de son (ou sa) partenaire. Cela amènera petit à petit le Lion ou la Lionne à se débarrasser quelque peu de ses allures majestueuses et à évaluer leurs propres qualités avec plus de réalisme. Encore faut-il que l'Archer fasse preuve d'un minimum de tact (ce qui exigera un rien de pratique). En dépit des apparences, la franchise sans ambages du Sagittaire est une bénédiction pour le Lion. Quand ils sont délivrés de leur orgueilleuse raideur et consentent à se mêler plus gracieusement aux moindres animaux du zoo astrologique, ces Gros Chats deviennent plus tolérants et plus agréables pour leur entourage.

Les Archers ne sont évidemment pas responsables de *toutes* les erreurs qui se commettent dans cette association. Les Lion en commettent aussi quelques-unes, notamment dans leur manière de traiter le joyeux mais aussi très volontaire Sagittaire. Il y a, par exemple, ces longues admonestations léonines prononcées avec un air d'assurance ridicule. À force de se répéter, ces énumérations de conseils et de reproches rendront l'Archer turbulent et, au bout d'un certain temps, paf! l'Archer lâchera une de ses flèches bien ajustées en plein dans l'ego vulnérable du pédant Minet.

«Si tu es tellement malin, comment se fait-il que tu aies failli rater ton examen de fin d'études secondaires? Tu as eu ton diplôme parce que ton père connaissait bien le proviseur!» ou bien: «Je ne sais peut-être pas tenir mes comptes sur les talons de mon chéquier mais, moi, je n'ai pas fait faillite à trois reprises comme toi!» et aussi peut-être: «Comment? Je te mets dans l'embarras parce que je parle trop devant tes amis? Et toi, tu crois que ça m'amuse de t'entendre répéter toujours les mêmes anecdotes saugrenues qui finissent par ennuyer tout le monde et puis tes vantardises, parlons-en un peu! Et puis ta manière ridicule et tapageuse de t'habiller. Tu as l'air d'un paon qui fait la roue au milieu de la basse-cour. Tu devrais aussi cesser d'absorber tant de nourriture trop riche. Il commence à te pousser un joyeux petit bidon. Si tu ne peux pas t'empêcher de bâfrer, tu pourrais au moins faire quelques kilomètres de marche à pied par jour ou bien jouer parfois au tennis avec moi. À ton âge, il est grand temps de ne pas laisser tes muscles se ramollir!»

Il ne faudra pas longtemps au Lion pour apprendre à y aller mollo, à ne pas chercher à briser la personnalité de son (ou sa) partenaire et à lui reconnaître le droit de s'expliquer librement, sans être constamment accablé de reproches et de conseils. Lion et Lionne apprennent vite que le Sagittaire s'y connaît pour les dompter verbalement. Signe fixe, le Lion est plus obstiné que le Sagittaire. Quand leurs prises de bec auront provoqué de la mélancolie chez l'un ou l'autre, ce sera presque toujours le Centaure qui prendra l'initiative de réparer les failles temporaires dans leurs relations. S'il ne le fait pas, la froideur pourra tellement s'aggraver qu'il faudrait du temps pour fondre la glace. Quand ils sont blessés, les Lion inclinent à se figer dans une dignité glaciale. Nous avons affaire ici à deux Signes de Feu, les cœurs gelés finiront par se réchauffer d'autant plus que ce sont de grands cœurs soumis au rayonnement du Soleil et de Jupiter.

Quand les cicatrices s'effaceront, le Sagittaire acquerra le chic pour diriger ses flèches jupitériennes vers des buts plus positifs. Il donnera au Lion ce que ce dernier attend le plus: des marques d'appréciation sincère et de respect. Cependant, Lion et Lionne comprendront lentement mais sûrement que, si les Archers, égarés par leurs impulsions, s'embrouillent dans des tonnes d'ennuis, faute de suivre les bons conseils, ils ont aussi une chance invraisemblable qui leur permet de se débrouiller de manière inattendue, de se tirer des plus mauvais pas et d'arriver à une fin heureuse de toutes leurs embrouilles... à condition qu'on leur donne ce que *eux aussi* demandent le plus: la confiance.

Loin de les refuser, les Sagittaire désirent secrètement recevoir des conseils bienveillants et pratiques de leur partenaire à condition qu'ils ne soient pas proférés avec une autorité outrancière. Ils ont aussi besoin du solide filet de protection que le Lion étend au-dessus du sol pour les rattraper quand ils dégringolent de leur trapèze volant. D'autre part, les nobles rois et reines de la jungle et d'ailleurs se passionnent en secret pour les cabrioles cocasses et maladroites des Centaures dont ils admirent l'honnêteté foncière. Ils réagissent chaleureusement à la foi inébranlable de Jupiter. Quand ces deux Signes solaires courageux et généreux lient leur idéal par une chaîne de collaboration puis la soudent par un respect réciproque acquis à force de patience, sans empiéter sur leur indépendance respective… il ne pleuvra jamais sur la parade de leur cirque.

Femme LION • SAGITTAIRE *Homme*

Eh bien! maintenant, mon cher Archer, prête-moi l'oreille. Je vais te donner quelques bons conseils d'astrologie que tu ne sollicites pas et accueilleras probablement mal. Rengaine tes flèches taquines, tracassières, exaspérantes dans ton carquois (et si tu n'as pas de carquois, mets-les n'importe où). Cesse d'espérer que tu conquerras l'amour de cette femme en te livrant à des tentatives futiles pour susciter sa jalousie.

Éveiller délibérément la fureur d'une Lionne n'est que pure folie. Quant à la rendre jalouse, tu ne pourrais trouver un plus mauvais moyen de chauffer son cœur et d'arriver à tes fins. Tes farces charmantes bien que grotesques ne te conduiront pas loin non plus avec elle. La taquiner comme si elle était ta petite sœur et toi son incorrigible mais aimable grand frère protecteur ne te servira à rien non plus. Elle sait que tu es incorrigible. Elle sait aussi que tu es aimable et c'est précisément ce qui l'exaspère. Elle n'a d'ailleurs ni besoin ni envie d'être protégée. La Majesté n'a que faire de protection. Elle la *donne.* Elle n'est pas ta petite sœur et tu n'es pas son frère aîné. Vos relations ne sont pas fraternelles et tu t'en rends parfaitement compte. Alors cesse de jouer l'innocent. Peut-être es-tu d'une naïveté incroyable (et c'est une des choses qui te rendent tellement aimable) mais tu as aussi acquis sagesse et philosophie au prix de mille atteintes à ton innocence qui s'est teintée de scepticisme sans que ta naïveté soit ternie. C'est cette dualité de ta nature (tu es né sous un Signe solaire double, tu le sais, mi-cheval, mi-humain) qui attirèrent la Lionne vers ton sourire gamin, tes cabrioles de clown et ton air de vieux sage, enveloppés tous ensemble dans une boule d'indépendance et de générosité. Une personnalité aussi complexe la fascina littéralement.

Étudie ton astrologie ou, pour le moins, va à la bibliothèque et renseigne-toi sur les habitudes félines des Gros Chats, fiertés de la jungle, si tu veux apprendre à faire ronronner cette dame pour toi. Continue à mettre les pieds dans le plat, tourmente-la pour la faire enrager et, au lieu de ronronner, elle te montrera peut-être que ses griffes de Minette Timide peuvent te faire des égratignures émotionnelles qui lacéreront ton ego beaucoup plus douloureusement que tu ne le supposes. Tu es fort au jeu de devinettes, bravo! mais ne surestime pas ce talent. Tant que tu n'en as pas fait l'expérience, tu ne peux deviner ce que peut être la fureur d'une Lionne outragée dans son amour-propre. Si ça t'arrive, crois-moi, tu regretteras de l'avoir provoquée. Si tu l'aimes vraiment, bien sûr. Et tu l'aimes. (Peut-être peux-tu l'égarer, mais tu ne trompes pas une astrologue.)

Tous les Archers et toutes les Lionne ne bénéficient pas des Soleils en trigone de Lion et Sagittaire, évidemment (j'expliquerai pourquoi au début de la partie suivante de ce chapitre, je ne m'étends donc pas sur cette question dès maintenant). Mais ces malheureux ne sont que minorité et vous deux, vous en bénéficiez à coup sûr, sinon tu ne lirais pas ce chapitre en ce moment. Tu serais n'importe où avec ton arc jupitérien, lâchant tes flèches d'enthousiasme dans toutes les directions à la fois, répandant tes idées originales, aussi brillantes que la poudre d'étoiles, sur tous les empaillés et les bouffis du monde dont tu fais le tour (réellement ou dans ta propre tête) en quête d'un homme ou d'une femme honnête, comme Diogène, mais sans lanterne, quelqu'un qui ne soit pas hypocrite mais qui ne soit pas non plus un enfant. Voilà pourquoi tu es si bon pour les enfants et pourquoi ils t'aiment tant en retour. Tu respectes leur honnêteté, leur intégrité, leur naïveté et leur bonne foi comparables aux tiennes. Tu les comprends, ils te comprennent.

Pourtant, si ravissants que soient les enfants, avec leurs rires aussi clairs que le chant de l'alouette et les rubans de magie qui brillent dans leurs yeux, vient un temps où tu voudrais partager tes idées avec quelqu'un de ta propre taille, que tu respecterais et admirerais en adulte, qui communiquerait avec toi et qu'intrigueraient toutes sortes de choses dont les enfants n'ont pas encore commencé à se soucier (si seulement ils pouvaient rester dans cet état béni) mais qui te tracassent constamment. Tu as besoin d'échanger tes idées avec un (ou une) égale, à la fidélité duquel (ou de laquelle) tu puisses te fier et avec qui tu pourrais jouer à quelques jeux plus savants que ceux que tu pratiques avec les enfants. Eh bien! maintenant tu as enfin trouvé quelqu'un qui correspond délicieusement à tous tes besoins. Elle est noble et loyale, peut-être pas tout à fait aussi totalement franche que toi, mais certainement pas trompeuse. Elle aussi, elle aime jouer. Elle joue fort bien. Qu'il s'agisse de tennis, d'échecs mentaux, de Monopoly, de bridge ou de ballon, elle est capable de gagner et c'est ce qui en fait une partenaire excitante. Ces contestations t'amusent toujours beaucoup plus avec un adversaire qui t'oblige à peiner plus pour l'emporter. Enfin, tu as trouvé quelqu'un qui te vaut. Celle-là peut même te rattraper à la course si, malgré sa paresse langoureuse, il lui en vient l'idée. Alors… maintenant que tu l'as, que vas-tu faire de cette merveille? Oui, bien sûr, parfois elle se conduit plutôt comme un furoncle sur ta moitié chevaline qu'à la manière d'une merveille. Mais elle est *très,* très exceptionnelle: la féminité en plein épanouissement!

D'abord et avant tout, cesse de la traiter comme une petite sœur et cesse toutes les sottises pour lesquelles l'astrologie vient de t'envoyer (figurativement) un bon uppercut zen à la mâchoire. Quand il est d'humeur à protéger ses sujets, les Sagittaire, Jupiter leur donne une chance extraordinaire. Toi, la plus grande chance de ta vie, c'est d'avoir rendu ta fière Lionne amoureuse de toi; cette chance vaut un véritable arc-en-ciel de bonheur. Or, tu sais ce qui arrive aux joueurs à Las Vegas. Ils gagnent… puis ils perdent jusqu'à leur dernier sou en jouant contre eux-mêmes. Maintenant que tu as gagné une fille Lion, ne parie pas contre ton amour en cherchant à savoir jusqu'où tu peux aller trop loin avec elle. N'abuse pas de ta chance. Prends garde car elle vaut mieux que toutes les filles, toutes les femmes auxquelles tu peux penser. Écoute-moi bien, elle est très largement digne de toi. Elle serait même digne de Superman.

La native du Lion est aussi svelte et gracieuse que n'importe quel pur-sang qui ait jamais gagné le derby du Kentucky. Aimant à jouer, aimant à rire, cordiale et ensoleillée, elle est aussi généreuse, sage et sensée. Son amour-propre est très pointilleux, comportant une bonne part de vanité, mais une part seulement. Malheureusement elle se montre assez tatillonne, insolente et exigeante. S'il faut dire le mot exact, mon cher Sagittaire, elle est *gâtée*. Toutes les majestés le sont. N'oublie pas que les Lion de la jungle n'ont pas d'autre reine qu'elle et que son pouvoir s'étend sur tous ceux que couvre son regard. (Il en va ainsi au moins dans son esprit extrêmement égocentrique.) Tu as donc grand intérêt à te le rappeler quand elle daigne porter son regard sur toi en se demandant si tu es digne de devenir son prince consort.

La Lionne a peut-être besoin aussi d'une admonestation astrologique respectueuse. Elle incline à trop attendre de l'homme qui l'aime et, peut-être sans s'en rendre compte, lui lance-t-elle des défis royaux qu'aucun simple mortel ne pourrait relever. Le Sagittaire est courageux; sans doute est-ce le Signe solaire le moins accessible à la peur, y compris le Lion qui enveloppe sa crainte dans le velours et l'hermine pour qu'elle ne se voie pas. Notre Archer fera donc de son mieux pour apporter à sa Lionne rubis et émeraudes, authentiques ou de pacotille, ainsi que beaucoup de joyaux précieux, tels que sa rutilante sincérité. Il vaincra des armées de difficultés pour elle, il réussira l'exploration de nouveaux mondes et de nouvelles idées, remportera des prix, prouvera sa fidélité et son intelligence, son zèle de croisé, sa foi de chevalier en quête du Graal comme le roi Arthur et le chevalier Lancelot en personne. Mais il est une chose qu'il ne lui donnera jamais, c'est une adoration servile. Cet homme est tout simplement incapable de se prosterner aux pieds de qui que ce soit dans une attitude traditionnelle de révérence et d'admiration effarée (ni à la cour, ni au Vatican, ni n'importe où ailleurs, y compris le salon, la cuisine et encore moins la chambre à coucher). Il ne regardera pas sa partenaire de haut, mais pas non plus du ras du sol. Il ne la traitera ni comme une inférieure, ni comme une supérieure mais avec le même dévouement affectueux, la même cordialité, les mêmes fidélité et tendresse passionnées qu'il manifeste à son chien ou son cheval. (Que la dame Lion ne plisse pas le nez; cet homme adore les animaux avec plus de ferveur et d'émotion sincères que des quantités de gens n'en éprouvent pour leurs semblables.)

Elle recevra tous ces joyaux inestimables de son bouffon de cour, aux yeux clignotants, de son soldat de fortune… mais l'adoration, dans son sens exact, pourrait être absente. Ne prêtez pas trop d'attention au fait que le Sagittaire est un signe mutable (la plupart des natifs de ces Signes sont dociles et humbles) parce que sa *mutabilité* se trouve considérablement tempérée, voire même modifiée par son Élément Feu et du fait qu'il est né sous un Signe solaire masculin, gouverné aussi par une planète masculine: Jupiter. *Tempérée* est certainement le mot qui convient. Cela m'incite à rappeler à notre Lionne que l'Archer est extrêmement soupe au lait et qu'à la manière jupitérienne, il fait tout en grand. Mais ses colères, comme celles de sa partenaire, bien qu'elles éclatent vite, le cèdent très rapidement au regret sincère d'avoir prononcé des mots dépassant sa pensée et (comme elle) il ne garde presque jamais rancune. Le Centaure est toujours assez magnanime pour pardonner et même oublier si l'autre fait la moitié du chemin. La Lionne est remarquablement plus lente en fait de pardon et d'oubli d'une injure parce qu'elle est née sous un Signe fixe. Mais s'il parvient à la convaincre de ses regrets, elle se dégèlera et lui accordera volontiers une autre chance, avec la grâce et la bienveillance introduites dans son caractère par sa planète dominante: le Soleil.

Si ces deux personnes n'avaient à se soucier que de leur attraction physique, il n'y aurait pas le moindre nuage dans leur ciel. Se fondre dans l'unicité avec une profondeur de passion venant des souvenirs que le cœur garde de rêves lointains, voilà un don superbe et glorieux que leur font le grand Jupiter et le puissant Soleil. Ils ne l'accordent pas à tous les natifs du Lion et du Sagittaire mais seulement aux Lionne et Archer sincèrement amoureux. La faim de leurs corps s'exprime tour à tour dans une joyeuse ambiance sensuelle, fraîche, douce et gentille comme des gouttes de pluie frôlées par une tiède brise estivale, puis farouche, sauvage, comme s'ils étaient tous les deux perdus dans une des forêts du premier âge de notre monde. Leur intimité peut aussi être calme, paisible. La seule mise en garde que puisse leur adresser l'astrologie l'est à l'usage du Sagittaire qui, comme il en a malheureusement l'habitude, pourrait dire quelque chose d'un petit peu trop franc au plus mauvais moment (l'Archer n'a guère le sens de l'opportunité). Il pourrait la blesser beaucoup plus qu'il ne le conçoit. Alors cette reine se retirerait quelque part seule (comme la lionne de la jungle) dans un silence glacial et hautain pour laisser à ses plaies le temps de se fermer petit à petit; pendant cette retraite, elle incline à être gravement et tristement frigide.

Cet homme est un pitre; cette femme, une superbe Lionne. Ensemble ils donnent la même impression amusante, excitante et colorée qu'une parade de cirque. Voyez-les: lui, sourires de clown, brouette à roue excentrée, gesticulations et propos acrobatiques; elle, fauve ravissant, aux mouvements d'une grâce lente et sensuelle, aux yeux chaleureux, brillants d'intelligence. Ils suggèrent à chaque spectateur l'impression de revivre les grands spectacles qui les ont fait frémir et leur ont coupé le souffle lorsqu'ils étaient enfants. Ajoutez à cette scène imaginaire quelques ballons rouges, un air d'harmonica; Sagittaire jouera le rôle de l'intrépide sur le trapèze volant; il aura troqué son habit de clown contre un collant écarlate (le Sagittaire est un Signe double) et vous verrez que leurs relations deviennent souvent *Le plus grand spectacle de la Terre*. (Aussi bien Lion que Sagittaire sont à coup sûr des Signes du spectacle.) Elle a le théâtre dans le sang et lui, la sciure des arènes de cirque. Ils ne s'ennuieront pas au cours de leurs tournées; ils s'arrêteront dans toutes les petites agglomérations en rêvant de succès faramineux qui leur feraient traverser les océans.

Madame Lionne ne doit jamais oublier la tristesse poignante et les torrents de larmes dissimulés par l'énorme sourire peint sur le visage de tous les clowns depuis Paillasse. Elle doit aussi comprendre que, s'il se voit grand explorateur, courageux dompteur de lions, chevalier à l'armure d'argent, sur son blanc destrier, soldat de fortune impavide et désintéressé… il n'est autre que Don Quichotte. En fin de compte, il avait besoin de la femme qu'il aime: elle lui rappelle qu'il possède vraiment assez de courage pour matérialiser son rêve impossible, même s'il perd momentanément la partie.

L'Archer aussi doit se rappeler que, à partir du moment où sa Lionne et lui se sont aimés sans réserve, en se donnant totalement l'un à l'autre, peu importera s'ils se querellent et s'il emballe à la hâte son arc et son carquois de flèches pour errer de par le vaste monde en la laissant derrière lui. Aussi loin qu'il aille il pleurera quand il comprendra que ses remarques inconsidérées ont provoqué tant de peine chez sa fière et sensible dame Lionne. Elle lui manquera affreusement. Il se rappellera son caractère cordial et ensoleillé, son étrange mélange de passion frémissante et de calme, de sang-froid. Il se rappellera d'autres choses aussi… ces souvenirs hanteront son esprit parce qu'elle lui enverra un message silencieux et pourtant éloquent par la corde d'or vibrante qui unit tous les amoureux sincères, même lorsqu'ils sont à des kilomètres l'un de l'autre. Les chuchotements de la mémoire palpiteront chez lui, la nuit, dans un rêve profond dont la fragrance lui rappellera les cheveux, les yeux de celle qu'il a quittée. Alors il bondira hors

de son lit étranger et froid pour aller à la fenêtre et regarder le noir velouté de la nuit où scintilleront les étoiles pareilles à d'infimes diamants… Il y restera jusqu'au lever du jour. Le Soleil aussi tenaillera ses
souvenirs… il reverra le sourire qui plissait lentement les oreilles de sa
Lionne au réveil. Il comprendra alors qu'il est temps de retourner auprès d'elle. Il n'est rien sur Terre qui lui permettrait de résister à la vérité des paroles astrales qu'elle a prononcées.

> *ferme tes oreilles au son de ma voix*
> *et malgré le tonnerre de mille canons*
> *tu l'entendras t'appeler par ton nom.*

> *clos tes paupières à la lumière de mes yeux*
> *et à travers la noirceur de la nuit éternelle*
> *tu la sentiras te percer jusqu'à l'âme*
> *isole ton corps de mes mains*
> *et à travers des montagnes de glace*
> *il tremblera au contact de mes doigts*
> *écarte ta joue de mon haleine*
> *et à travers des montagnes de rocher*
> *tu la sentiras chaude contre tes lèvres…*
> *humide comme l'herbe de la jungle*

Homme LION • SAGITTAIRE *Femme*

Notre globe terrestre est une bien trop grosse boule ronde peuplée
de trop d'individus pour que tous les couples d'amoureux puissent
connaître le bonheur extatique. Certains sont composés de partenaires
qui se tolèrent affectueusement; il y a aussi les amis qui partagent les
mêmes expériences avec une rare sympathie et une parfaite communauté de vues. Mais il ne s'agit que d'amis dont les relations demeurent
purement platoniques. Comptons aussi les natifs de ces deux Signes qui
se connaissent vaguement, se saluent amicalement mais ne restent que
de vagues connaissances. Enfin la plupart sont étrangers les uns aux
autres et leurs chemins ne se croiseront jamais au cours de cette incarnation sur notre Terre.

La liste n'en est pas terminée. Il y a aussi des Lion et des filles Sagittaire qui, en dépit d'admirables possibilités d'harmonie, conférées notamment par des Soleils en trigone, partagent de graves afflictions planétaires et des aspects de Luminaires ou d'Ascendants négatifs dans la comparaison de leurs thèmes de naissance; ils ne s'approcheront jamais assez l'un de l'autre pour connaître ensemble ni grand bonheur ni grande douleur. Tout se passe entre eux comme dans la poésie enfantine:

> *Maintenant écoute, toi, écoute bien*
> *Je ne t'aime pas, toi, docteur Fell*
> *Exactement pourquoi je ne saurais le dire*
> *Mais je ne t'aime pas, toi, docteur Fell*

Toutes les filles du Sagittaire ne battent pas des mains, ravies et pleines d'admiration pour l'intelligence et la supériorité du Lion. Certaines, en effet, ne battent pas des mains et ne rendent aucun hommage quelconque aux vertus des natifs du Lion. Quelques-unes iront même jusqu'à siffler le roi de la jungle quand il exhibe ses talents. Inutile de perdre notre temps et l'encre de l'imprimerie pour analyser la situation de ces hommes Lion et femmes Sagittaire visiblement pas faits l'un pour l'autre et qui composeraient ensemble des couples mal assortis. Leur histoire ennuierait tout le monde et eux en particulier. Venons-en à ceux qui nous intéressent, qu'une attraction magnétique destine à s'unir orageusement mais passionnément. Ce sont les Centaures féminins et les adorables Lion. Voilà ce que nous allons considérer. Alors concentrez votre attention sur ces couples Lion-Sagittaire et conseillez aux autres d'aller chercher l'harmonie et le bonheur ailleurs.

Même si chaque homme Lion et chaque femme Sagittaire ne sont pas destinés à se rencontrer et à tomber sincèrement amoureux l'un de l'autre, cela arrive à certains et alors ils forgent entre eux un lien qui n'est pas facile à briser. Mais ils essaieront de rompre! À divers moments, ils paraîtront n'avoir qu'une seule chose en commun: chacun désirera matraquer l'ego sain de l'autre pour le minimiser et lui instiller des complexes d'infériorité. Ne vous y laissez pas prendre. Les apparences sont plus souvent trompeuses qu'elles ne disent la vérité. En réalité ces deux partenaires n'ont aucune intention de s'exterminer réciproquement. Ils mettent leurs relations à l'épreuve en cherchant, chacun de son côté, une affirmation ou une dénégation. Affirmation de loyauté et de dévouement réciproques et dénégation qui s'oppose à une peur également partagée d'être déçu dans sa foi en son partenaire: exigence éternelle de l'amour. Voilà un jeu pratiqué tout à fait naturellement par les natifs des Signes de Feu. Or, Lion et Sagittaire sont tous deux nés sous un de ces Signes, et ils apprennent vivement les règles de ce jeu.

S'ils ont de la chance (et Dieu merci la plupart des natifs de ces deux Signes sont extraordinairement chanceux, mais pas tous), ils apprendront en un temps raisonnablement bref quels trésors d'heures heureuses ils gaspillent en jouant à ces épreuves. S'ils ne sont pas heureux, c'est-à-dire si le Soleil de naissance de chacun fut affligé, il leur faudra longtemps essuyer nombre de bosses et bleus émotionnels avant de comprendre combien ils se conduisent sottement.

Le Lion, par exemple, dépassera ce qu'il sait fort bien être la limite du tolérable en tyrannisant insolemment la fille Archer qu'il aime; il entendra qu'elle obéisse au moindre de ses désirs sous peine d'être bannie de son sourire ensoleillé et de ses bras vigoureux et chaleureux; il voudra qu'elle veille sur lui aussi docilement qu'une souillon d'office, la grondera sévèrement pour la moindre désobéissance aux désirs de Sa Majesté, ne lui accordera aucune liberté d'opinion, ni le droit d'exercer une activité extérieure au foyer dans laquelle elle pourrait de quelque manière devenir son égale ou réussir plus brillamment que lui dans le sien. En réalité ce Lion n'est pas un tyran et il n'a pas l'intention de se montrer cruel ni despotique. Il la met à l'épreuve sans en rien dire, presque à son corps défendant et souvent inconsciemment, pour obtenir une affirmation de fidélité, une preuve de son dévouement. Il s'agit d'un jeu absurde, il cherche à savoir jusqu'où il pourra aller avant qu'elle lui avoue ne pas l'aimer autant qu'elle l'a promis au début. (Mais en priant avec ferveur pendant toutes ces épreuves qu'elle ne le fasse jamais.) Il cherchera non une affirmation positive mais une dénégation, ou bien il rugira avec rage ou boudera dès qu'elle aura eu le malheur de dire simplement «bonjour» à un autre homme; il l'accusera de tout, y compris d'adultère caractérisé, sans la moindre raison logique, en espérant secrètement et douloureusement qu'elle lui répète la dénégation qu'il attend: qu'elle ne pourrait même pas *penser* à le trahir avec un autre homme. Plus elle sera indignée et outragée par de telles accusations, plus la dénégation sera claire et plus il se sentira en sécurité dans son amour.

Ils joueront ce jeu à tour de rôle. Sachant parfaitement, car elle a l'esprit vif et brillant, combien cet homme est affamé de compliments sincères, elle l'en privera délibément, refusant de laisser tomber vers lui la moindre miette d'admiration, quoi qu'il fasse pour l'impressionner. Elle le met ainsi à l'épreuve, vous voyez, pour vérifier combien il s'efforcera furieusement de réussir, jusqu'où il s'élèvera, quels défis insurmontables il relèvera pour mériter l'attention et les applaudissements de sa partenaire. Mais quelle valeur attribue-t-il, lui-même, à de telles marques d'admiration? Elle se dit que, s'il cesse de s'en soucier, c'est parce qu'il ne l'aime pas comme il l'a juré pourtant au début. Elle fera pire. Sachant combien il souffre quand son orgueil masculin est atteint devant ses amis, elle cherchera délibérément à l'embarrasser quand ils sont en compagnie; elle le dénigrera ou racontera quelque histoire dans laquelle il a joué un rôle ridicule. Secrètement et souvent sans en avoir conscience, elle espère que, lorsqu'ils seront de nouveau tout seuls, il rugira furieusement, indigné, déploiera une fureur dont seuls les Lion sont capables. Cela lui prouvera qu'il l'aime, qu'elle seule est capable d'enflammer ses émotions à ce point-là. Quant aux épreuves devant aboutir à une dénégation, les règles du jeu sont les mêmes pour elle que pour lui.

Elle l'accusera avec des sarcasmes amers, chaque fois qu'il la quittera pour aller n'importe où et lui fera entendre clairement qu'elle n'est pas dupe, qu'elle le sait capable de tous les dévergondages avec toutes les femmes qui l'adorent, érotisme d'animal de la jungle. Or elle sait fort bien qu'il ne lui est pas infidèle, ni en faits ni en mots, mais elle éprouve un besoin incoercible de l'entendre se défendre passionnément. Elle veut le voir dans ses yeux.

N'est-il pas lamentable qu'un homme et une femme amoureux l'un de l'autre jouent à de tels jeux d'immatures, qui ne peuvent les mener nulle part sinon à des frustrations répétées! Parce qu'elle est mutable (plus adaptable) et qu'il est fixe (entêté), c'est elle qui devrait, la première, lui faire entendre qu'elle est lasse de ces épreuves, qu'elle a envie de tout recommencer, d'en revenir au début, quand ils se tenaient par la main avec confiance, comme des enfants heureux, d'une tendresse touchante, pleins de joie en découvrant un nouveau miracle ensemble chaque matin… quand tout ce qu'il faisait lui paraissait merveilleux et l'affolait d'adoration… quand tout ce qu'elle disait avait quelque chose de magique, de charmant et de drôle. Quand la seule proximité de sa chaleureuse vigueur et de sa calme sagesse la faisait frémir… quand le courageux sourire de clown qu'elle arborait bouleversait le cœur du Lion et lui serrait la gorge, quand il lui promettait de la protéger à jamais, de ne jamais permettre à qui que ce fût de faire du mal à cette femme si joyeuse, si prête à donner et pourtant si terriblement vulnérable. Car avant qu'elle ne le connaisse, bien des gens l'ont peinée, vexée et blessée.

Elle n'a rien d'autre à faire que le *premier* pas afin qu'ils en discutent. Qu'elle soit elle-même, sincère et honnête. Qu'elle dise exactement ce qu'elle ressent. Cela lui sera d'ailleurs relativement facile, car les Sagittaire feignent mal. Alors il fera le *deuxième* pas: quelque chose qu'il n'a jamais fait avec personne d'autre qu'elle. Il avouera combien il a eu tort, combien il a commis d'erreurs, combien il le regrette… combien il est faillible et humain, combien il a peur intérieurement au moment même où il rayonne de confiance et d'un détachement glacial envers son entourage. Elle s'excusera aussi pour toutes les épines qu'elle a plantées dans ses grosses pattes adorables de Lion, qui lui ont fait tant de mal et pour toutes les fois où elle l'a fait douter de sa fidélité.

Alors ils conviendront, chacun de son côté, que pendant tout ce temps d'épreuves atroces, chacun était capable de lire la vérité dans les yeux de l'autre, quoi qu'il en ait dit à ce moment-là. Les paroles n'importent pas. Au bout d'un moment, quand ils n'auront plus rien à se communiquer à aucun point de vue, ils s'endormiront côte à côte dans l'obscurité. Le matin venu, ils s'éveilleront ensemble, à la fois étrangers et intimement familiers l'un à l'autre; ils entendront la musique qu'ils ont déjà entendue le tout premier matin où ils ont revu la lumière du jour en sachant que leur quête solitaire était terminée et où, malheureusement, chacun allait commencer à explorer les mystères de l'autre. Cette fois, la musique est plus douce, les accords plus profonds, parce qu'ils en connaissent le rythme et la mélodie par cœur. Mieux encore, ils ont appris de nouvelles paroles, celles de la Vérité qui peut-être un jour deviendra une symphonie.

Ils ont failli se perdre mais ils ont arrêté à temps leur jeu de mise à l'épreuve. L'homme du Lion et la femme du Sagittaire comptent parmi les heureux dont les moments de passion et d'affection sont interchangeables, leurs besoins, d'abord tièdes puis intenses — qu'ils unissent leurs corps, leurs cœurs ou leurs esprits. Ceux dont les nimbes ont des couleurs qui jurent (auxquels j'ai fait allusion au début de ce chapitre) ne prendront jamais contact l'un avec l'autre, ni mentalement, ni spirituellement, ni physiquement, et se considéreront toujours l'un l'autre avec des yeux mornes. Mais dans le cas de nos Lion et de nos filles Archers destinés à s'aimer, la vie devient une foire magique d'idées, d'aspirations, de rêves et de découvertes. Chacun stimule chez l'autre ses désirs physiques, ses recherches intellectuelles et son espérance spirituelle. Lorsqu'ils ont brisé les barrières de l'orgueil mal placé chez le Lion et du scepticisme chez la Sagittaire et lorsqu'ils donnent à leurs relations assez d'ensoleillement pour encourager le chaleureux enthousiasme de Monsieur et la foi naïve dans l'avenir de Madame, ils n'auront plus le temps de jouer à des jeux stupides. Leurs jours et leurs nuits seront remplis d'un millier d'aventures, qu'ils voyagent ensemble (ce qu'ils feront beaucoup), ou bien qu'ils soient simplement allongés dans l'herbe de leur jardin par une nuit d'été et qu'ils comptent les étoiles en écoutant le chœur des criquets. Attention! il lui tendra astucieusement des pièges. Qu'elle se garde donc de le corriger s'il confond l'Épi de la Constellation de la Vierge avec Arcturus qui se trouve dans la Constellation du Bouvier. Il le sait, mais il veut sonder les connaissances de sa compagne en astronomie. Quand elle comprendra enfin qu'il sait toujours tout, ils seront arrivés à la moitié de leur chemin.

S'ils veulent s'amuser, ils auront le choix entre des centaines de jeux plus divertissants que celui des épreuves. Elle pourra lui en donner un pour son anniversaire, au mois d'août, enrubanné aux couleurs du Soleil: orangé, jaune, or. Qu'elle y joigne un petit poème pour lui donner une idée de ce que devrait être la vie entre eux désormais, quand ils craignent de faiblir et de retomber dans l'ornière de leurs erreurs.

> *les amoureux jouent au jeu de Non et Oui*
> *une caresse fugace, un soupir... au revoir*
> *et pourquoi?*

> *les amoureux jouent au jeu de Oui et Non*
> *et cessent et continuent... d'attente et de fatalité*
> *trop tard*

ils rient quand ils ont envie de pleurer
s'en vont quand ils préféreraient rester
se quittent quand ils voudraient poursuivre
et mentent... quand ils s'éloignent

les amoureux jouent pour sauver la face
alors je vous dis ce que nous allons faire
jouer au Monopoly, toi et moi
rien que pour changer le rythme

tu prends les chemins de fer...
et achètes le boulevard
et je m'accroche à Park Place

LION
Feu - Fixe - Positif
Régi par le Soleil
Symboles: le Lion et le Timide Minet
Forces diurnes - Masculin

CAPRICORNE
Terre - Cardinal - Négatif
Régi par Saturne
Symbole: la Chèvre
Forces nocturnes - Féminin

Les relations

Comme les Lion me sont particulièrement chers, je regrette de leur communiquer une information astrologique désagréable. Je sais d'avance qu'elle leur fera autant de mal qu'une épine dans le velours de leur grosse patte. Mais je suis astrologue, donc vouée à la vérité, toute la vérité, rien que la vérité. Alors, que Saturne m'assiste!

Bon, d'accord. Donc que Saturne m'assiste! Allez, vas-y, Saturne, aide-moi. Ne reste pas là-haut accroché dans le ciel à faire scintiller ta lumière d'un bleu de glace. Aide-moi à expliquer au Gros Chat que tu es destiné, par quelque loi inexplicable des galaxies, à t'asseoir sur son tam-tam.

Saturne vient de cligner de l'œil dans ma direction. Cela signifie qu'il est d'accord pour me communiquer les mots que j'écris dans ce chapitre, sévèrement, sagement, mais avec amour. Alors dites-vous bien que je ne suis pas l'auteur de ce que vous allez lire. L'auteur n'est autre que Saturne dont la formidable puissance de granit n'est jamais dominée, même par l'éclat aveuglant du Soleil, planète qui régit le Lion.

Saturne est la planète dominante du Signe solaire Capricorne et en astrologie, représente, ou si vous le préférez, symbolise le peuple hébreu, toute la tradition richement monothéiste juive et l'indomptable esprit juif. En vertu de cela, les natifs du Capricorne, qui sont imbus de l'essence hébraïque, qu'ils soient Écossais, Irlandais, Italiens ou Amérindiens respectent toutes les normes d'éducation et de connaissance. La plupart des Caprins sont des érudits-nés, leur attitude envers les diplômes, les examens ou quoi que ce soit de scolaire, voire de scolastique, frise la vénération. Ils révèrent aussi le cercle de famille, qu'il soit carré ou oblong. Et l'argent? Oui, ils adorent l'argent comme les natifs du Taureau et du Cancer. Nos Chevrettes y voient la seule sécurité contre les souffrances humaines. Pour elles, un compte d'épargne est une nécessité absolue de l'existence.

Elles inclinent aussi à un rien de snobisme au sujet de leur arbre généalogique, de leur réputation dans la communauté, de leur statut social et ainsi de suite. En outre, je l'avoue avec peine, il existe un certain nombre de ces Capricorne (heureusement très peu nombreux) qui nourrissent un rien de préjugé contre le peuple juif. Si vous connaissez de tels Chèvres et Boucs, rappelez-leur que leur Signe solaire symbolise le *Peuple élu*. Ils apprendront, grâce à vous, à respecter les choses et les gens qui le méritent au lieu de ne respecter que des valeurs matérielles hypocrites. Tout Capricorne devrait être fier de son lien astrologique avec la grandeur de caractère et le courage contenus dans les gènes de ceux que Moïse conduisit à la Terre promise, de partager le patrimoine spirituel rutilant des millions de bonnes âmes condamnées à un enfer indicible durant l'holocauste insensé perpétré par les nazis. Pour bien des raisons, personnellement, parlant en qualité de Bélier irlandaise, je serais fière d'être née sous le Signe du Capricorne, aussi fière que si j'étais née juive.

Du calme, Lion. Nous allons ouvrir ta cage pour te laisser sortir dans un moment. Vous voyez? À peine avons-nous prononcé le mot «fier» que voilà le Lion qui surgit, comme une rôtie d'un grille-pain automatique. Mais portons aussi au crédit des Lion et des Lionne qu'ils surgissent aussi vivement lorsqu'on parle de cruautés et d'injustices. Ils rugissent alors, somptueux sous l'outrage, leur noble tête fièrement levée, toujours prêts à défendre les opprimés, à protéger les malheureux et à libérer l'esprit humain emprisonné. Non, pas encore, Lion, bientôt. Nous sommes en train d'expliquer les mobiles du Capricorne afin que tu t'entendes mieux avec Chèvres et Boucs; tel est le but de ce chapitre. Nous te donnons aussi une leçon nécessaire de patience saturnienne.

La devise des Capricorne est: «J'utilise.» Les Chèvres peuvent donc être assez égoïstes de temps en temps. Elles appellent ça légitime défense. Le Lion justifie de la même manière son insolence insupportable. Légitime défense! Contre tous les êtres inférieurs. Nous sommes ici en présence d'une association intéressante. Si le Lion consent à me suivre à travers quelques observations pénibles, j'expliquerai pourquoi. Le Lion n'échappera pas à l'influence restrictive que Saturne fait peser sur son brillant enthousiasme, sa personnalité cordiale et ensoleillée. Il doit s'y résigner. De même, le (ou la) Capricorne ne sera pas extrêmement impressionné par le son des tam-tams que font résonner les Gros Chats pour proclamer leurs grands exploits; le Lion doit abandonner tout espoir de dominer Chèvres et Boucs parce que le Signe du Capricorne est situé avant le sien sur la roue astrologique. À coup sûr Lion est un sage mais Capricorne l'est encore plus. Le Lion est un Signe fixe, donc plus ou moins entêté, mais leur Élément Terre rend les Caprins encore plus entêtés. En outre, ils sont autoritaires parce que nés sous un Signe cardinal. Plus autoritaires que le Lion, mais beaucoup plus calmes, moins tapageurs. Lion est un organisateur pratique, nous en convenons, mais Capricorne l'est encore plus.

Consolez-vous Timides Minets, Lion et Lionne. Je me rends compte de ce que je viens de faire: j'ai jeté des tartes à la crème sur votre ego mais rappelez-vous ce que j'ai dit: votre association avec le Capricorne est intéressante. Voilà où je veux en venir. Bien que la Chèvre ou le Bouc soient un rien plus sages et plus entêtés que toi, plus pratiques aussi et même plus autoritaires, dans n'importe quelle relation avec une personne gouvernée par Saturne.

Les planètes décrètent donc que, d'une manière quelconque, peut-être subtile ou marginale, les natifs du Capricorne doivent fournir certains «services» à n'importe quel Lion avec lequel ils sont étroitement associés. Voilà! J'espère, cher Lion, que tu te sens mieux? C'est comme… voyons, voyons… comme un père ou une mère plus sages que leur nourrisson et pourtant obligés de le «servir». Je vous vois, Lion, me regarder avec une expression de dignité outragée. Excusez-moi. J'ai mal choisi mon allégorie. Elle était bonne, mais ne convenait pas pour calmer la patte du Lion encore endolorie par les restrictions que lui impose Saturne. (Oserais-je parler de la supériorité du Capricorne sur le Lion? Non. Je ne l'ose pas.) Pourquoi ne pas concevoir les natifs du Capricorne, de n'importe quel âge légal, comme des grands-parents doux mais fermes qui se rendent utiles aux natifs du Lion en les conseillant du haut de leur sagesse en vertu du fait qu'ils voient les choses du sommet de la montagne. Peut-être cette image est-elle plus facile à avaler pour le Lion. C'est aussi désagréable que boire ton huile de foie de morue ou de manger tes épinards quand tu étais enfant. Ce n'est pas bon mais, pour ton propre bien et dans ton intérêt, il faut céder et cesser de te débattre.

Lion et Capricorne s'intriguent réciproquement. Les Gros Chats fascinent la Chevrette qui voudrait savoir ce qui les fait se conduire comme ils le font. Or il se trouve que normalement elles ne sont pas curieuses. Toutefois le Lion représente pour elle une énigme et il lui plairait de l'élucider avec son partenaire lui-même. Toutefois, ni l'un ni l'autre n'en perdrait le sommeil. Quant au Lion, il sent intérieurement que les conseils du Capricorne sont bien intentionnés et il peut les suivre de temps en temps. Pas toujours, mais de temps en temps.

Le Capricorne observe avec quelque amusement les extravagances de langage et de tenue de son partenaire. Dans le fond de son cœur, il (ou elle) regrette de ne pas être aussi audacieux. Et puis notre Chevrette (ou Chevreau) est souvent étrangement émue par l'énormité des buts que se fixe le Lion, intriguée par sa générosité et sa désinvolture quant à la sécurité financière; peut-être envie-t-elle (ou il) le courage avec lequel il caresse des rêves gigantesques puis leur ordonne majestueusement de se réaliser. Comment *oseraient-ils* ne pas le faire?!

Sauf si leur Lune ou Ascendant de naissance incitent Lion et Lionne à la prudence, ils ne se soucient pas de prévoir pour les mauvais jours ni de s'inquiéter quant à la possibilité de tomber dans la misère ou d'échouer en quoi que ce soit. Voilà une attitude diamétralement opposée à la prudence et au souci du lendemain manifestés par les natifs types du Capricorne. Mais il y a tant de différences entre ces deux partenaires: manière de se coiffer, longueur des cheveux, tenue vestimentaire, aptitude à la patience (que possède la Chevrette mais pas le Lion), rapports avec leur banque (la bourse de la Chevrette est solidement nouée et le Lion a le geste large), leurs propos (la Chevrette est plutôt timide et douce; le Lion, éloquent et porté à pérorer), jusqu'à leur manière de tendre la main vers le singe suspendu au-dessus des chevaux du manège. (Le Capricorne procède prudemment et ne risque pas de se désarçonner alors que le Lion est audacieux, impulsif.) Parfois, il semble que ces deux êtres viennent de deux univers différents.

Si le Soleil et la Lune de leurs horoscopes sont en quadrature ou en opposition, chacun mettra l'autre nettement mal à l'aise. Lion soupçonnera Capricorne de froideur, d'égoïsme, de manque de sensibilité et d'être assez collet monté; la Chèvre (ou le Bouc) taxera secrètement le

Lion d'être gaspilleur, insouciant, égoïste et vaniteux. Cela se passera ainsi car chacun regardera l'autre «à travers des lunettes foncées» et ne verra en lui que les aspects négatifs, le revers de la médaille.

Toutefois si ces Luminaires présentent un aspect favorable dans la comparaison de leurs horoscopes respectifs, le (ou la) Capricorne apportera une solide fondation mentale et émotionnelle sur laquelle Lion pourra bâtir des bûchers qui flamberont de manière durable, pourrait-on dire symboliquement. Si l'on parle avec réalisme, la Chèvre (ou le Bouc) gagnerait à s'imprégner des visions, de la foi en l'avenir du Lion (ou de la Lionne); les natifs du Lion trouveront dans la sûreté du Capricorne, qu'ils soient amis, associés en affaires, parents plus ou moins éloignés, amants (ou maîtresses), conjoints (ou conjointes), un havre confortable et rassurant lorsque les jours de pluie leurs pétards foireront. Mais si les circonstances les amènent à rivaliser, ils peuvent devenir ouvertement ou secrètement hostiles l'un à l'autre. Au contraire la collaboration donnera vigueur et durée à leurs relations que nourrira la riche Terre du Capricorne qui attend silencieusement, chauffé par la force, mère de toute vie, du bienveillant Soleil du Lion. Encore faudra-t-il que, dans cette association, chacun prenne en considération les sentiments de l'autre et aussi que chacun à son tour tolère les opinions de l'autre, même si elles lui paraissent tout à fait étrangères.

Dans cette association, Lion représente étrangement et d'une manière envoûtante le mystère sexuel, la mort, la naissance, la réincarnation, la régénération... et aussi «l'argent des autres». Cette particularité prend souvent une forme extraordinaire dans leurs relations. Il arrive, en effet, que le Lion fournisse au Capricorne une certaine expérience de la mort ou de questions en rapport avec la mort et qui sont aussi liées avec leur rencontre.

En considérant la vie à travers les jumelles à fort grossissement du Lion, Capricorne verra la vérité au-delà de ce qui lui est personnellement accessible. De son côté, le Lion la verra plus clairement s'il considère le monde à travers les yeux calmes et paisibles du Capricorne. Comprendre tout à coup les véritables idéaux qui motivent le comportement ou même la mentalité de quelqu'un de tout à fait différent que vous-même provoque toujours une surprise magique qui élargit votre horizon, aère votre esprit et, en même temps, provoque dans le cœur une bouffée inattendue de tendresse... parfois, c'est l'aurore de la compassion envers cette personne. Le Lion a absolument besoin d'apprendre et d'imiter la douce humilité et la patience que Saturne impose au Capricorne, sévèrement mais sagement. Le Capricorne a tout autant besoin des chauds rayons solaires du Lion afin d'éclairer la solitude mentale et spirituelle de Saturne, car personne d'autre que le Lion, né glorieusement libre, ne peut libérer aussi miraculeusement les aspirations secrètes de la Chèvre (ou Bouc).

Comme je l'ai dit au début, c'est le vieux bonhomme Saturne qui m'a dicté mot à mot le texte de ce chapitre. Eh bien! il s'y est pris avec bon sens, quoique avec un rien d'affectation surannée. Qu'en dites-vous? Nous pouvons l'en remercier et peut-être devrions-nous l'embrasser à pleins bras... car, comme les natifs du Capricorne — hommes, femmes, enfants — qu'il gouverne, bien qu'il incline à se détourner des louanges en rougissant, gêné, son cœur paisible bat plus vite et éclate presque de joie silencieuse quand il reçoit la bénédiction d'une appréciation honnête et affectueuse.

Mais oui, les planètes rougissent, tout comme les Chèvres et les Boucs humains. Regardez Saturne dans le ciel ce soir et vous verrez que cette planète vénérable scintille un petit peu plus vivement que d'habitude, que sa lumière d'un bleu de glace prend une légère teinte rosée... celle de l'amour. On peut faire des vœux sur d'autres étoiles que Vénus. Faites-en un sur Saturne. Sa réalisation prendra peut-être plus longtemps et vous mettra l'âme à plus dure épreuve mais le bonheur qui en résultera durera... durera... durera.

Femme LION • CAPRICORNE *Homme*

Quand un Capricorne et une Lionne se lient au point de vue émotionnel ou se marient, leurs amis et même les étrangers qu'ils ne connaissent qu'à peine en sont toujours plus ou moins choqués et intrigués. Le mariage de la Lionne Jacqueline Bouvier-Kennedy et d'Aristote Onassis nous en donne un bon exemple. Quelles que soient leur foi religieuse, leur nationalité, leur situation sociale, ces deux personnes sont nettement considérées comme différentes l'une de l'autre, que le Bouc possède un dépôt de vieilleries jetées au rebut, une flotte de navires pétroliers, un parc de voitures usagées, qu'il contrôle un gouvernement, une boutique de chaussures, une société productrice de films, que la Lionne préside en qualité de reine l'Armée du Salut, un empire ou un pays, l'équipe de domestiques d'un motel, une fabrique de parfums ou un stand de boissons non alcoolisées sur l'île de Truk en Micronésie. Dans tous ces cas, les gens s'étonneront, chuchoteront, émettront des hypothèses. Cela leur fait une belle jambe, car ni Lion ni Capricorne ne s'abaissera à discuter de sa vie personnelle ou à expliquer son comportement privé. Prêter la moindre attention aux cancans leur paraît vulgaire. Cela n'empêchera pas la plèbe de continuer à s'étonner et même s'émerveiller.

Prudent comme il l'est, comment un Bouc peut-il être attiré par une Lionne, dépensière, intuitive, inconsidérée dans ses propos et ses actes, qui exige majestueusement l'obéissance à toutes ses lubies, entend être adorée et révérée mais refuse de respecter et encore moins d'adorer qui que ce soit? (La native du Lion n'hésite jamais à regarder les gens de haut et ne se reconnaît aucun supérieur. Voilà un fait que je considère comme un des aspects capitaux de sa personnalité sur lequel il faut méditer une fois de plus.)

De même qu'est-ce qu'une Lionne magnanime, au cœur chaleureux, pourrait trouver d'intéressant chez le Capricorne prudent, taciturne, boudeur, prompt à ramasser fébrilement les piécettes qu'elle jette à la ronde comme des confettis, qui ne complimente que rarement son prochain, fuit la compagnie (sauf pour des raisons pratiques), déteste le luxe (sauf pour des raisons pratiques), manifeste peu ses émotions et ses sentiments et, quand cela lui arrive, de manière fort discrète seulement?

Voilà une bonne question, ou plutôt deux bonnes questions. Mais l'astrologie nous en fournira les réponses. Le Bouc et la Lionne ont plus de choses en commun que ne le discernent ceux qui ne sont pas formés à l'astrologie. Ils possèdent des qualités qui les fascinent réciproquement et des traits de caractères insoupçonnables par les noninitiés à l'ésotérisme et imperceptibles sans quelque étude métaphysique.

Considérez les besoins de la Chèvre et leur nature. — Le natif type du Capricorne préfère s'élever sur l'échelle sociale par son mariage. Toute célébrité ou réussite — sur le plan local, régional, national ou mondial — l'impressionne secrètement, l'intimide et même l'épouvante. La possession d'objets inanimés, de biens fonciers, de femmes de valeur et de qualité dont les autres ont envie lui donne de grandes satisfactions intimes. Le Bouc est attiré de manière touchante vers les femmes qui semblent promettre d'apporter du Soleil dans son cœur parce qu'elles sont capables de l'inciter à élargir son horizon émotionnel, chose à laquelle il aspire bien qu'il le nie toujours d'un ton bourru.

Considérez les qualifications de la Lionne. — La native type du Lion conçoit relativement tôt dans sa vie qu'elle est investie d'un certain prestige, d'un certain statut social et qu'elle attire l'attention du public. Cette fille peut être la première de sa promotion, le chef d'une bande de supporters d'équipe sportive, la présidente de l'amicale des pompiers de sa ville. En grandissant, elle se fera un nom dans la politique locale ou deviendra une actrice célèbre, une militante dans le domaine de l'éducation, elle fera progresser la science ou réussira une brillante carrière dans une grande variété de domaines. Presque tous ses pairs et ses inférieurs l'admirent et l'envient (elle n'a pas de supérieur). Elle contient une telle abondance de lumière qu'elle rayonne; elle adore orienter les gens prudents vers des horizons plus stimulants, dans toutes les directions et à tous les niveaux.

Maintenant considérez la nature et les besoins d'une native du Lion. — Passant outre aux lois émotionnelles de l'offre et de la demande, la Lionne a besoin d'être entourée d'un nimbe de succès. Peut-être se divertira-t-elle avec un individu sans intérêt mais ça ne durera pas et n'atteindra même pas le niveau du flirt, car il lui faut un partenaire qu'elle puisse respecter, exempt de toute paresse et capable de réels succès. Elle est attirée de façon touchante par les hommes capables de supporter avec calme et patience son arrogance et ses outrances inconsidérées. Elle cherche particulièrement celui qui ne l'humiliera jamais en public par manque d'éducation. Il lui faut le mâle capable de gagner assez d'argent pour l'entretenir dans un luxe relatif (relatif pour nous, paysans attachés à la glèbe) et qui en outre lui accordera une liberté totale de comportement, ne lui refusera pas la satisfaction intime qui résulte de la prise de possession permanente de soi-même par l'affirmation de sa féminité qui impressionnera le monde d'une manière quelconque.

Considérez les qualifications du Bouc. — Le natif du Capricorne possède précisément l'aptitude la plus nette à atteindre un statut social et une sécurité matérielle qui fait l'admiration des filles du Lion, de Brest au Kamtchatka et de la Floride à l'Alaska. (Certains natifs du Cancer, du Taureau et du Lion aussi ouvrent les mêmes perspectives.) Son ambition rarement exprimée et sa résolution d'atteindre le sommet de la montagne la plus proche ou la plus élevée lui vaudront la faveur royale de la Lionne. Elle appréciera le fait que la tête dure et froide du Bouc s'harmonise avec ses propres attitudes majestueuses. Il n'est jamais paresseux et cela permet à la Lionne de s'abandonner périodiquement à la paresse (les natifs du Lion ont énormément besoin de repos pour maintenir leur beauté et entretenir leur puissante énergie solaire). Le comportement habituellement plein de dignité de cet homme lui vaudra l'approbation royale de la Lionne et la douceur timide qu'il révèle à quelques rares personnes (dont elle fait partie) suscite chez elle une tendresse cordiale et protectrice. Ils sont aussi fidèles l'un que l'autre. En outre la patience apparemment inépuisable que Saturne confère au Bouc associée au tempérament enflammé de la Lionne apporte à cette dernière une sensation de détente dans la sécurité émotionnelle.

Jusqu'ici, tout est moelleux, merveilleux et mélodieux entre ces deux partenaires. Néanmoins si le Soleil et la Lune de leurs horoscopes comparés offrent un aspect défavorable, il leur faudra peiner durement pour atteindre la compatibilité. Il l'accusera de vanité, d'égoïsme, d'être gâtée. Elle le taxera de froideur, cruauté, avarice, insensibilité et égoïsme. (Ils partagent ce trait commun d'égoïsme.) Même si leurs Luminaires sont en aspect positif; ils auront à faire face à quelques tensions, comme dans tous les couples. Le problème posé vers la fin de l'avant-dernier paragraphe, dans la phrase contenant les mots «et qui en outre» sera celui qui provoquera le plus de conflits entre eux. Pas tous, mais la plupart. Retournez en arrière et lisez-le de nouveau. Voyez-vous la nature de ce problème? Pour le cas où elle vous échapperait, je l'explique.

Cette dame, sensuelle, gracieuse, généreuse, ensoleillée, joyeuse et fière, n'a pas seulement besoin de participer périodiquement à des réunions, à des galas où elle peut exhiber sa couronne, sa tiare et prendre un bain de foule. Il lui faut également la liberté de suivre son propre Soleil, de décider spontanément et impulsivement d'assister à un baptême, à un couronnement, à une vente de charité, à une exposition de chevaux…, seule. Elle doit même pouvoir participer à un cross-country de ski de fond, toujours toute seule, sans que cela l'oblige à aller trop loin, peut-être seulement en bordure de sa ville, sans la permission de qui que ce soit, y compris son petit ami, voire l'homme avec qui elle est liée pour la vie et qu'elle a autorisé à engendrer ses Lionceaux. L'homme du Capricorne qui trouvera cela exagéré devrait interroger les parents qui ont longtemps souffert du caractère de sa belle. Ils l'éclaireront.

Elle exigera de manière tapageuse (ou désirera secrètement mais avec une puissance dangereusement accumulée) l'occasion de brûler le sentier de la gloire dans quelque occupation créatrice ou carrière difficile. Les natives du Lion inclinent à conserver leur nom de famille après le mariage, depuis la révolution sexuelle de l'ère du Verseau (ce changement provoquait chez elles des tourments, voire des traumatismes mineurs, au sujet des initiales qu'elles devaient broder sur leurs taies d'oreiller en satin, leurs tentures de soie et graver sur les robinets d'or de leur salle de bains). L'homme du Capricorne ruera peut-être dans les brancards, car il est plus qu'un peu possessif avec son amie de cœur ou la compagne qu'il a choisie pour son foyer. En outre, ce Bouc déteste toute compétition, qu'elle soit ouverte ou subtile (il se méfie particulièrement de cette dernière). La situation pourrait devenir quelque peu sismique entre eux s'il insistait pour être tenu au courant des allées et venues et activités de la dame de son cœur afin de s'assurer qu'elle ne fait rien qui puisse attirer la honte sur la famille et le nom. Une seule solution s'offre à eux: transiger.

Il faudra que le Bouc accorde à sa Lionne assez de liberté s'il veut que son foyer reste heureux et harmonieux. Qu'il se fie à la dignité et à la fierté de cette femme (qu'il se rassure, elle en aurait plutôt trop que pas assez) pour ne pas leur faire honte, ni à lui, ni à elle; ni pour lui manquer de fidélité quand elle rôde dans la jungle, en solo, si l'on peut dire. Si elle désire suivre des cours de dessinatrice de mode ou d'éleveur d'animaux, deux ou trois soirs par semaine, il devra l'approuver visiblement avec enthousiasme, sans aucune réticence. L'enthousiasme importe beaucoup et la moindre réticence annulerait la tranquillité émotionnelle qu'une telle concession apporterait dans leurs relations. Si Madame a envie d'aller rendre visite à des amis à quelques pâtés de maisons ou quelques kilomètres ou si elle veut aller voir un film qui n'intéresse pas Monsieur, il fera bien de téléphoner à l'une de ses deux ou trois vieilles et chères relations pour l'inviter chez eux (mieux vaut que cette relation soit un homme plutôt qu'une femme). Il peut aussi bien leur rendre visite impromptu, sans attendre une invitation sur bristol gravé. Il pourra aussi la laisser sortir seule et passer le temps à bricoler *sa* voiture. Il s'agit de la voiture du Bouc car dans ce ménage il faudra deux véhicules: le neuf, élégant, impressionnant pour elle, la jeep ou le break ou la camionnette d'occasion pour lui. Voilà les domaines dans lesquels il devra faire des concessions.

Elle doit aussi en faire… avec grâce. N'est-ce pas ainsi que les Majestés le font toujours et en toute circonstance? Mais il y a aussi les attitudes hautaines de Madame qui obligeront Monsieur à faire d'autres concessions. Lorsqu'elle déclarera impérieusement qu'elle ne voit aucune raison de demander sa permission, même exceptionnellement, pour faire quoi que ce soit qu'il lui plaît, il doit lui répondre avec calme et affectueusement, avec cette lueur d'amusement dans le regard propre au Bouc, qu'il ne s'agit pas de permission mais de consultation, car même les reines consultent éventuellement leur premier ministre ou leur prince consort. Il y ajoutera quelques anecdotes historiques pour le démontrer. Il lui rappellera, toujours avec bienveillance, que de telles consultations visent à empêcher que les décisions capitales de Sa Majesté manquent de sens pratique ou soient prises impulsivement, ce qui pourrait mettre en danger le château et le royaume. Quant à elle, si elle a l'intention de s'éloigner de son partenaire pour une ou quelques heures, elle devra lui faire la grâce de lui indiquer grosso modo ses intentions d'ensemble. Voilà une marque de considération dont elle ne doit pas le priver. Or cette femme est sincèrement bonne et rendre les gens heureux fait sa joie. À partir du moment où elle réalise combien elle donne de bonheur à l'homme qu'elle aime en se souciant de ses sentiments, elle sollicite plus facilement ses sages conseils au sujet des projets qu'elle échafaude. Acheter une ferme d'élevage de paons sans le dire à son Bouc ou bien troquer la collection de trophées qu'il complète patiemment contre un hélicoptère sans même y faire allusion au préalable, voilà des gestes qui n'ont rien de gracieux.

Cet homme est un amant fort doux dont la seule passion s'enracine plus profondément qu'il ne le semble. Seule la femme qui connaît intimement le natif du Capricorne se rend compte de la profondeur de ses émotions et de la puissance latente de sa sexualité. Au début, le comportement sexuel de la Lionne pourra être légèrement égoïste et super-ficiel, et il lui faudra plusieurs années d'expérience pour s'engager tota-lement dans leur intimité. Mais il est patient; il devine le trésor caché sous la vanité féminine de sa partenaire. Il attendra volontiers que ce miracle se manifeste dans une passion partagée qui approfondira leurs relations. La sollicitude d'une éloquence muette avec laquelle il prend physiquement contact avec elle touchera petit à petit le cœur de sa compagne et l'incitera à manifester le rare mélange d'affection, ten-dresse et sensualité qu'elle dissimule sous la froideur apparente propre à toutes les natives du Lion. Elle est Lionne; les pratiques amoureuses d'une pureté farouche font partie de sa nature. Souvent l'homme gou-verné par Saturne possède exactement le mélange des diverses qualités viriles propres à amener ce fauve à l'extase ultime. Le désir évident du Bouc pour sa Lionne, telle est la clé de leurs relations car le Lion repré-sente la huitième maison astrologique pour le Capricorne, celle du mystère sexuel, entre autres choses. Or la femme du Lion est toujours irrésistiblement émue lorsqu'elle se sent sincèrement adorée, désirée, lorsqu'elle sait que son partenaire a besoin d'elle et le veut. Si la compa-raison de leurs thèmes de naissance montre des Luminaires en aspect négatif, ils auront du mal à s'accorder. Le meilleur moyen de faire face à cette difficulté n'est autre que la patience saturnienne (voilà un don merveilleux *qu'il* fait à sa partenaire) ainsi que l'aptitude du Soleil à dissiper les nuages et les ombres, rien qu'en rayonnant (voilà l'admi-rable cadeau *qu'elle* fait à son partenaire).

Il l'admire en raison de son *élan* naturel et sa noblesse de port mais c'est pour la noblesse de son caractère qu'il l'aime. La générosité et l'ab-sence de rancune de la Lionne adoucissent la mélancolie du Bouc et finis-sent même petit à petit par atténuer sa prudence. Il a besoin de la chaleur et du courage solaires, de même qu'elle a besoin de la vigueur et de la sta-bilité saturniennes. Certes ces deux personnes diffèrent beaucoup l'une de l'autre mais lorsque deux partenaires se ressemblent trop, ils ont peu à ap-prendre l'un de l'autre… et qui désire rester ignorant? Apprendre et mû-rir ensemble, voilà une aventure excitante pour l'homme et la femme. La jungle torride, aux puissantes odeurs, offre un terrain séduisant et passion-nant de nouveautés au Bouc, habitué à l'uniformité continentale des falai-ses rocheuses. De même la majesté violacée des montagnes, chères au Ca-pricorne, attise la curiosité de la Lionne et lui promet une vue magnifique du sommet. Tel est l'éternel appel de l'inconnu sur l'esprit humain.

Homme LION • CAPRICORNE *Femme*

Le natif du Lion croit qu'aucune personne au monde, et de loin, n'est douée d'un sens pratique comparable au sien. Peu importe que ce soit vrai ou faux. Ce qui compte, c'est qu'il est convaincu. Quand il regarde son miroir, il y voit le reflet d'un héros beau, impeccable, impavide, à qui il ne manque rien. Telle est l'image de lui-même qu'il se représente mentalement lorsqu'il a affaire à des individus moins fortunés que lui. Puis il tombe amoureux d'une native du Capricorne. Tout à coup, sans que rien ne lui ait permis de le prévoir, le voilà en équilibre instable sur ses pieds, maladroit de ses mains, gauche, impulsif, dénué de sens pratique et peut-être même un peu sot. Pour un Lion, voilà des impressions extrêmement désagréables.

Naturellement, il n'avoue pas tout de suite une telle déconfiture en présence de sa belle. Comment, lui, il se ferait du souci à son propre sujet? Il continue à sourire, à se tirer à force de bluff de ce mauvais pas, à agir comme s'il était toujours maître de la situation, en affectant une confiance en lui-même qu'il n'éprouve plus. Son malaise commence quand il perçoit chez elle quelque chose de bizarre, peut-être de sentencieux, voire des attitudes ou des regards qui lui rappellent son institutrice. Mais il craint de se tromper et se demande si c'est bien elle qui lui donne l'impression d'avoir affaire à sa propre mère, à sa première maîtresse ou à sa sœur aînée qui ne cessait de l'humilier. Ou bien ne lui rappellerait-elle pas son père quand elle…? Non, évidemment pas. Quelle sottise! Comment cette femme aux propos si mesurés pourrait-elle lui rappeler son père? Il s'interroge notamment lorsqu'elle se met à lui conter tranquillement ses opinions sur l'art abstrait comparé à celui des grands maîtres du passé, pourquoi elle est décidée à visiter l'Europe, ce qu'il y a de fâcheux dans le système scolaire de nos jours, pourquoi elle estime que construire sa propre maison représente une expérience plus passionnante et plus complète que l'achat ou la location d'un habitat conçu par quelqu'un d'autre... Elle ne s'arrête pas là. Elle va même jusqu'à traiter de l'avortement légalisé. Il y a chez cet homme quelque chose de confortable et de protecteur qui inspire confiance à cette feme et c'est pourquoi elle aborde tous ces sujets avec lui. Elle n'exprime pas ses points de vue aussi ouvertement et librement, ne discute pas non plus ses convictions personnelles avec le premier venu. Il devrait donc être profondément ému en constatant qu'elle lui livre son esprit et ses pensées. N'est-ce pas une manière de le mettre à l'épreuve à laquelle recourt cette fille timide avant de lui confier aussi son corps. Mais est-il ému? Non. D'ordinaire il ne l'est pas. Les exigences de son ego viril le préoccupent trop pour qu'il s'en soucie.

Il l'écoute avec bienveillance et une espèce de tolérance amusée. En parlant ainsi, elle concentre son attention sur ce qu'elle dit et il en profite pour étudier ses charmes physiques, pour mettre mentalement au point ses projets de séduction, calculer sans hâte le temps qu'il lui faudra pour l'amener à s'allonger satisfaite, dans ses bras et puis il… Attendez une seconde. Elle marque un temps d'arrêt pour vérifier s'il l'écoute. Il lui démontre qu'il n'a pas perdu une parole et lui reproche affectueusement mais fermement quelques-unes de ses opinions, pour lui montrer avec assurance sur quels points elle se trompe. Le voilà lancé… il lui indique comment elle devrait se coiffer, quel genre de lainage elle devrait porter et qui lui irait sûrement mieux que celui qu'elle arbore ce jour-là. Étant donné qu'elle reste calme et ne l'interrompt pas, il se sent encouragé à lui dire comment elle pourrait améliorer ses connaissances, son esprit, son aspect et même sa santé… en lui permettant de la guider et d'orienter son style de vie à partir de ce moment-là.

Ça ne tourne pas rond. Elle est *trop* tranquille. Jusqu'alors, il lui voyait des yeux ravissants, doux et brillant d'un humour subtil… mais comment se fait-il qu'à cet instant ils lui suggèrent l'idée de deux balles d'acier ou bien d'une paire d'agates luisantes? Son regard perçant est aussi froid que sa voix lorsqu'elle se décide à parler: «Il se fait tard. Je dois me lever de bonne heure demain matin. Nous nous reverrons la semaine prochaine… peut-être.»

Voilà à peu près le moment où son impression de gaucherie et même de sottise se met à le hanter. Il se sent rejeté, humilié. Il a tort. Mais les réactions de cette femme sont contrôlées et guidées par ses instincts saturniens. Elle apporte une extrême attention à se protéger elle-même et elle a assez de bon sens pour battre en retraite avant une bataille qui pourrait blesser gravement son amour… voire le tuer. S'accorder un délai de réflexion dénote plus d'amour qu'il ne le réalise. S'il cessait de penser à lui-même, d'accorder une priorité absolue à ses propres préoccupations et s'il pensait plus à elle, il interpréterait ses propos autrement: «Restons séparés quelque temps pour réfléchir à loisir, parce que je ne voudrais pas cesser de vous aimer et c'est ce que je ferai si vous continuez à me bousculer. Vous m'avez fait tellement peur que je crains désormais de me confier à vous. Rendez-vous compte, s'il vous plaît, de ce que vous êtes en train de faire. Je n'ai aucune envie de retomber dans la solitude que j'ai connue avant de vous rencontrer. Peut-être qu'une semaine sans nous voir vous permettra de discerner les actes et les propos qui me blessent.»

S'il pouvait regarder à travers la fenêtre de sa belle, ce soir-là, après l'avoir quittée, il constaterait que ses yeux ne reflètent plus une détermination froide mais, au contraire, qu'ils brillent avec la douceur des larmes. Elle s'efforce de les retenir, cette fille, avant qu'elles lui échappent et révèlent ainsi ses sentiments les plus intimes. D'ordinaire elle y parvient, mais pas toujours. Il la verrait pleurer à plusieurs reprises pendant de courts instants. Ses sanglots seraient étouffés par l'oreiller qu'elle étreint en se faisant croire qu'il s'agit de lui. Eh oui! le Lion ne comprendra vraiment cette créature, tellement paisible, apparemment toujours tellement froide et sûre d'elle-même, que s'il l'observe à travers les fenêtres de son cœur généreux, quand elle se croit seule et s'imagine que personne ne peut percevoir ses émotions troublées. Déjà, dans sa petite enfance, elle taisait ses craintes inexprimables et se présentait aux adultes conforme à ce que Saturne lui chuchotait avec insistance au sujet de ce qu'ils exigent. Quelle enfant bien élevée, disaient-ils toujours et ils approuvaient en hochant la tête. Alors, dans son petit cœur, elle se savait aimée et voilà la sécurité à laquelle aspirent silencieusement tous les enfants. Saturne enseigne aux Chevrettes, dès leur petite enfance, à se comporter convenablement en public. Elles n'oublient jamais ses leçons. La native du Capricorne sent dans son subconscient que, si elle se rend coupable d'une manifestation d'émotion en public, on la désapprouvera et la grondera. Son sang-froid augmente donc d'année en année. Cela offensera quelques personnes de son entourage et elle se demandera sans en rien dire ce qu'elle a fait de mal.

Elle n'est pas seule dans son cas. Dans l'exemple qui nous intéresse, le Lion est aussi torturé parce qu'il se demande ce qu'il a fait de mal. S'il y réfléchit sérieusement en pratiquant une prudente introspection, il verra qu'il a commis quelques erreurs banales avec cette Chevrette: il a cru qu'il pouvait la tricoter entre ses doigts du seul fait de sa présence;

il ne lui a pas manifesté de respect, pour ses opinions au sujet de questions qui lui paraissent d'intérêt vital; il s'est imaginé qu'elle serait ravie lorsqu'il lui offrirait de la remodeler, comme une boule de terre glaise humide, pour en faire la femme idéale, telle qu'il la conçoit.

Or cette femme n'est pas une boule d'argile qui attendrait d'être modelée par le natif du Lion. Elle est faite de solides roches entourées de terre (mais rappelons-nous que la Terre peut être chaleureuse, sécurisante et protectrice). Un ciseau, voire quelques charges de dynamite, peuvent changer la structure de ses pensées et de ses habitudes (légèrement) mais rien moins que cela. Les admonestations arrogantes et inconsidérées d'un Lion sûr de lui, même s'il l'excite magnétiquement à d'autres points de vue, n'y parviendront sûrement pas. Elle ne va pas modifier sa manière de se vêtir, de se coiffer, ni ses opinions pour plaire à un homme, quel qu'il soit, pas même pour ce fier fauve, à la démarche gracieuse et dont rayonne l'attrait de la jungle, qui, à coup sûr, lui fait trembler les genoux quand il lui sourit, qui lui donne l'impression d'être déprimée elle-même quand elle le sent malheureux, quand bien même elle n'exprime pas sa compassion, verbalement ou d'autre manière. Peut-être pourra-t-il la modifier petit à petit, très lentement et graduellement, un pas après l'autre. Quant à la métamorphoser sur-le-champ, qu'il oublie cette idée. La fille du Capricorne ne fait rien instantanément. Les ordres de l'autorité royale, même exprimés avec amour par celui qu'elle aime, stimuleront son opiniâtreté et renforceront sa volonté d'acier.

Pourtant les dispositions ensoleillées et la confiance en lui-même de cet homme adoucissent la Chevrette plus qu'il ne le devine et l'inspirent en la libérant de sa tristesse saturnienne, plus qu'elle ne l'avoue. Elle l'écoute attentivement lorsqu'il lui parle de ses buts gigantesques et de ses ambitions pour l'avenir. Elle est dans le camp du bien et de la justice; l'idéalisme du Lion lui plaît donc. Elle se range aussi à coup sûr dans le camp de l'ambition sous toutes ses formes et dans toutes ses dimensions. Plus les projets du Lion seront grandioses, plus elle le soutiendra dans leur réalisation, sans hésiter à lui indiquer les failles qui menacent de les rendre impraticables. Il devrait apprécier les conseils sagaces de cette femme, se fier à sa sagesse instinctive au lieu de s'en vexer. Les gens du Capricorne ont un chic merveilleux pour transformer les rêves en réalités.

À rebours, elle devrait plus souvent se laisser guider par la personnalité courageuse du Lion et l'écouter lorsqu'il l'invite à relâcher une prudence qui pourrait les étouffer l'un et l'autre en raison de son caractère négatif. Il est des joies connues des seuls esprits assez libres pour se fier au chant de l'alouette et pour comprendre qu'un risque accepté de temps en temps apporte plus de lyrisme à l'existence. Dès sa naissance et même avant, le Lion sait que le royaume du Bonheur n'est pas pavé de polices d'assurance contre des déceptions et des désastres possibles. Il est roi et peut par conséquent lui enseigner les nuances de la noblesse. Mais ce n'est pas à force de coups d'épaule violents qu'il la tirera du noir donjon de la dépression saturnienne pour l'amener à la lumière du Soleil. Il devra procéder avec tendresse.

Le Lion amoureux d'une fille du Capricorne ne devra pas oublier la fable du Lièvre et de la Tortue, même si la moralité l'agace en lui rappelant qu'elle est la tortue et lui le lièvre. S'il a vraiment envie de gagner la course, il est assez magicien et puissant pour se transformer en tortue. Mais chercher à précipiter la tortue ne fait que retarder ses propres progrès et n'empêche pas sa Chevrette de franchir la ligne d'arrivée à force de lenteur et de persévérance. Le temps est l'ami de cette femme: Saturne, le vieux père temps; personne ne l'a encore vaincu.

Ces deux partenaires doivent être à peu près certains de se disputer au sujet de l'argent, au moins une fois par mois. Ils y passeront des heures qu'ils pourraient consacrer à l'amour. Quel gâchis! et il serait si facile d'éviter ces querelles. Pourquoi discuter? La manière dont elle se sert du sien ne le regarde pas et la manière dont il dépense le sien ne la regarde pas. Que chacun gère donc ses affaires financières tout à fait séparément de l'autre, à jamais plus un jour, voilà la solution et elle est simple. Peut-être veut-elle gagner sa vie si ça le fait bouder, il est totalement égoïste. S'il désire partager ses revenus avec elle à partir du moment où ils sont mariés ou simplement engagés (parce que les natifs du Lion sont généreux, sauf ceux qui ont Lune ou Ascendant en Capricorne, Cancer ou Vierge), elle doit l'accepter avec autant de simplicité qu'il le lui offre et ne pas refuser pour affirmer son indépendance tracassière.

Quelle que soit leur manière de s'arranger à ce point de vue, elle doit être libre d'amasser son argent, l'investir à son gré, faire le compte des intérêts de son épargne chaque soir s'il lui plaît, sans qu'il la torture par des admonestations sur l'avarice. De même il doit être libre de fabriquer un cerf-volant avec des billets de banque, donner aux nécessiteux, s'offrir à lui-même et aux autres des cadeaux extravagants, engager de grosses sommes dans des rêves ou pour des causes perdues, ou les perdre, ou bien se servir de ses billets de banque pour allumer le feu, par les froides soirées d'hiver, si ça peut le rendre heureux... et sans qu'elle le torture par des regards de réprobation. Voilà la seule manière qu'ils ont de s'en tirer. La folie de l'argent assassine l'amour. Ce n'est pourtant que du papier portant quelque effigie, ou bien des pièces de métal sans attraits, ou bien des chèques totalement dénués de valeur artistique qui sont aussi du papier, rien de plus. Seul l'amour est vrai. L'argent n'est qu'illusion, mirage. Qu'ils partagent donc aussi équitablement que possible ce qu'ils possèdent et l'oublient, le dédaignent, n'en parlent jamais.

Leurs natures sont tellement différentes que leurs relations physiques dépendent des aspects que prennent dans leurs horoscopes leurs Luminaires, ascendants et autres planètes. S'ils sont défavorables, peut-être estimera-t-il qu'elle ne répond pas pendant l'amour à sa faim d'affection et de sentiment. Elle sera peut-être incapable d'exprimer physiquement son amour pour lui quand il l'amène à se sentir inapte, en lui reprochant certains défauts de son comportement sexuel qui n'est peut-être pas enflammé ni assez démonstratif pour lui. De tels reproches auront un double résultat malheureux: briser le cœur de cette femme et la frigorifier au point de vue émotionnel.

Il est quelques rares (très rares) natives (et natifs) du Capricorne dont le comportement sexuel a été pathétiquement déformé par l'attitude de leur milieu familial, ce qui représente toujours une grave blessure psychologique pour une Chèvre. Elles en deviennent insensibles. Ces filles exceptionnelles du Capricorne acceptent la sexualité aussi distraitement qu'une poignée de main. Cette attitude est engendrée par l'aspect négatif de l'influence saturnienne, qui durcit leurs émotions et aggrave simultanément leur timidité. Elles accomplissent si machinalement tout ce qui concerne la sexualité que leur partenaire en reste froid, avec une sensation de vide, mais beaucoup moins froid et vide qu'elle se sent elle-même. Sans s'en rendre compte, elle se sert de la sexualité pour en tirer des avantages ou obtenir quelque chose dont elle a besoin. Cette distorsion présente l'aspect négatif de l'esprit pratique positif saturnien dont l'essence apparaît dans sa devise: «J'utilise.»

Mais ce genre exceptionnel de Chevrette n'attirera vraisemblablement pas le Lion fier et jaloux. La grande majorité des femmes Capricorne symbolisent exactement l'inverse d'une telle attitude, car elles sont romanesques, timides et fidèles au point de vue sexuel. Si certaines planètes, y compris leurs Luminaires, sont en harmonie dans les thèmes de naissance d'un homme du Lion et d'une fille du Capricorne, l'expression sexuelle de leurs relations pourra être une extase permanente. Encore faut-il qu'il ait attendu que les émotions de sa compagne réfrénées par Saturne se libèrent graduellement lorsqu'elle prend confiance en lui. Alors leur unicité physique prendra une dimension nouvelle et frémissante de tendresse; il sera comblé par la certitude d'avoir éveillé l'étonnante profondeur des passions latentes de cette femme qui, dès lors, ne les partagera qu'avec lui seul. Il n'est pas de baume plus apaisant pour un Lion que de savoir ceci: lui seul possède la sexualité intime de sa femme, la partie la plus secrète de sa personne, celle qu'elle ne révèle qu'à un seul homme: lui.

Elle devrait glisser dans son livret de caisse d'épargne (où elle est sûre de la voir souvent) une petite carte portant en imprimé ces mots: *Ne noie pas ton enthousiasme et ta générosité par un pessimisme excessif et une prudence inutile. Ne blesse jamais sa dignité et sa fierté par des critiques glaciales qu'il interpréterait comme un rejet.*

Il devrait glisser dans le cadre de son miroir (où il est sûr de la voir souvent) une petite carte portant en imprimé ces mots: *Sois bon et respectueux pour sa famille, garde-toi de l'admonester; sois bon pour son cœur tranquille. Comprends que sa prudence dérive d'une crainte secrète de pauvreté et de solitude. N'oublie pas qu'elle a besoin de compliments et d'appréciations sincères encore plus que toi, et rappelle-toi qu'elle feint seulement de ne pas aimer les manifestations sentimentales et les étreintes passionnées.*

À la réflexion, la petite carte devrait plutôt être une affichette pour le Lion. Peut-être dans un cadre doré ou même en or de dix-huit carats pour le rendre heureux. Et que ce soit une antiquité pour qu'elle en soit heureuse. Elle se sent plus en sécurité quand elle est entourée de choses anciennes, remontant à des temps plus sûrs, façonnées par des maîtres artisans qui aimaient leur métier. Voilà une utile suggestion quant au genre de cadeaux qu'il pourra lui offrir pour l'anniversaire du jour où ils se sont rencontrés. Elle n'y fait peut-être jamais allusion mais elle se rappelle cette date. Elle l'a écrite dans son journal qu'elle a caché sous son matelas avec ses premières lettres d'amour… et le nigaud croit qu'elle les a jetées. Il a grand tort car les Chevrettes ne jettent jamais rien qui ait de la valeur. L'amour qu'il lui voue en a-t-il? C'est à lui qu'il incombe de répondre.

LION
Feu - Fixe - Positif
Régi par le Soleil
Symboles: le Lion et
le Timide Minet
Forces diurnes - Masculin

VERSEAU
Air - Fixe - Positif
Régi par Uranus
Symbole: le Porteur d'Eau

Forces diurnes - Masculin

Les relations

Véritable carnaval du subtil et du sublime, les relations Lion-Verseau ne sont jamais troublées par les surprises du type uranien chères au Porteur d'Eau. Les problèmes ont d'autres causes. N'importe quel Lion ou Lionne sont aptes à endosser la responsabilité lorsqu'ils ont affaire aux gens du Verseau ou à leurs projets importants ou véniels, de toutes formes et dimensions, qu'il s'agisse de remplir une fosse de sable à l'usage des enfants, de construire une volière, de décorer un bureau, d'organiser l'emploi du temps d'une classe, de préparer une campagne publicitaire ou politique, de produire un film ou une pièce de théâtre ou de décider la fusion de deux conglomérats économiques. La seule chose qui compte, c'est que le Lion doit commander, sinon il prendra son sac de sable, ses valeurs mobilières, les baguettes destinées à fabriquer une cage, ses ballons rouges, son scénario ou sa pièce de théâtre pour aller chercher un autre royaume dans lequel la supériorité est bien accueillie, appréciée, respectée et révérée.

Normalement cela ne gêne pas le moins du monde les Porteurs d'Eau typiques, qui n'ont pas particulièrement envie d'être les grands chefs de la tribu. Ils s'intéressent beaucoup plus à la chorégraphie des danses sacrées destinées à obtenir la pluie ou à la conception d'un totem plus efficace. Quoi qu'il en soit, quand les natifs de ces deux Signes solaires entrent en conflit sur n'importe quel sujet, leur affrontement ressemble à celui d'un troupeau de bisons contre une horde d'éléphants, un bâtiment de brique heurtant un mur de ciment, etc. Le choc n'aboutira à rien, sinon à une impasse. Cela s'explique du fait que Lion et Verseau sont tous deux fixes. Porteur d'Eau, Lion et Lionne partagent la distinction douteuse d'être nés sous un Signe fixe. Cela signifie qu'ils sont d'un entêtement inébranlable et qu'ils ne céderont pas un centimètre de terrain lorsqu'ils croient avoir raison, tant en ce qui concerne une idée qu'un acte. En outre, ils raffolent les uns et les autres des surprises. Nous les savons aussi les uns comme les autres généreux, magnanimes et épris de progrès, enclins à défendre les opprimés et les minorités. En général, ils sont grands, beaux, extrêmement intelligents, cordiaux, sociables et diserts. Ils aiment à protéger les faibles, aiment et respectent la Nature… Jusqu'à présent tout va à merveille! Tout est moelleux; les Gros Chats ronronnent et miaulent de bonheur… un esprit de collaboration abondante déborde, étincelant, des petites cruches brunes de nos Porteurs d'Eau gouvernés par Uranus.

Néanmoins ces deux Signes sont en opposition sur la roue des horoscopes. Chacun possède ce qui manque à l'autre, lequel refuse d'admettre qu'il en a besoin. C'est ce qui se passe normalement. Toutefois si leurs Ascendants et Luminaires offrent un aspect confortable et harmonieux dans la comparaison de leurs thèmes de naissance, ils admettent volontiers, chacun de son côté, leur besoin personnel et n'hésitent pas à échanger leurs qualités l'un avec l'autre. Que possède le Lion qui manque au Verseau? La chaleur personnelle. Un certain sens de la dignité. La stabilité et la fiabilité.

Que possède le Verseau qui manque au Lion? Il est difficile, je le sais, de concevoir que Lion et Lionne puissent manquer de quoi que ce soit, étant donné qu'ils héritent de toutes les vertus sous le Soleil (leur planète dominante). Mais hélas, il est un don du ciel qu'ils ne possèdent pas: l'humilité qui permet à chacun d'admettre qu'il est coupable de quelque péché et affligé de quelque défaut… il pourrait y avoir quelques gemmes de mauvais aloi éparses parmi les rubis, les diamants, les émeraudes de leurs caractéristiques positives et de leurs qualités. Bref, ils ne sont pas surdoués en ce qui concerne l'aptitude à avouer les erreurs et à accepter gracieusement les critiques. Lion et Lionne feraient bien d'emprunter aux natifs du Verseau un rien de leur humilité, leur indifférence au sujet des critiques et la joyeuse bonne volonté avec laquelle ils confessent leurs fautes. Dites aux Aquariens qu'ils sont tous des génies et ils hausseront les épaules, nullement impressionnés. Dites à un natif du Verseau qu'il (ou elle) est fou et il hochera la tête affirmativement, ravi de voir comme vous avez bien discerné son caractère, surtout nullement offensé. En général les flatteries entrent par une de leurs oreilles pour sortir par l'autre. Mais risquez-vous à insinuer, même discrètement, à un natif du Lion qu'il n'est peut-être pas tout à fait supérieur à un certain point de vue et... «Coupez-moi la tête de cet olibrius!» Ils rugissent ou boudent, ce qui convient mal à leur majesté.

Réciproquement, le Verseau gagnerait beaucoup s'il adoptait dans ses relations personnelles une partie au moins de la bienveillance chaleureuse et ensoleillée du Lion (le Porteur d'Eau se montre, en effet, assez froid de temps en temps, même avec ceux qu'il aime, en devenant aussi fiable que le Lion (l'entourage du Porteur d'Eau serait heureux de pouvoir compter le jeudi, sur ce qu'il a juré de faire ce jour-là, pas plus tard que le mercredi soir) et en assumant un minimum de dignité et d'équilibre léonins. Attention! nous n'irons pas jusqu'à leur demander d'être calmes et rassis mais peut-être de copier la grâce féline des Lion, lorsqu'ils circulent parmi leurs semblables, afin qu'ils ne se cognent plus aussi souvent aux poteaux télégraphiques, qu'ils cessent de marcher sur les mains ou de s'asseoir sur la tête lorsqu'ils assistent à un concert, de se teindre les cheveux en violet, et qu'ils laissent leur perroquet multicolore et braillard chez eux lorsqu'ils se rendent à l'église... enfin des tas de petites choses comme ça. Rien qu'un peu d'équilibre et de dignité. Pas *trop*, sinon on ne les reconnaîtrait plus et nous tenons à ce qu'ils restent reconnaissables, parce qu'il est déjà assez difficile de reconnaître en eux des membres de l'espèce humaine.

Étant donné que nos deux partenaires sont nés l'un comme l'autre sous un Signe solaire d'*Organisateur fixe,* ils doivent partager les responsabilités organisationnelles de toute aventure commune, qu'il s'agisse d'affaires, de relations idylliques, d'un voyage mental, voire une exploration dans le temps. Chacun devra abandonner plus qu'un peu de sa fixité *personnelle,* tout en conservant sa fixité de but. Cependant, bien que Lion ne soit pas un Signe cardinal de commandement (il est organisateur), il doit diriger l'*organisation* d'une manière qui satisfasse sa gigantesque fierté de Gros Chat. Donnez-lui un titre, ça suffit. Chef faiseur de pluie. Chef concepteur des poteaux de totem. Chef des communications avec les gens de l'avenir. Coiffeur en chef. Apôtre en chef. Chef des pompiers. Chef du service des eaux. Chef des affaires de l'air.

Chef de la terre. Oberon roi des génies. Titania, reine des fées. Roi de la jungle. Reine des entreprises galactiques. Maître du harem. Monarque du château. Voilà l'idée d'ensemble.

Alors le natif du Verseau constatera que nulle part en ce monde ni sur n'importe quelle planète de n'importe quel système solaire, de n'importe quelle galaxie du passé, du présent ni de l'avenir, il (ou elle) ne trouvera un «copain» (ou une «copine») plus brillamment créateur, intelligent, courageux, loyal que le Lion (ou la Lionne). Il vaut la peine de cultiver un peu d'élasticité dans la fixité aquarienne afin d'acquérir un tel ami, bon pour toutes les saisons, toutes les barrières du temps et tous les niveaux de l'astral.

Femme LION • VERSEAU *Homme*

Au début elle se sentit précipitée vers lui comme un aimant propulsé à la vitesse d'un appareil à réaction. Dieu sait comment le Porteur d'Eau semblait la tirer littéralement dans les profondeurs de ses yeux rêveurs, comme si elle n'était qu'une volute de nuage disparaissant dans l'espace exprimé par cet homme. Étant Lion, elle résista, naturellement. Mais ce fut en vain. Elle se sentait emportée par les douces brises du charisme de son Élément Air, bercée par la musique apaisante de ses cornemuses.(Pour nous autres qui appartenons au commun des mortels, les sons des cornemuses peuvent paraître un peu aigus et grinçants. Pour les natives du Lion, au contraire, ils sont exquis parce qu'ils leur rappellent les prises d'armes devant le palais de la reine à Londres, les défilés du couronnement et toutes ces choses-là.)

Pendant un moment, tout ne fut que roses et paons, ravissants au-delà du ravissement. Il se conduisait comme un véritable saint. Il se sentait contraint de marcher pieds nus sur sa traîne de velours et de baiser les diamants de sa tiare. À diverses reprises, il se sentit en état de lévitation à plusieurs mètres au-dessus du sol, soutenu par les chansons parfumées du nez absolument somptueux de la belle. La langueur même de cette merveille de féminité calma les orteils et les oreilles turbulents du Verseau alors que sa prestance admirable le laissait tour à tour figé et muet ou vibrant. Elle se comportait comme la reine de tous les anges. Elle ronronnait comme un chaton et gazouillait comme un oiseau. Elle souriait comme un chat roux du Cheshire et grimaçait comme son perroquet favori. C'était un souffle céleste, flamboyant de passion, pourtant aussi froid qu'une glace à la vanille.

Tout à coup, le ciel se couvrit de gris, Rip Van Winkle se mit à renverser les quilles comme un marin ivre. Éclairs de chaleur. Tonnerre de la foudre. Un Niagara diluvien de pluies, qui aurait fait abandonner la partie de Noé en personne, se déversa de la cruche uranienne, alors que l'essence Air fouettait une tornade et que l'Élément Feu embrasait l'univers comme l'incendie de Pompéi. Bref, la saison orageuse, torride, humide de l'idylle était arrivée. Il devint indigeste, raide, avare et railleur. Elle devint grossière, vaniteuse, enragée et amère. Il la trouva ennuyeuse et elle vit en lui un ours. Dieu que c'était triste! Que s'était-il passé?

Il s'était simplement produit que leurs polarités s'entremêlaient et s'embrouillaient. Lion et Verseau sont des signes opposés. Mais les opposés s'attirent quand les sexes sont aussi opposés. Opposition! voilà la clé qui donne accès à la formation des couples. C'est tout au moins ce que croient la plupart des gens. Le véritable but de l'amour et de l'union n'est pas de rester à jamais opposés quant aux attitudes et aux désirs mais d'associer les forces opposées dans une harmonie moelleuse, de combiner le meilleur de chacun et soit de rejeter, soit de diluer le pire, afin de supprimer la puissance des caractéristiques négatives qui tourmentent leurs relations. Disons tout simplement ceci: elle ne devrait pas l'envier mais s'efforcer d'imiter les caractéristiques positives qu'il possède, dont elle manque et dont elle bénéficierait en les absorbant. De même, il devrait réaliser qu'elle est douée de certaines grâces qui seraient des bénédictions pour sa propre personnalité s'il s'efforçait un peu plus sérieusement de les acquérir. Voilà ce que signifie l'opposition. Elle ne signifie pas que l'on doive s'opposer mais au contraire se mélanger dans la félicité. Il est toujours à craindre, hélas! que la Lionne et le Porteur d'Eau perdent toutes les possibilités stimulantes et les promesses inspiratrices de leur idylle ou de leur mariage, à force de chercher sans cesse à se dominer l'un l'autre, à chaque pas du chemin. La solution réside dans la transaction. Chacun doit donner et prendre, mais ni donner ni prendre trop. Exactement la quantité voulue de soumission et d'autorité harmonieusement dosées. Même dans l'éprouvette fantasque du Verseau peut apparaître un élixir appelé égalité. Égalité des sexes et de la Lionne majestueuse avec son pitre d'amant ou de mari aquarien.

La plupart des Lionne gardent leurs distances avec les natifs du Verseau, mais l'une peut être attirée de manière inexplicable par un Porteur d'Eau. Il accepte la vie et les gens sans effort, comme elle aimerait (et feint de) le faire mais sans y parvenir totalement. Sans l'avouer, elle sait que son orgueil, poussé jusqu'à la vanité, emprisonne trop souvent sa chaleur intérieure et elle souhaite parfois pouvoir se détendre, rien que pour s'immerger dans des pâquerettes de délices, sans se soucier de ce que l'on pense d'elle... comme il le fait. Auprès de lui, elle désire littéralement dénouer son chignon et laisser flotter ses cheveux, courir pieds nus sur des prairies étoilées, tant dans le sens imaginaire que réel. Elle envie sa liberté d'expression, son aptitude à se détacher du monde et des émotions. Les passions de la Lionne, bien qu'elle les domine d'ordinaire, parviennent quand même parfois à la priver de raison, ce qu'elle regrette plus tard. Comment peut-il rester froid et intact devant des tragédies et lorsqu'il est déçu? Si elle devenait une partie de cet homme, si elle s'intégrait à lui, peut-être comprendrait-elle la magie dont il use et lui ressemblerait-elle plus?

Le mâle du Verseau s'étonne toujours de ne pouvoir compter des Lion parmi ses amis (sauf peut-être un ou deux rares natifs du Lion dont les Signes lunaires offrent un aspect bénéfique avec son Soleil de naissance). Pourtant une contradiction l'intrigue: cette femme du Lion, cette créature fière et d'une hauteur féline, qui l'a amené à se demander s'il n'existe pas dans le contact humain plus qu'une simple communication intellectuelle. Malgré lui, elle l'a amené à s'interroger sur l'amour, à décider qu'il pourrait avoir eu tort de considérer ses émotions comme des «affaires de gamins» dont un adulte doit s'écarter. Finalement, il éprouva un besoin irrésistible de s'intégrer à elle autant que la nature le permettait et ce fut une expérience nouvelle pour son cœur, sans parler de son corps. Il ne comprend pas... mais, puisqu'il s'agit d'un mystère, il ne lui permettra pas de rester impénétré. Les instincts de détective de cet homme (en collaboration avec d'autres instincts plus primitifs) lui imposent de trouver une riposte au sort que cette femme sémillante lui a jeté. Il s'avoue enfin en soupirant que la meilleure manière de commencer consiste à la posséder comme les sentimentaux prétendent qu'il est si joyeux, si merveilleux, si explosif et satisfaisant de le faire.

Il le fit. Ce le fut. Joyeux. Incroyable. Explosif. Satisfaisant. Ces sentimentaux avaient raison! Stupéfiant. Il ne l'a pas conquise évidemment dès l'instant où il a décidé de le faire. La Lionne ne se livre pas avant que l'homme qu'elle aime ait prouvé son adoration d'innombrables façons, pendant une durée raisonnable. Cependant, quand elle se résolut à l'armer chevalier en lui accordant toute la chaleur de son amour et de tout son être, leur plaisir sexuel fut exquis.

Souvent l'homme du Verseau se montre plus expansif et affectueux avec la native du Lion que personne, pas même lui, l'aurait cru possible. De même, la Lionne découvre souvent qu'elle peut jouir des pratiques amoureuses avec un homme du Verseau qui a capturé son cœur, sans retenir majestueusement une partie d'elle-même, par crainte de passer pour indigne, ce qui lui ferait perdre le respect d'elle-même dont elle a besoin pour conserver sa propre identité à ses propres yeux, sans parler du regard de l'univers entier. Elle sent que cet homme ne la ridiculisera pas, ne la regardera pas de haut si elle est franchement elle-même pendant leurs moments d'intimité. Ainsi, leur unicité physique peut constituer un lien solide entre eux, les ramener maintes et maintes fois, l'un vers l'autre après leurs querelles. Quand il est assez profond et insistant, le désir réciproque devient un remède puissant contre les blessures et les frustrations vénielles.

Cependant, quoique l'heureuse compatibilité sexuelle soit un superbe aspect de l'amour entre n'importe quel homme et n'importe quelle femme, elle ne saurait à elle seule garantir un bonheur durable. Ces deux partenaires devront donc transiger et prendre des arrangements dans d'autres domaines de leur union, sinon la passion originelle de Madame se glacerait lentement et la réaction spontanée et tendre de Monsieur tomberait dans un manque d'intérêt rêveur, typiquement uranien. La native du Lion a absolument besoin d'être complimentée de temps à autre, de s'entendre répéter par l'homme qu'elle aime combien il la chérit.

La Lionne privée d'admiration et d'appréciation devient aussi pitoyable (et également redoutable) que la lionne véritable de la nature lorsqu'elle a faim de nourriture. Qu'il s'agisse d'un besoin d'aliments ou de satisfactions émotionnelles, la faim reste la faim et peut susciter des comportements étranges. Quand il est follement amoureux d'une femme, l'homme du Verseau incline spontanément à lui faire jouer un jeu de devinettes. Il laisse entendre. Il suggère. Il l'invite à l'intérieur de son esprit (endroit devant lequel la plupart des gens trouvent la pancarte INTERDIT D'ENTRER). Il s'imagine que cela lui fera comprendre combien il tient à elle, combien il a besoin d'elle, plus qu'il n'est capable de l'exprimer. Or cela ne marchera pas. Elle n'aime pas les devinettes. La subtilité l'impatiente parce qu'elle est trop directe et franche. Peut-être, en effet, a-t-il plus besoin d'elle qu'il ne peut l'exprimer mais il va lui falloir *apprendre* à s'exprimer, s'il veut la garder. Ce ne sera pas facile, parce que l'Aquarien type ne maîtrise guère l'art de faire des compliments et de flatter. Exprimer ses sentiments les plus profonds le met mal à l'aise. Il lui est plus facile de les faire connaître par des plaisanteries ou des petits poèmes cocasses. Peut-être écrira-t-il une poésie ou une chanson. Mais une déclaration romanesque, directe et franche le met dans l'embarras… parfois douloureux.

Elle devra s'efforcer un peu plus de comprendre que cet homme est un être humain exceptionnel, à sa manière imprévisible et excentrique. Il ne répand pas distraitement son amour. Le seul fait qu'il lui ait dit «je t'aime», ne serait-ce qu'une seule fois, devrait faire comprendre à cette femme qu'il prend leurs relations au sérieux. Elle aurait tort de chercher à lui faire répéter ce qu'il considère comme une déclaration dénuée de sens, comme s'il s'agissait d'une preuve palpable de ses désirs. Aux yeux du Verseau, lorsqu'une chose a été dite, elle le demeure, jusqu'à rétractation. Répéter un propos, un acte, une idée, ou quoi que ce soit, lui paraît une perte de temps monstrueuse, à cet homme dont l'esprit est toujours orienté vers ce qui est en avant et pas vers ce qui reste derrière. Il était aussi ahuri lorsque sa mère cherchait à lui faire répéter «merci» et «s'il vous plaît» ou «enchanté de faire votre connaissance» cent fois par jour. Il trouvait cela insensé. Nous avons tous bien d'autres manières de manifester notre politesse et notre gratitude. Il a constaté que les hypocrites, prompts à rendre hommage oralement aux usages de la société, voire à ceux des unions romanesques, sont les mêmes qui enfreignent ce qu'ils considèrent comme les règles essentielles de l'honnêteté, la bonté, la loyauté. Or il exècre l'hypocrisie de toutes les fibres de son être.

Peut-être essaiera-t-il de le lui faire comprendre un jour, à minuit ou à midi, allongé auprès d'elle dans le lit ou bien en traversant la main dans la main une rue encombrée de piétons et de véhicules. Ça lui viendra à l'esprit subitement et il dira doucement, gentiment: «Tu sais, ce n'est pas ce que *disent* les gens qui compte mais ce qu'ils font.» Puis il lui jettera un de ses coups d'œil uraniens qu'elle sent la pénétrer jusqu'au fond de l'âme. Si elle est aussi sage que peuvent l'être les sujets du Soleil, elle lui rendra son sourire rien qu'avec les yeux et dira simplement: «Je le sais.» Ensuite, elle n'oubliera jamais cet instant intemporel où il s'est tant efforcé de lui faire comprendre. Elle aura raison, parce qu'il ne se répétera probablement pas. Les hommes du Verseau ne mettent leur âme à nu que rarement et seulement pour un instant. Si leur interlocuteur (ou interlocutrice) est trop affairé à ce moment-là ou trop préoccupé pour *écouter* réellement, l'occasion sera passée à jamais.

N'importe qui peut adopter un chien pour le dorloter (voire un écureuil ou une gerboise, peu importe) et cet animal manifestera une gratitude touchante parce qu'on lui a donné un foyer et un moyen de vivre. Mais vous savez ce que l'on dit au sujet des chats? Personne ne «choisit» un chat comme animal favori. Le chat choisit son propriétaire. Il s'y décide après avoir constaté qu'il a affaire à une personne digne d'être honorée par sa présence. Notre Lionne est un félin, comme le chat. Elle s'attend à ce que vous soyez congrûment satisfait de la chérir, de lui caresser la tête. Souvent... si vous voulez qu'elle reste auprès de vous, qu'elle ronronne pour vous, qu'elle embellisse votre foyer. Le Porteur d'Eau devrait en prendre note.

La native du Lion pourra entretenir quelques doutes au sujet de la stabilité élémentaire de son homme du Verseau, excentrique, non conformiste, aux actions et réactions imprévisibles. Eh bien, ma foi! peut-être est-il un peu fou mais c'est précisément sa folie qui l'empêche de perdre la raison dans un monde qui n'en a *vraiment* pas du tout. Si elle y réfléchit un bon moment, elle comprendra. Alors son sourire ensoleillé reviendra sur son visage. Juste à temps, il était en effet en train de geler, là-bas dehors, tout seul, sans elle. Mais il se serait bien gardé de le lui signifier. Il aurait tout simplement fait demi-tour et serait parti, courageusement, en sifflant une chanson mélancolique tout en se disant que cela n'a pas d'importance. Plus tard il se demanderait pourquoi elle l'a accusé d'être trop distrait parce qu'il ne pensait jamais à lui apporter un cadeau pour son anniversaire ou pour l'anniversaire de leur rencontre. Mais parbleu! c'est elle qui a oublié... ne lui a-t-il pas dit qu'il l'aime?

Homme LION • VERSEAU *Femme*

Ne vous y trompez pas. Un Lion peut être aussi stupéfait et ahuri qu'un individu du commun par une fille du Verseau, sa manière unique de s'exprimer et son comportement singulier. Mais sa réaction sera typiquement léonine. Il prétendra ne pas l'avoir remarquée. Manifester son étonnement serait avouer une faiblesse. Il prendra les excentricités de la belle comme si elles allaient de soi, avec un calme plutôt bienveillant et légèrement protecteur.

S'il plaît à la Porteuse d'Eau d'appeler un baiser un dé, il fera de même. Le Lion a des airs de langueur tellement naturels qu'ils sont convaincants et elle ne soupçonnera jamais qu'à cet instant même, elle l'a jeté hors de lui. Le Lion ne peut jamais laisser entendre qu'il a été surpris inopinément. Quant à être «jeté»!... Si elle lui dit qu'elle veut des cherimohas dans sa cour, il bâillera, lui promettra d'y réfléchir et de lui donner son avis plus tard. Le lendemain, il sera expert en fait de cherimohas. Si elle lui a demandé de ne pas oublier d'apporter des yaourts lorsqu'il viendra la voir parce qu'elle a besoin d'en emporter chez le photographe, peut-être brûlera-t-il de curiosité quant au rapport entre le yaourt et les appareils photographiques, mais il ne posera pas de questions. Le lendemain, avant de la conduire se faire photographier, elle lui demandera son opinion: «Dois-je me servir du yaourt avant d'y aller?» Il répondra distraitement: «Pourquoi pas?» Il ne révélera pas en tout cas son ahurissement. *(Se servir du yaourt?)* Il soupirera *secrètement* de soulagement lorsqu'il constatera qu'elle s'en sert, en effet, comme crème de fond de teint. Il avait commencé à se demander si elle n'avait pas besoin des soins d'une psychiatre. Il ne haussera pas non plus les sourcils lorsqu'il trouvera dans le compartiment à congélation du réfrigérateur un précieux vase oriental rempli de crayons fraîchement aiguisés. À ce moment-là il aura compris au moins en partie la combinaison du coffre mental de cette dame ou demoiselle. Il est en effet capable de dénouer des énigmes assez facilement. Elle croit que les crayons écrivent mieux quand ils sont congelés, se dira-t-il. Il commence à la connaître. C'est exact. Les traits sont plus nets, plus propres sur le papier.

Il ne se vendra pas non plus en pâlissant lorsqu'elle se précipite dans ses bras, pleurant lamentablement et en gémissant: «Il est mort! Joe est mort!». Notre Lion la calmera de son mieux en espérant qu'elle ne perçoit pas combien son cœur bat vite. Petit à petit il apprendra que cet «il» n'est qu'un petit lézard du jardin qu'elle avait baptisé Joe et qu'elle avait pris en affection. Si elle fait tenir l'ourlet de sa jupe avec de la colle néoprène, se rince les cheveux avec de la bière à 3,2 ° pour leur donner du lustre, éprouve une sensation mystique à se doucher sans allumer la lumière dans la salle de bains, en ne s'éclairant que d'une seule bougie posée sur le lavabo, ou se précipite dans la cuisine pour se saisir de la bouteille d'extrait de vanille et s'en tamponner derrière l'oreille avant de partir dîner dehors avec lui parce que c'est son parfum favori... il sera déjà blasé. Manifester spontanément sa surprise serait au-dessous de sa dignité. Cela signifierait qu'il existe des choses dont il ne sait rien. Or le Lion sait tout. Alors comment pourrait-il s'étonner de quoi que ce soit?

Qu'il le manifeste ou non, cette fille peut le surprendre. Elle l'envoie même littéralement au carreau. Il n'a encore jamais rencontré personne d'aussi stupéfiant. Elle enfreint toutes les règles, suit un chemin imprévisible, et lui pose constamment des énigmes. Évidemment, elle considérera comme un défi le fait qu'il refuse d'avouer sa surprise et cela l'encouragera à le choquer encore plus, pour voir quelle allure il a lorsqu'elle parvient à le désemparer. Qu'un homme puisse être aussi impavide, impassible, aussi paresseusement confiant, aussi immunisé contre la surprise la fascine. Pas étonnant que l'astrologie le considère comme un Gros Chat! se dit-elle, rêveuse. Cela le décrit en effet parfaitement. Il est toujours attentif, alerte, prêt à repérer la moindre ombre de danger contre son bien-être et son amour-propre et aussi prêt à foncer contre ce danger avant qu'il ait fondu sur lui. Peut-être le Lion mérite-t-il d'être appelé le roi de la jungle?

Elle ne peut s'empêcher de l'admirer ni de chercher à lui faire perdre son sang-froid, ébouriffer sa dignité, ébranler son port royal. Elle a entendu dire qu'il est natif d'un Signe de Feu. Elle sait donc qu'un feu couve quelque part sous ce comportement plein d'assurance et ces mouvements gracieux. Elle aimerait faire jaillir des flammes pour les voir. Voilà qui serait excitant, se dit-elle. Ce pourrait aussi ne pas être sage. Cet homme n'est pas un chaton mais un Gros Matou et il y a là une grande différence. Si luron, cordial, ensoleillé, aimable qu'il puisse être par nature, cet homme est aussi fait pour survivre. Quiconque cherche à le ridiculiser se verra enseigner une leçon rapide et impressionnante sur la loi de la jungle appliquée par le Lion à la société humaine. Noble, généreux, affectueux,

souvent doux, il n'en affirme pas moins son autorité quand il se sent mena-
cé, en s'élevant sur les hauteurs farouches du Soleil, sa planète dominante.
Il n'acceptera jamais ni défaite ni échec. En fin de compte, il triomphera.
Le Lion n'est pas cruel mais ni veule ni humble, ni effacé ni soumis. Il ne
gaspille pas sa splendide énergie en vain mais, lorsque se présente une
cause juste, il est assez vigoureux pour imposer sa volonté et, dans de telles
occasions, il agit de manière spectaculaire. Le Lion ne bat jamais en retraite bien qu'il puisse parfois dédaigner de manifester ses émotions sur
des questions qu'il considère comme trop mesquines ou triviales pour qu'il
y prête attention. La plupart du temps il organise toute chose autour de lui.

Leurs points de vue sont diamétralement opposés et ils se trouveront
peut-être souvent installés chacun à une extrémité du thermomètre des
émotions. Pourtant l'opposition de leurs Signes solaires sur la roue des
horoscopes peut les aider à rééquilibrer leurs relations qui sont celles
de deux personnalités masculines. Ils sont en effet nés l'un comme l'autre sous un Signe fixe (entêté) et masculin. Le Soleil qui gouverne le
Lion est aussi masculin (très!) et la planète dominante de cette femme,
Uranus, est aussi masculine. Voilà ce qui suscite beaucoup de vibrations
positives, agressives et résolues autour d'eux. Selon toute évidence, il
faut qu'ils s'efforcent d'un commun accord d'ajouter quelques qualités
dites «féminines» à leurs relations, telles que passivité, tendresse, patience et tolérance.

Elle ne comprend pas pourquoi il attache une importance tellement vitale à sa propre image, alors qu'elle se soucie de toutes sortes
de choses sauf d'elle-même, comme il sied à l'Élément Air. La vanité
du Lion la rend perplexe, de même que sa manière de bouder lorsqu'on ne lui manifeste pas le respect auquel il croit avoir droit. Elle se
montre considérablement plus désinvolte quant à son apparence extérieure et, quoi qu'en pensent bien des gens, il lui arrive rarement de
s'interroger à ce sujet. Elle n'a pas besoin d'être respectée parce
qu'elle se respecte elle-même. L'important est ce que l'on pense de
soi-même et pas ce qu'en pensent les autres. Voilà une des quelques
leçons de la plus haute valeur qu'elle peut enseigner à son Lion, s'il
consent à oublier assez longtemps son orgueil pour comprendre combien il serait plus heureux s'il saisissait la sagesse d'une partie au
moins de la philosophie uranienne.

Elle peut aussi apprendre de lui certaines choses capitales. La principale, c'est le sang-froid. Elle est sujette à des impulsions soudaines,

des tornades d'émotion capables d'enflammer la nature intime de ce natif d'un Signe de Feu. Dans le cas d'une telle explosion, ni l'un ni l'autre n'est plus capable de discuter calmement de quoi que ce soit. L'Air peut fouetter le Feu pour le pousser jusqu'à la frénésie mais aussi le faire brûler plus brillamment. Il n'y a pas de doute qu'elle stimule aussi cet homme d'une manière positive. Extérieurement la femme du Verseau type semble ne désirer que tranquillité, paix et calme. Bien des Porteuses d'Eau ont un langage mesuré et des manières bénignes. Puis, tout à coup, sans que rien ne permette de le prévoir et sans provocation réelle, elles font éruption en une scène orageuse, jettent quelque chose d'un bout à l'autre de la pièce ou par la fenêtre ou, faute de mieux, claquent la porte, s'enferment à clé, tirent les rideaux et jouent aux ermites pour une durée indéterminée, allant de quelques heures à quelques jours. Mais bouder ainsi est une erreur car elle ne l'emportera jamais au jeu des bouderies sur un Lion. L'homme du Lion est un expert indiscutable en ce qui concerne la stratégie de la bouderie lorsqu'il a été blessé ou vexé. Elle ne le dépassera pas. Il est le champion.

Étant donné que le Lion associe souvent de manière subconsciente toute émotion puissante (positive ou négative) avec le désir sexuel, un des éléments les plus surprenants de leurs relations pourrait être la manière dont une querelle, même violente, renouvelle le besoin que chacun éprouve de l'autre et se termine par la satisfaction de désirs inexprimés. Il y a quelque chose de farouche et de primitif dans les pratiques amoureuses qui exigent la capitulation de la passion mentale et des émotions devant celles du corps. S'ensuit le calme après la tempête, quand tout est paisible, immobile de nouveau... plus frais, plus doux qu'auparavant. Quels que soient les combats que peuvent se livrer leurs personnalités dans d'autres domaines de leur union, ces deux personnes peuvent toujours compter sur le retour de l'harmonie entre eux lorsque leur expression sexuelle de l'amour transforme le natif du Lion en un lion authentique et qu'elle cesse d'être son adversaire pour devenir sa compagne: créature qui le défie et à qui il doit prouver son égalité ou sa supériorité. Il préférerait que ce soit cette dernière, mais il épargnerait beaucoup d'énergie utilisable à d'autres fins dans sa vie s'il se contentait de la première avec cette dame. La chimie sexuelle qu'ils partagent a un caractère tellement magnétique qu'ils résistent d'ordinaire à la destruction par les autres tensions de leurs relations (à moins de graves afflictions entre leurs Ascendant et Luminaire dans leurs thèmes de naissance). En certaines occasions évidemment, la fierté de Monsieur sera profondément blessée par l'inaptitude périodique de Madame à se montrer aussi affectueuse qu'il le souhaiterait. Le natif du Lion a en effet besoin de chaleur et de tendresse dans ses pratiques amoureuses et la fille du Verseau peut parfois se montrer involontairement froide et absente. L'être intime de cette femme vibre à l'Élément Air incapable d'atteindre jamais les mêmes sommets que les influences du Soleil et du Feu maîtresses des passions sexuelles de son Lion. Mais il peut se consoler en sachant qu'elle est probablement plus chaleureuse avec lui qu'elle ne pourrait l'être avec quiconque parce que leur opposition sexuelle suscite chez elle un engagement complet de son cœur dans leur union physique.

Ces deux amoureux se combleront probablement de cadeaux somptueux et de surprises insensées à des moments inattendus. Projeter ensemble changements, voyages, créations diverses, les rafraîchira, inspirera et excitera. Mais elle incline à introduire à pleines brassées des amis de l'un et l'autre sexe dans le cercle de leur intimité; à ce point de vue, elle devra prendre garde à ne pas offenser son partenaire. La jalousie couve longtemps, très longtemps chez le Lion avant d'éclater dans des colères furieuses. Il ne parviendra jamais à l'empêcher d'être elle-même. Il faut non seulement permettre à cette femme de suivre ses impulsions mais aussi l'y encourager sinon ses dispositions normalement enjouées feront place à la morosité. Elle est en effet douée d'un esprit libre spontané, comme toutes les natives du Verseau. Étouffer cette qualité uranienne peut provoquer de graves névroses.

Le Lion aussi peut tomber dans une morosité névrotique s'il ne reçoit pas à satiété les attentions dont il a besoin. L'esprit de la Porteuse d'Eau est agité par tant de choses qu'elle oubliera peut-être de temps en temps qu'il est auprès d'elle. Elle aurait grand tort. Dédaigner trop souvent un homme du Lion, c'est le perdre à coup sûr. D'abord il se figera en un bonhomme de glace… et puis il y en a toujours une ou plusieurs par-là, dans les parages, pas trop loin, prêtes à le faire fondre en le comblant de considération.

Les philosophes de jadis nous assurent qu'il n'est pas besoin de donner de longues explications aux sages et qu'un seul mot leur suffit. D'autre part, l'astrologie nous dit que le Lion est un sage. De menus conseils exprimés en quelques mots suffiront au Lion amoureux d'une Porteuse d'Eau. J'avertis le Lion: il est prudent, si possible, d'être le premier amour d'une Aquarienne ou d'un Aquarien. Ces hommes et ces femmes conservent toujours le souvenir nostalgique de ce premier amour qui fut probablement d'ailleurs une amitié platonique. D'autres raisons imposent cette prudence. Ce poème dû à la plume de Dorothy Parker décrit de manière assez concise les lamentations romanesques d'une Porteuse d'Eau gouvernée par Uranus:

> *Brillant fut le premier amour... et rutilant et beau*
> *le second amour fut d'eau... dans une fine tasse blanche*
> *le troisième amour fut sien, le quatrième fut mien*
> *et après ça... je les confonds tous.*

À bien y réfléchir, mieux vaudrait que l'homme du Lion s'efforce d'être le troisième amour de cette dame. Oui, c'est certain, le numéro trois conviendrait au Lion. Et que les recherches de cette Porteuse d'Eau s'arrêtent là. Au-delà, il y a trop de risques. La rutilance et la tasse blanche sont des extases passagères. Le numéro quatre est hors de question, surtout pour un Lion, quel qu'il soit. *Trois,* voilà le chiffre magique. Et puis, mettez l'abaque chinois sous une clé que vous jetterez au fond d'un puits.

LION
Feu - Fixe - Positif
Régi par le Soleil
Symboles: le Lion et
le Timide Minet
Forces diurnes - Masculin

POISSONS
Eau - Mutable - Négatif
Régi par Neptune
Symbole: les Poissons

Forces nocturnes - Féminin

Les relations

Avant de nous engager dans ce chapitre, autant préciser clairement qu'aucun Poissons, ni mâle ni femelle, ne parviendra jamais à conquérir un Lion ou une Lionne. C'est tout simplement impossible et contre tous les préceptes de l'astrologie et de la nature. Alors comment se fait-il que nous voyons tant de Poissons fréquenter des natifs de Lion? Parce que se laisser conquérir n'est pas tellement désagréable pour les Poissons, quand les Gros Chats sont les vainqueurs. Voilà l'explication.

Les Lion sont normalement généreux envers les vaincus, ils se conduisent en monarques bienveillants, exempts de cruauté et de malice (qualité qu'ils compensent souvent par l'arrogance). Le Poissons, quant à lui, préfère être dominé, pourvu que ce soit affectueusement, ce que font presque toujours les Lion. Se soumettre à une domination, vous voyez, rend la vie plus facile. Quelqu'un leur dit ce qu'ils doivent faire; cela leur laisse beaucoup de temps pour s'abandonner à des rêveries neptuniennes et les libère de leurs responsabilités, de leurs obligations. Le Poissons se plaît à nager librement en laissant à une autre personne le soin d'établir le programme de ses voyages à venir vers l'amont ou vers l'aval, pourvu que cette autre personne le fasse de bon gré. Les Poissons n'y tiennent pas, au contraire. Ils considèrent que conquérir et dominer sont des occupations fastidieuses dans lesquelles on dépense beaucoup d'énergie et pour lesquelles il faut un ego plus vigoureux que le leur en général.

Il y a des exceptions, évidemment. Quelques Poissons rêvent, dans leurs moments de bizarrerie, de conquérir un Lion ou une Lionne. Cela s'explique sans doute par le fait que l'horoscope de ces Poissons présente une position planétaire comportant Mars en Bélier et ce serait pourquoi ils préfèrent commander plutôt qu'obéir. Il est en effet parfaitement exact que Mars exerce une influence formidable par l'intermédiaire de son Signe naturel Bélier, et qu'une telle conjonction rend les Poissons moins humbles, moins accommodants. Mais en dépit de sa puissance, de son courage et de son audace, Mars ne vaincra jamais et ne dominera évidemment pas Apollon le rayonnant, le Dieu Soleil. Reprenez votre mythologie grecque et étudiez-la de nouveau. Aucune planète, pas même le terrible Pluton ni le sévère Saturne, ne possède la force qui donne la vie comme le Soleil. Si ce puissant Luminaire exerce son autorité dans la zone des Poissons au moment de la naissance, on a affaire à un Poissons, un point c'est tout… et qu'importent les bouffées périodiques de bravades martiennes. Foncièrement et essentiellement, quand on a compté les points et que la partie se termine, le Poissons n'est jamais qu'un Poissons.

La position du Soleil au moment du premier souffle, telle est la clé de la véritable essence de chaque personne pour la simple raison que le Soleil détient la plus puissante influence du ciel et, par conséquent, de l'horoscope. En outre le Soleil se trouve être le véritable maître du Lion. Nous voilà à notre point de départ après avoir décrit un cercle complet en ce qui concerne la question de qui dominera l'autre dans ce couple. Quelle que soit la manière dont vous considérez le tableau, vous voyez, c'est évident, que le Lion gouvernera le Poissons. Le Poissons dont le thème de naissance comporte des vibrations plus positives (telles que Mars en Bélier ou Lune en Bélier) pourra opposer quelques défis au Lion ou à la Lionne. Mais quel espoir pourrait leur conférer une telle assistance planétaire à la naissance contre le roi ou la reine Lion. Même ceux qui à leur naissance avaient le Soleil en Bélier (comme moi) doivent finir par se soumettre à la supériorité léonine pour conserver la paix. Appréciation et admiration ne manquent jamais de rehausser la nature ensoleillée des natifs du Lion. Or personne n'apprécie et n'admire avec plus de charme que les Poissons. Réciproquement, les chauds rayons du Soleil léonin ne manquent jamais de faire éclore les fleurs délicates de la personnalité neptunienne propre aux Poissons, à laquelle il faut la tendresse et les attentions que les Lion savent leur prodiguer affectueusement et en les protégeant. Il résulte de tout ce qui précède que — sauf en cas de graves conflits entre leurs Signes lunaires, leurs Ascendants ou leurs aspects Soleil-Lune — chacun de ces deux partenaires encouragera l'autre à révéler ce qu'il y a de meilleur en lui; ils se compléteront réciproquement et trouveront ensemble abondance de joies et de confort.

De tels couples ne sont pas rares, car le Poissons peut apporter beaucoup de tendresse et de perspicacité dans la vie du Lion alors que ce dernier peut fournir une large mesure de sécurité, émotionnelle particulièrement, mais aussi sur d'autres plans dans la vie des Poissons. Mais un Lion peut avaler un Poissons quand il est las de jouer. Ces deux personnages ne sont donc pas compatibles par nature et ne trouveront l'harmonie que s'ils la cherchent en s'efforçant sincèrement de la trouver. Lion se sent chez lui dans une jungle chaude et sèche; Poissons, dans des eaux fraîches et ombragées. Voilà des différences considérables. L'un des deux doit donc abandonner, au moins symboliquement, son environnement familier pour rester auprès de son partenaire. Prenons le cas du Lion. Si son Ascendant ou sa Lune se trouvent dans un Signe d'Eau, il lui sera plus facile de renoncer à la vie dans la jungle pour plonger dans les eaux profondes de Neptune. De son côté, si l'Ascendant ou la Lune du Poissons se trouvent dans un Signe de Feu, il lui sera plus facile de respirer librement sur une terre sèche et de rôder auprès de son noble Lion ou de sa noble Lionne sans aspirer à s'échapper, pour plonger dans l'océan de l'oubli émotionnel.

L'association Lion-Poissons offre la possibilité de créer des relations satisfaisantes, comportant tout l'attrait que la puissance extérieure exerce sur la puissance intérieure… et vice versa. Étant donné que le Poissons possède une noblesse spirituelle intérieure comparable à la noblesse et à la dignité fort apparentes de la personnalité léonine, ils peuvent, s'ils s'y efforcent, fort bien se débrouiller ensemble, sur n'importe quelle scène de l'existence, que ce soit celle des affaires, de l'amitié, du cercle de famille ou de l'union conjugale.

Pour le Poissons, le Lion présente la sixième maison, celle du service. On conçoit donc que le Lion éprouve un besoin exceptionnel de servir le Poissons d'une manière quelconque, ce qui n'est pas un comportement normal pour les Gros Chats et qu'il ne manifeste jamais envers les natifs des autres Signes solaires. Cela ne contredit évidemment pas son syndrome de supériorité mais le dilue quelque peu. Après tout, les monarques servent leurs sujets avec grâce et continuellement, mais ils n'en restent pas moins majestueux.

La plupart des Poissons ne décident qu'à grand-peine ce qu'ils désirent être ou faire. Ils écoutent volontiers les conseils d'à peu près tout le monde et ne les suivent que pendant quelque temps... ou pas du tout. Voilà le point précis où commencent les ennuis. Le Lion doit être obéi ou souffre énormément. Étant donné que le Poissons ne peut supporter de voir quelqu'un souffrir, et que le Lion supporte aussi mal de voir qui que ce soit errer sans but, nous nous trouvons au fond d'une impasse. Où le Lion boude et le Poissons pleure.

Poissons est souvent tenté par deux possibilités à la fois qui l'attirent et l'intriguent autant l'une que l'autre. Lion devrait lui permettre de tenter sa chance dans les deux voies simultanément si nécessaire, parce que le Poissons a besoin de temps et d'une grande liberté de mouvements pour procéder à des expériences multiples, afin de se trouver lui-même (ou elle-même). Le Lion (ou la Lionne) fait preuve de sagesse quand il accorde de telles permissions au Poissons, mâle ou femelle. Or nous savons qu'outre sa dignité innée, le Lion est doué de sagesse. (Il m'a semblé utile de plaider ici pour les Poissons qui ne sont pas particulièrement adroits à défendre leurs points de vue.)

Quelle que soit la nature de leurs contacts quotidiens avec les Lion, les Poissons ne doivent jamais oublier que des manifestations sincères d'appréciation (flatteries) apaiseront plus facilement le fauve que bouderies, larmes ou silence. De son côté, le Lion doit se rappeler que la gentillesse est l'appât le plus sûr pour attirer le Poissons hypersensible et qu'affolent les rugissements majestueux; il bat alors frénétiquement les nageoires et ne respire plus qu'à grands efforts. Il n'est pas difficile à ces deux personnes de s'ajuster l'une à l'autre et de trouver ensemble le bonheur, à condition que chacun manifeste ses qualités positives au lieu de ses défauts.

Le Lion s'attend évidemment à avoir la haute main dans les questions d'argent et il l'exigera même à juste titre puisqu'il est un organisateur-né. Mais il est aussi dilapidateur. D'autre part, le Poissons est souvent étonnamment habile à pénétrer l'imbroglio des affaires financières. Cependant il n'éprouve pas un respect immodéré pour l'argent. Il serait donc préférable que chacun tienne à son tour la caisse pour en régler les entrées et les sorties. L'attitude neptunienne envers à peu près tout présente un caractère plus intuitif que rationnel. Cela irritera infailliblement les gens gouvernés par le Soleil, pour qui la raison seule présente un fondement sensé de toute opinion et de toute action. Voilà une pierre d'achoppement. Il y en a d'autres. Organiser sa vie selon une routine sans accroc, voilà ce qui vient naturellement à l'esprit du Lion, né sous un Signe fixe d'organisation. Pour le Poissons, cependant, l'ordre et la discipline indispensables à la bonne organisation ne viennent pas naturellement à l'esprit.

Un Poissons peut parfois trouver l'issue correcte d'une situation tellement embrouillée que le Lion en perd la tête. Loin d'être reconnaissant, ce dernier sera outré et même furieux. L'indigne tout autant le carnet de chèques sur les talons duquel on n'a rien marqué, le bureau en désordre, la maison mal tenue. Il veut une place pour chaque chose et chaque chose à sa place. Au contraire, le Poissons estime qu'organiser chaque chose dans ses moindres détails à chaque heure de la journée et tous les jours, en un système rigide, équivaut à gâcher son existence. Il se sent toujours plus à l'aise quand il est entouré d'un décor confortablement chaotique. Pour ne pas le vexer nous dirons seulement: pas trop ordonné.

Il est rare que, placé devant une situation conflictuelle, un natif des Poissons accepte et encore moins provoque la confrontation. Malgré leur caractère aquatique, hommes et femmes de Neptune se noient dans l'insécurité. Les Poissons dont nous avons parlé plus tôt, ceux dont l'horoscope présente quelques vibrations positives, telles que Mars ou la Lune en Bélier, peuvent subir quelque temps sans dommages l'assaut de vagues furieuses ou les outrages de la torture ou encore un traitement injuste. Mais cela ne dure pas. Même ceux-là finiront par nager vers des baies et des anses plus calmes. L'évasion, telle est inévitablement leur solution finale. Il est difficile d'épingler un Poissons; Neptune gouverne entre autres choses les gaz, impossibles à confiner quand ils veulent se libérer.

L'astrologie chuchote que certains Poissons deviennent des orques dévorantes. C'est exact. Neptune organise en effet des mutations inexplicables. Mais ces rares Poissons carnivores, capables d'avaler à l'occasion quelques Crabes ou du menu fretin, ne pourront imposer aux Lion le rôle de Jonas. Ou bien le Lion sort du combat triomphant ou bien le Poissons file à la nage. Bien que dans leur ensemble, les Poissons nous donnent l'impression d'être évasifs et prompts à la fuite, les Gros Chats sont habiles à traquer les créatures qui se croient en sécurité hors de leur portée...

jusqu'à ce que la patte léonine les cloue inopinément au sol. La fin de tout affrontement sérieux entre Lion et Poissons est donc prévisible.

Les Lion qui désirent vivre paisiblement et harmonieusement avec un Poissons doivent aider ces derniers à venir à bout de la dualité propre à Neptune, les consoler tendrement, appliquer des baumes apaisants sur leurs insécurités émotionnelles et les conduire gentiment hors des brouillards ténébreux où ils rêvassent, pour les mener au soleil de la vérité et de la réalité. Vous voyez combien les astres sont sages? Comme je l'ai dit au début de ce chapitre, le Lion devra être le maître du ménage ou de l'association, et cela vaudra mieux pour les deux partenaires. Les Poissons ont besoin d'une solide épaule sur laquelle ils s'appuient, d'une main à tenir quand ils cherchent leur chemin à travers les fourrés de l'existence, par crainte des dangers tapis dans le sous-bois et qui pourraient bondir sur eux inopinément. Qui est le plus fort pour faire face à de tels périls sinon le Lion? Le Lion protège. Les Poissons admirent... avec une gratitude touchante N'est-ce pas ravissant? Quelle belle journée! Il ne pleut pas. Et s'il pleuvait, le Poissons, mûr spirituellement, peut enseigner au Lion comment on évite d'être trempé par les averses inattendues de l'existence. Après tout, un service en vaut un autre.

Femme LION • POISSONS *Homme*

Il vous viendra spontanément à l'esprit que les attitudes hautaines, glaciales, royales de la Lionne type envers les étrangers qui sollicitent sa main ou son cœur effraieront le Poissons mâle; vous le voyez s'enfuir avant que cette belle ait eu l'occasion de le ferrer. C'est bien ce que vous pensez. Vous vous trompez; vous oubliez que la Lionne présente un autre aspect. Elle peut, quand il lui convient, rayonner de dispositions joyeuses, enjouées, aussi chaleureuses et bienveillantes que son maître le Soleil. En outre, tous les natifs des Poissons ne sont pas pris de tremblote en présence des majestés astrologiques. Si vous vous rappelez le dernier chapitre, vous savez qu'il existe des Poissons carnivores qui gobent les gens — symboliquement, bien sûr. Aucun ne parviendra jamais à gober une Lionne, c'est évident. Mais il ne sera pas forcément terrifié quand la Lionne répond par une attitude frigorifique à ses premières avances.

Cependant la plupart des Poissons mâles ne sont pas des épaulards. Ils ont donc besoin d'une certaine assistance quand une Lionne les a ferrés. Nous allons donc considérer cette situation de leur point de vue. Les Gros Poissons, fauves des océans, peuvent se tirer d'affaire sans nous. Alors considérons le problème du Poissons typique ou moyen dans ses relations avec une femme du Lion. Épouvantable! Absolument épouvantable. La Lionne en bonne santé vous a des airs d'autorité et de vitalité qui paraissent lancer un défi à tout être enclin à la courtiser et à la conquérir. «Tâche d'être à la hauteur pour me mériter», tel est le message silencieux de ce fauve.

Que cela ne paralyse pas notre Poissons surtout. Si elle fait ainsi la fière, c'est seulement sa manière royale d'écraser et de chasser le vulgaire plébéien qui ose lever les yeux vers le trône avec envie. Alors, la solution s'impose à l'évidence pour notre Poissons: il doit prouver qu'il n'appartient pas à la plèbe. Reste à savoir comment s'y prendre.

Eh bien! pour commencer, il peut la traiter royalement dans les meilleurs restaurants et lui offrir des cadeaux qui, s'ils ne sont pas somptueux reflètent au moins son bon goût. Une bouteille de vin bon marché, un bracelet de laiton serti de verre filé, qui lui ferait verdir le poignet, une de ces poupées en matière plastique qu'on gagne à la foire ne sont pas des présents qui révèlent le bon goût. Mais certains bijoux peu coûteux présentent une valeur artistique évidente. Il n'y a pas besoin d'une fortune pour se les procurer. On peut s'en tirer pour pas trop cher et le Poissons est prêt à le faire pour impressionner la femme qu'il craint d'aimer. D'ailleurs ce qui compte le plus, c'est l'écrin. S'il porte la marque d'un bijoutier assez connu elle l'acceptera avec son plus brillant sourire, le remerciera gracieusement et ses yeux refléteront une promesse d'été ensoleillé.

Il peut d'ailleurs lui offrir d'autres présents de bon goût. Un chaton perdu. Sa propre photo à six ans, bien encadrée. Un bouquet de pâquerettes représentant toutes les femmes avec une rose d'un jaune d'or au milieu qui la montre les dominant toutes. Le bon goût n'implique pas nécessairement l'argent mais seulement l'éducation du cœur et la sensibilité de l'âme. Quoi qu'il offre, il doit le lui présenter à l'occasion d'une fête banale ou même un jour de semaine. La Noël, les anniversaires et autres festivités à grand tapage doivent être évités. C'est ce jour-là que les gens de la plèbe présentent leurs offrandes.

Il glissera sous le joli papier d'emballage une carte portant simplement par exemple cette mention: «Parce que nous sommes jeudi matin et que je vous aime.» Il peut aussi indiquer qu'il célèbre le jour, l'heure, la minute à laquelle ils se sont rencontrés un an plus tôt (ou cinq ans ou n'importe quel nombre d'années)… peut-être pour fêter la journée de Guy Fawkes (mais qu'il s'arrête à une bibliothèque en chemin et qu'il vérifie de qui il s'agit parce qu'elle froncera les sourcils avec mépris s'il n'est pas capable de lui dire qui était ce Guy Fawkes et ce qu'il a fait… non, non, il n'a pas combattu Joe Louis à Chicago). Voilà une bonne occasion: commémorer le couronnement de la reine Elizabeth: ça plaira à la Lionne; tout ce qui touche à la majesté la ravit. Elle trouvera cette idée amusante. N'oublions pas qu'elle est douée d'un merveilleux sens de l'humour. (Mais du bon goût, comme toujours tout ce qui la concerne. Pas de grosses farces. Pas d'anecdotes graveleuses.) Elle est sentimentale et, avec elle, il ne faut pas prendre les détails à la légère. Qu'il n'ignore pas surtout combien elle incline à l'intellectuel, au romanesque, à l'exceptionnel. Cette dame est vraiment une *dame,* littéralement. Le banal, l'ordinaire, le vulgaire l'ennuient aux larmes. Bref il lui faut du merveilleux.

S'il a bien d'autres manières de lui prouver qu'il n'appartient pas au *vulgum pecus,* mais au gratin, aux classes dominantes, et qu'il mérite, par conséquent, son attention, voire son respect, il peut manifester son talent neptunien (au moins son goût) en fait de musique, de poésie. Elle trouvera cela littéralement délicieux. Il se rappellera qu'une véritable majesté ne gémit jamais, conserve toujours un maintien digne, même dans les situations les plus bouleversantes. Il doit surtout se garder de la vexer en parlant ou en se conduisant d'une manière brusque, grossière, irrévérencieuse, même lorsqu'elle mérite une bonne fessée verbale ou physique… ce qui arrivera souvent.

Dans de telles circonstances, il doit y aller franchement et lui administrer ce qu'il lui revient mais pas grossièrement… comme un gentleman. C'est plus facile qu'on ne le croit; il suffit de trouver le truc et de saisir la différence entre les procédés des classes inférieures et ceux de la classe dominante. Seul un véritable aristocrate armé chevalier par la reine oserait remettre cette dame à sa place en lui frappant les fesses quand elle se conduit mal. Vous comprenez? Non, vous ne comprenez pas! Alors je vais présenter l'affaire autrement: la native du Lion ne se soumet *jamais* à un homme qui n'est pas son pair, qui est incapable de la contrôler quand elle le mérite. Elle ne tombera pas non plus amoureuse trop longtemps d'un individu dont la conduite l'oblige à s'excuser auprès de ses amis, qui l'humilie ou la vexe, soit publiquement, soit dans l'intimité. Alors j'ai peut-être eu tort de dire qu'il est relativement facile de se débrouiller avec une Lionne. Apprivoiser et dresser les fauves, s'imposer à la noblesse, exige du savoir-faire. C'est un art.

L'homme des Poissons trouvera le truc plus rapidement que n'importe quel mâle des autres Signes solaires, pas parce qu'il nourrit des ambitions de grandeur personnelle mais parce qu'il est doué d'une aptitude extraordinaire à charmer les animaux les plus sages en combinant une aimable compassion avec la résistance passive. En outre, il écoute admirablement et cette dame fera travailler en heures supplémentaires ses oreilles sympathisantes. La native du Lion a besoin d'un auditoire. Le mâle des Poissons devient adorable dans ce rôle de témoin muet et attentif. Il est d'ailleurs facilement fasciné par les manifestations de la nature humaine présentées sur les scènes de la vie et de l'amour.

S'il lui arrive de faire un faux pas devant Sa Majesté, qu'il ne s'attende pas en tremblant à être exécuté. En vérité, une des teintes les plus ravissantes du nimbe en arc-en-ciel de la native du Lion n'est autre que sa gracieuse aptitude à pardonner à ceux qui demandent sincèrement leur pardon. Sa nature est tellement ensoleillée, rayonne une chaleur si cordiale que, sauf au cours de ses crises de mégalomanie (terme employé par les psychiatres pour désigner la banale enflure du citron), on est heureux d'être auprès d'elle. Si on lui rend le respectueux hommage qu'elle exige et qu'elle mérite très souvent, ses dispositions s'épanouissent en une générosité vivace à laquelle on ne saurait résister plus qu'au parfum d'une rose. Mais elle a une manière toute particulière de se figer dans son amour-propre si un amoureux, un mari, ou n'importe qui d'autre cherche à lui imposer sa volonté. Le Poissons ne s'y risquera d'ailleurs pas trop souvent. Cet homme courtisera plus vraisemblablement sa reine léonine par son charme, sa vivacité d'esprit, son intelligence et une intuition stupéfiante qui lui permet de deviner à l'avance les changements d'humeur de la belle.

La native du Lion présente parfois des exigences littéralement impossibles en amour. Elle désire s'unir avec un homme soumis à ses moindres lubies et pourtant assez doué intellectuellement et en fait d'assurance pour être son égal à tout moment. Voilà des conditions contradictoires. Mais l'homme régi par Neptune a de bonnes chances d'y parvenir. N'oublions pas que le Signe des Poissons est double et que la dualité ne l'effraie donc pas. Jouer le rôle du serviteur ne gêne nullement la plupart des Poissons. Il est d'ailleurs enclin à s'effacer au moins superficiellement, ce qui lui facilite les choses. Quant à être l'égal d'une Lionne, ses talents télépathiques et la myriade de facettes que présente son intelligence le rendent assez étincelant pour qu'il attire l'attention, voire l'admiration de la Lionne et l'amène à croire qu'elle a enfin trouvé le mélange parfaitement dosé qu'elle cherche chez un homme... au moins pour un certain temps.

Quand les premières roses de l'idylle faneront, ils commenceront à remarquer la différence entre leurs Éléments respectifs: Feu et Eau. Comme nous l'ont enseigné les premières leçons élémentaires de physique, l'Eau et le Feu ne se mélangent pas sans risque d'anéantissement de l'un, de l'autre ou des deux. En raison de sa nature aqueuse, Monsieur a besoin de beaucoup de temps de réflexion dans la solitude; le tempérament extraverti de sa Lionne lui semblera parfois abrasif pour le sien qui est tellement délicat. Sociable, certes elle l'est, et sa nature enflammée exige des prises de bec spectaculaires, aboutissant aux baisers et aux réconciliations; il est trop introverti pour s'élever à de tels sommets d'éloquence quand elle flamboie de toutes ses fureurs et elle pourra considérer ce refus comme pernicieux pour ses propres harmonies. La retraite du Poissons dans la morosité quand son esprit a été écrasé n'a d'égale que les fières bouderies de la Lionne quand elle a été dédaignée ou vexée.

Une des plus grandes raisons de conflits entre eux sera la répugnance spontanée du Poissons à partager toutes ses pensées intimes avec sa Lionne. Le Lion entend tout savoir et qui aurait le droit de taire ses secrets à la reine? Eh bien! lui, tout simplement et il le fait très souvent, lors elle enrage ou se fige, l'un ou l'autre, jusqu'à ce qu'il cède. Le Poissons devra se garder de trop lâcher de corde à la Lionne qui pourrait s'en servir pour le pendre.

Le chemin du cœur de Madame en ce qui concerne l'harmonie sexuelle... voilà qui nous ramène à la musique et à la poésie. C'est par ces deux arts que Cléopâtre, qui à coup sûr était une Lionne, fut courtisée et conquise successivement par César et Marc-Antoine. («Si la musique nourrit l'amour, joue donc.») La Lionne raffole des sérénades, même en sourdine et même symboliquement seulement. Comme la grande tentatrice des bords du Nil, la native du Lion adore les huiles partumées et tous les accessoires de l'idylle... Plus ils sont exotiques, mieux ça vaut. Que le Poissons en prenne bonne note: elle ne trouvera jamais une satisfaction véritable dans une rencontre occasionnelle. À partir du moment où la native du Lion a trouvé un prince consort digne d'elle, elle se livre rarement au dévergondage. D'esprit aussi monogame que sa sœur de la jungle, elle dévorera un mari ou un amant infidèle en rugissant de jalousie. Elle entend être adorée et admirée par tous les mâles à sa portée, mais affirme que cela n'a aucun rapport avec l'infidélité. Attirer les regards fait partie de ses privilèges royaux. Elle est capable d'arracher un homme à une autre femme en vertu de ces mêmes droits et puis elle s'indigne, outragée, s'il se montre aussi infidèle envers elle qu'envers sa compagne précédente. Le soulier blesse lorsqu'il est chaussé par quelqu'un d'autre que son propriétaire. Que cet homme se permette un clin d'œil inoffensif à la meilleure amie de sa partenaire et il le regrettera amèrement. (Bien sûr, étant native du Bélier, Signe de Feu, je ne vois pas comment un *clin d'oeil* pourrait être *inoffensif* mais...) En tout cas, que le Poissons le sache, sa Lionne ne tolérera pas le moindre flirt, même le plus léger. Il lui doit TOUTES ses attentions. Désolant mais vrai: la moindre vexation, même la plus bénigne dans ce domaine rendra souvent une Lionne type incapable de réagir dans l'expression physique de son amour.

La jalousie peut transformer cette reine en une déesse de glace d'un instant à l'autre, et il ne lui reste plus la moindre chaleur à donner, ni au point de vue sexuel ni au point de vue émotionnel. D'autre part, trop d'admonestations arrogantes de Sa Majesté peuvent provoquer la même espèce de paralysie physique chez le Poissons mâle. La température de leur intimité sexuelle commune peut donc passer de la chaleur au froid et vice versa. La Lionne sera d'une loyauté rare avec son Poissons s'il la mérite et il devra lui en être reconnaissant, éviter de provoquer son déplaisir ou de la rendre malheureuse en se montrant malhonnête ou déloyal. Peut-être quelque chose leur manque-t-il dans leurs vibrations sexuelles. Il pourrait se montrer trop éthéré, mystique, lointain ou trop évasif au cours de leur union, ce qui empêcherait la femelle de la jungle d'être tout à fait satisfaite. Elle pourrait aussi être trop exigeante et trop insistante dans son besoin de passion débordante et de servitude romanesque constante, ce qui rendrait son partenaire encore plus lointain, éthéré, mystique, insaisissable et fuyant durant leurs pratiques amoureuses. Et ainsi de suite, nous nous trouvons devant un cercle vicieux sans commencement ni fin. Qui y enferme ce couple? Nul ne le sait.

Toutefois avec ces deux personnes, nous avons au moins un indice. Il s'agit de vibrations sismiques de Signes solaires et, avec la native du Lion et le natif du Poissons, cela signifie qu'il représente pour elle la huitième maison astrologique du magnétisme sexuel, des mystères et des affaires profondément spirituelles (sauf dans le cas possible d'afflictions planétaires réciproques dans leurs thèmes de naissance, ce qui pourrait diluer le puissant attrait sexuel... pas le supprimer, rien que le diluer). D'autre part, elle représente pour lui la sixième maison astrologique de service (entre autres choses). Il se pourrait que le Poissons espère trop de «services dévoués» de cette femme trop fière, et la Lionne ne restera pas longtemps indûment servile au moins sans rugir de mécontentement. Qu'ils méditent tous deux ces vérités.

En cas d'harmonie du Soleil et de la Lune ainsi que d'autres planètes dans la comparaison de leurs horoscopes, ou de conjonction de leur Lune, toutes les tensions peuvent se dissoudre en une union lyrique, ravissante, chantante du Soleil et de Neptune, ce qui enrichira leur union sexuelle par la délicatesse, la romance et la tendresse qu'il y apporte ainsi que par la chaleureuse affection et la passion qu'elle y introduit.

Sans une telle assistance planétaire dans leurs thèmes de naissance, elle devra être extrêmement prudente et ne pas laisser les puissants rayons solaires de sa sexualité intense (ou de sa frigidité possible) carboniser ou congeler tous les désirs chez cet homme. De son côté, il doit être extrêmement prudent et ne pas permettre que les rêveries neptuniennes de sa sexualité et son manque d'engagement *total* dans leurs pratiques amoureuses réfrigèrent la nature ensoleillée de la Lionne et la laissent avec une impression de vide, comme si elle n'avait pas été touchée par la véritable profondeur de l'amour... mais seulement par une douce brise qui ne laisse guère de souvenirs derrière elle.

La racine la plus vigoureuse et la plus féconde du mouvement de libération de la femme ne figure jamais dans les discours des militantes. Il s'agit de l'égalité *émotionnelle* de l'homme et de la femme. Quand les manifestations tapageuses seront terminées, il n'en restera pas moins une récompense à l'intention des *deux*. Il sera *bon* en effet que l'homme possède certaines des qualités féminines en fait de sentiment, d'impulsion et de sensibilité. De même il sera *bon* que la femme possède certaines des qualités masculines: courage, franchise et indépendance. Oui, voilà une bonne, une *très* bonne chose. Une chose divine et sainte.

Cependant, dans des relations amoureuses telles que celles-ci — où la femme est née sous un Signe masculin, régi aussi par le Soleil éminemment masculin, ce qui la soumet à une *double* influence masculine, et où l'homme est né sous un Signe solaire féminin, régi aussi par la planète féminine Neptune, ce qui le soumet à une double influence féminine — les deux amoureux devront constamment et consciemment prendre garde à conserver leur équilibre émotionnel.

Féminine ne signifie ni «mijaurée» ni «efféminée». Néanmoins il se pourrait que la double influence féminine qui pèse sur le Poissons engendre trop de passivité. De même, masculin ne signifie ni «agressif» ni «brutal». Pourtant, la double influence masculine qui agit sur la Lionne peut engendrer un excès de vigueur, voire de virilité. Nous constatons là un danger de déséquilibre, de part et d'autre.

On se rend rarement compte des vérités ésotériques latentes dans les contes de fées. Si on les percevait, l'astrologie et les contes de fées suffiraient à supprimer le besoin de traitements psychiatriques. (Les hommes de Neptune trouveront cela logique.) Prenons un exemple, d'ailleurs capital: *Boucles-d'or et les Trois Ours* a une signification beaucoup plus profonde qu'on ne le soupçonne. La Lionne et les Poissons (ainsi que tous les couples natifs de n'importe quel Signe solaire) devraient méditer la leçon de cette vénérable fable. Le fauteuil et le lit de Papa Ours étaient trop *durs* (déséquilibre dû à l'excès de vigueur masculine). Le fauteuil et le lit de Maman Ours étaient trop *doux* (déséquilibre dû à la passivité féminine). La soupe de Papa Ours était trop *chaude*; celle de Maman Ours était trop *froide*. Mais le porridge, le fauteuil et le lit de Bébé Ours étaient... juste à point.

La sagesse amoureuse la plus efficace que les étoiles puissent offrir à cet homme et à cette femme et qu'ils doivent tous deux se rappeler, c'est le parfait équilibre de passivité et d'agressivité de Bébé Ours. Je n'hésite pas à répéter le conseil planétaire le plus important de tous à l'usage de ces deux personnes: *elles doivent veiller consciemment et constamment à maintenir un échange émotionnel équilibré.*

Il ne serait pas bon que la Lionne incline trop vers l'essence de Papa Ours (bien qu'un petit peu de cette qualité lui convienne à merveille, ainsi qu'à toutes les femmes). Il serait mauvais que le Poissons mâle incline trop vers l'essence de Maman Ours (bien qu'un petit peu de cette qualité lui convienne magnifiquement, ainsi qu'à tous les hommes). Il peut sembler que ces deux partenaires se trouvent devant un problème insoluble. Il n'en est rien, à aucun point de vue. La solution est vraiment simple. Ils doivent se la rappeler tous les deux et surtout ne pas oublier Boucles-d'or.

Les mêmes thèmes de difficultés amoureuses se présentent sous diverses variantes dans les symphonies des soixante-dix-huit combinaisons de Signes solaires. Le syndrome de Boucles-d'or suscite des tensions dans l'amour entre un homme et une femme qui sont *tous les deux* soumis à des influences «doublement masculines» ou «doublement féminines». Le même problème apparaît entre l'homme *doublement masculin* et la femme *doublement féminine*. À première vue, il semble que ces deux partenaires constitueraient un couple idéal, mais il n'en est rien car cette situation suscite à divers degrés un danger de sadisme chez l'homme et de masochisme chez la femme. En fin de compte, il n'est pas de «solution sexuelle» mais une seule réponse à cette question, une seule: la leçon qui nous est donnée par l'équilibre du Bébé Ours.

Aimer une native du Lion et en être aimé n'est pas une petite affaire et représente un défi épineux; il faut pour y faire face toute la connaissance du cœur humain accordée aux hommes des Poissons par un bienveillant décret des astres. Tantôt notre Poissons combat une tigresse aux outrances émotionnelles, qui crache et feule comme un chat en fureur. Puis, la fureur épuisée, elle se transforme mystérieusement en un doux et gracieux Chaton qui ronronne pour s'assurer son affection et qui demande à être gratté derrière l'oreille en signe d'approbation. La native du Lion présente un mélange déconcertant et même étourdissant de glace, de dignité majestueuse, de chaleureuse gaieté et de générosité bon enfant. Elle peut être d'une arrogance exaspérante et d'une fidélité inébranlable. Elle secoue sa splendide crinière en éclatant d'un rire sonore et sain puis, son orgueil blessé, elle fond en larmes… le tout avec une souple grâce féline.

Le Poissons ferré par cet être splendide d'une froide supériorité ne s'étonnera pas que le Chat fut autrefois, dans d'anciennes cultures, révéré à l'égal d'un dieu. Par moments, il se croira revenu parmi les constructeurs de pyramides, à genoux devant la déesse à tête de chat créée par les Égyptiens parce qu'ils identifiaient la silhouette et la grâce de cet animal à celle de la femme. Ils avaient raison. La Lionne n'est pas seulement toutes les femmes mais aussi toute la femme. (Réfléchissez-y.)

Depuis que je parle du Lion et de la Lionne, il m'est venu plusieurs fois à l'esprit de rappeler une particularité de ces superbes animaux. Le mâle s'isole en général de ses semblables en compagnie de ses épouses, parfois jusqu'à cinq et six, qu'il suffit à rendre heureuses et qui chassent pour lui. Mais il arrive parfois que plusieurs lions se groupent en une «fierté». Cette famille ou groupement de familles équivaut à la «horde» de daims et de cerfs, le «harpail» de biches et de jeunes cerfs, la horde de loups ou de guerriers nomades mongols. Chez les lions il s'agit donc de «fierté». Nous pouvons considérer comme une «fierté» tout couple dont un au moins des partenaires est un natif ou une native du Lion. Dans le cas qui nous intéresse, une association ou un ménage ou un couple d'amants Lionne-Poissons, c'est elle qui gouvernera la «fierté» pour peu qu'il lui en laisse la moindre possibilité.

Aimer un natif des Poissons et en être aimée représente un défi et, pour le relever, la native du Lion devra faire appel à toute la chaleur et à la sagesse ensoleillée que lui ont conférées les étoiles. Si elle cherche avec trop d'insistance à pénétrer ses secrets ou à l'arracher à sa solitude, il manifestera son propre genre d'emportement neptunien ou un détachement glacial. Il est doux, prompt à servir avec une superbe humilité d'esprit, mais il ne se laissera pas dévorer par les rages jalouses de Madame ni ses admonestations constantes. Plutôt que d'y céder, il s'en ira à la nage en quête d'une femme plus plébéienne après avoir décidé que le sang bleu des majestés est trop riche pour le sien.

Les deux amoureux dont nous étudions le cas dans ce chapitre auraient tout avantage à tirer une utile leçon de l'échec d'un autre couple Lion-Poissons qui n'est, hélas! pas parvenu à surmonter ses difficultés et les différences qui séparaient les deux partenaires. Il s'agit de la princesse britannique Margaret Rose, reine Lionne typique et de son mari, Antony Armstrong-Jones, comte de Snowdon, natif des Poissons.

D'abord cette princesse Lionne trouve impossible de pardonner à sa noble famille d'avoir contrecarré son premier amour: la malheureuse idylle qui l'unissait à Peter Townsend. Toutefois, son mariage avec le beau Poissons «Tony» aurait pu apporter à ce drame une fin heureuse. L'élu était un artiste de la caméra, heureux coup du sort qui joua un rôle important dans l'attrait initial entre les deux partenaires, car les natives du Lion adorent la photographie, surtout les prises de vue sur lesquelles elles figurent. Mais ce Poissons photographiait d'innombrables modèles autres que sa femme coiffée de sa tiare. Tel fut le début des difficultés entre cette Lionne jalouse et son époux, car les natives du Lion ne peuvent manquer de régler les comptes de ce genre. En outre son travail l'obligeait à voyager seul d'un bout à l'autre du monde, ce qui ne lui permettait pas d'assister en compagnie de sa femme à toutes les cérémonies mondaines de la famille royale.

Des vacances conjugales occasionnelles sont parfois utiles à bien des couples, mais pas dans le cas d'une femme Lion et d'un homme Poissons. Cela ne fait que les pousser vers l'indifférence. Les natifs de ces deux Signes, amants ou conjoints, qui lisent ce chapitre, verront dans la fin malheureuse de l'idylle princière quelles erreurs ils doivent éviter dans leurs relations. Pas de vacances séparées pour ces deux personnes.

D'une part la Lionne est imbue d'un tel orgueil, pas toujours justifié, et d'autre part son homme neptunien en a si peu, qu'il peut facilement apaiser les blessures d'amour-propre qu'elle subit souvent. Par ailleurs, le Poissons a si peu de confiance en lui et dans la vie, et la Lionne en a tant, qu'elle peut, par sa tendresse, calmer ses craintes secrètes. Voilà qui est excellent pour l'amour: que chacun prenne chez l'autre la vigueur qui lui manque et que chacun ait assez de compassion pour les faiblesses de l'autre.

Homme LION • POISSONS *Femme*

Naturellement, toutes les natives des Poissons ne se soumettent pas en tremblant à l'autorité de leur mari ou amant Lion; mais la plupart d'entre elles éprouvent au moins un respect salutaire pour leur Lion et ne cherchent guère à susciter ses rugissements. Cela vaut également pour les filles Poissons dont le thème de naissance présente une Lune ou un Mars en Bélier, c'est-à-dire le Poissons femelle du type orque carnivore. En ce qui concerne ces dernières, ce n'est pas par crainte qu'elles agissent prudemment mais parce qu'elles sont fermement déterminées à éviter à tout prix les scènes épuisantes, les rugissements spectaculaires et assourdissants suivis par des bouderies glaciales: comportement du Lion lorsqu'il ressent dans sa patte la piqûre du manque de respect.

La native type des Poissons (pas la carnivore), liée à un mâle du Lion, sait d'instinct qu'elle doit se soumettre à Sa Majesté. Quoi qu'elle en dise, elle en est consciente et ne se soucie nullement des conseils des amis bien intentionnés qui lui reprochent de ne pas «lui tenir tête une bonne fois pour toutes». Les Poissons sont trop sages et connaissent trop bien le cœur humain pour recourir à des méthodes qui pourraient leur aliéner l'affection de leur partenaire.

Considérez l'exemple d'Anna, l'institutrice anglaise qui défia avec succès le roi de Siam. Peut-être son horoscope présentait-il Mars en Bélier, car elle combattit vaillamment pour défendre sa personnalité contre l'arrogance d'un monarque léonin d'ailleurs chaleureusement généreux. Cela ne lui servit pas à grand-chose, au moins apparemment, au cours de ses nombreuses confrontations avec Sa Majesté. Le roi admirait secrètement le cran de la belle. Néanmoins il resta le maître de leurs relations jusqu'à la fin. Il faut plus que du cran pour venir à bout d'un monarque. Il faut sentir — comme le montra clairement notre Poissons Anna — la vulnérabilité touchante tapie derrière le besoin parfois pathétique d'autorité des Lion. Je pleure toujours des seaux de larmes à la fin du film (ou du livre) où le monarque mourant ordonne à Anna de se soumettre servilement en signe d'adoration et de respect, comme l'un de ses plus humbles sujets, quand bien même son cœur s'adresse à elle par le regard. Or elle se soumit. Oui, Anna était sûrement un Poissons avec Mars en Bélier. Elle conservait sa dignité tout en comprenant ce qui se passait chez l'homme orgueilleux qu'elle aimait. Elle se soumit donc.

Très sentimental, le Lion est aussi un incurable romanesque. Seul le Taureau mâle peut l'être plus que lui. Cela explique pourquoi la féminité du Poissons femelle peut frapper le Chat, le séduire et l'amener jusqu'à l'adoration. Ce n'est qu'un phénomène passager, car il n'abdiquera jamais le trône définitivement et ne lâchera jamais son sceptre d'or. Cela vaut autant pour les Timides Minets que pour les Lion rugissants. On peut les manœuvrer, les diriger… mais jusqu'à un certain point seulement, au-delà on sent le choc de leur vigoureuse patte griffue.

Il est bon de garder présent à l'esprit le fait que le Lion est un Signe de Feu et le Poissons un Signe d'Eau. Comme je l'indique au chapitre *Le mélange des Éléments,* à la fin de cet ouvrage, le Feu craint secrètement d'être éteint par l'Eau. Quel que soit l'acharnement du Lion à gouverner en seigneur la native des Poissons qu'il aime, il tremble en son for intérieur par crainte qu'elle éteigne son enthousiasme enflammé. Or le même phénomène agit en sens inverse: le Signe d'Eau Poissons sent qu'il peut être déshydraté par trop de Feu. Si l'amour dure entre ces deux personnes, il finira par s'établir dans un sentiment de respect réciproque, comme dans tous les cas des combinaisons Feu-Eau, étant donné que chacun sait que l'autre peut détruire son essence. En dépit de cette réserve réciproque vous pouvez parier que le Gros Chat restera le même sur le plan émotionnel, au moins superficiellement.

En raison de sa nature intime, cette femme ne cherchera guère à diriger un homme, surtout pas brutalement. Elle recourra beaucoup plus vraisemblablement à la persuasion insistante, agrémentée de flatteries subtiles. Si elle n'obtient pas satisfaction, elle se retranchera dans un silence distant, indiquant qu'elle est vexée ou blessée; le résultat pourra fort bien être fâcheux car le Lion est trop franc, trop ouvert pour comprendre de telles manœuvres et l'attitude de sa partenaire peut le précipiter dans des fureurs de frustration. Mieux vaut donc qu'elle s'en tienne à la flatterie adroite qui convient parfaitement au Lion. Dans le cas contraire, il y a risque de rage frénétique et cataractes de larmes.

Le Lion incline à idéaliser l'objet de son amour au-delà de l'imaginable, s'il ne va toutefois pas jusqu'à en faire une déesse. Hélas! il entend que la malheureuse se montre digne de l'image qu'il se fait d'elle. Pis encore, il lui est difficile de reconnaître en sa partenaire une personnalité distincte de lui-même. Il la considère plutôt comme son propre reflet, embelli encore par l'idéalisation. Cela amène parfois sa Poissons à désespérer d'être capable de rester sur le piédestal où il l'a posée. Qu'arriverait-il s'il remarquait ses pieds d'argile? Seuls un Scorpion ou un Bélier mâles peuvent attendre autant d'une femme qu'un natif du Lion.

Comme tous les sujets d'un Signe de Feu, le Lion a le sens du drame et possède en général l'heureuse aptitude à exprimer verbalement ses sentiments avec délectation et perspicacité. La femme Poissons ne s'exprime pas aussi aisément. Après s'y être efforcée en vain pendant un certain temps, elle abandonnera la partie et prendra la ligne de moindre résistance, autrement dit l'évasion. Sous une contrainte émotionnelle trop accablante ou sujette à une désapprobation constante, le Poissons, mâle ou femelle, incline à disparaître purement et simplement. Plus d'un Lion, après avoir prononcé une insolente admonestation, daigne abaisser son regard vers sa victime tremblante pour vérifier si elle a été châtiée et humiliée à souhait... et ne voit plus que vide à l'endroit où la fille Poissons se tapissait en souriant avec patience. Où est-elle passée?

Elle est partie. Loin, très loin.

Je connais en Ohio un Lion dont la brillante et douce épouse Poissons finit par ne plus pouvoir supporter une seule admonestation léonine de plus. Elle décida donc en larmes de le quitter pour préserver sa personnalité bien qu'elle l'aimât tendrement. Trop imbu de lui-même, il remarqua à peine son départ et s'en aperçut seulement quand, arrivée à New York, son épouse engagea une procédure de divorce.

Certes, la perte de cette «sujette», jolie, soumise et délicieusement féminine, qu'il aimait tendrement désola notre Lion, mais il fut beaucoup plus affecté par le fait qu'avant de prendre une mesure aussi grave elle ne lui avait pas demandé son avis. Il souffrit sincèrement et on ne pouvait s'empêcher d'être touché par sa défaite. Nul n'est plus pathétique qu'un Lion blessé par la désertion de la compagne qu'il adorait. Seul, le cœur vraiment brisé, il caresse son amour-propre froissé aussi discrètement que le fauve blessé lèche ses plaies. Elle lui manquait et il croyait qu'elle ne s'en rendait pas compte. Il avait tort, évidemment. Étant une Poissons, elle savait quelle douleur il endurait et elle en souffrait elle-même. Comme l'entend le destin des natifs du Lion, celui-là ne resta pas seul longtemps. Sa native des Poissons fut remplacée après un délai respectable par toute une succession d'adoratrices heureuses de trouver auprès de lui une épaule protectrice à laquelle s'appuyer et un cœur chaleureux.

Toutefois ses amis intimes constataient qu'il n'était plus tout à fait le même. Sa ravissante épouse piscéenne aux cheveux noirs possédait les qualités neptuniennes élevées au maximum dans leur sens positif: intelligence, esprit, douceur, compassion, tressés avec les fils d'or de son honnête admiration et de son respect pour le Lion de son cœur: admiration et respect qui lui permirent de passer outre à ses défauts… jusqu'à ce qu'elle en eût ras le bol.

Sans tenir compte des idylles de ce Lion avec ses consolatrices, je me surpris à espérer que sa femme reviendrait à la nage pour lui tomber dans les bras. Voyez comme sont les Lion. Ils parviennent à s'assurer votre sympathie, même quand ils ne la méritent pas. Les vœux sincères pour un miracle de bonheur que je faisais à l'intention de ce Lion abandonné furent exaucés d'une manière inattendue, *pas* par la réconciliation avec sa dame neptunienne. Abracadabra… magie! Il trouva une autre femme menue, jolie, aux cheveux noirs, qui possédait presque le même mélange d'esprit, intelligence, douceur et compassion, tissé de même avec les fils d'or d'une admiration et d'un respect sincères, pour ses talents, son caractère et ses possibilités. Certes ce n'était pas un fantôme de son ancien amour mais un rayon de soleil vibrant et admirable... elle pénétra discrètement, petit à petit dans sa vie... et finalement dans son cœur... pour y soigner de vieilles plaies.

Espérons que sa mésaventure lui servira de leçon, car c'est un Gros Chat cordial, aimable, dont le sourire chauffe le cœur de ses proches, doué d'un courage admirable et d'esprit créateur. Le profond chagrin qu'il a éprouvé lui donne droit à la grâce d'amour: une paix et une satisfaction durables... et aussi toujours l'épice d'un défi sans lequel les natifs de ce Signe fanent *littéralement.* Sa nouvelle compagne est nettement capable de lui fournir tout cela et même plus sans doute. Quant à sa fille des Poissons, vive et tendre d'autrefois, il y a bien longtemps... elle a flotté vers d'autres eaux étincelantes, semées d'arcs-en-ciel qui promettent le bonheur pour demain.

Les fins heureuses sont tellement admirables! Nous devrions tous prier pour que chaque Lion qui a perdu sa compagne piscéenne en raison de son arrogance et de son orgueil se voie accorder par la sagesse des étoiles une chance d'acquérir l'humilité: qualité que les Poissons enseignent si bien et que les natifs du Lion ont tant besoin d'acquérir. Espérons que les amoureux ou époux Lion-Poissons qui lisent ce chapitre ouvriront leur cœur à temps... assez tôt pour que le Soleil de Monsieur et le Neptune de Madame se remettent à chanter à l'unisson harmonieusement.

Un domaine où il n'y aura guère de conflit entre ces deux partenaires, c'est celui du sommeil. Ceux qui étudient ces questions assurent que le lion de la jungle dort dix-sept heures sur vingt-quatre. On peut presque en dire autant des Lion humains. Quant à la dame des Poissons, elle, n'est pas non plus de celles qui se lèvent à l'aurore. Ils aiment autant l'un que l'autre le repos les yeux fermés. Le réveille-matin ne provoquera donc pas de querelles entre eux, surtout quand le premier baiser de la journée donne lieu à des caresses, préludes à une intimité plus poussée comme cela arrive souvent entre eux. Pas seulement un prélude, mais vraisemblablement un écho des accords d'une musique idyllique, celle de la veille au soir.

Pour le Lion, le Poissons représente la huitième maison astrologique, entre autres choses celle de la sexualité. Il est donc normal que le Lion incline à trouver dès leur rencontre la fille des Poissons exceptionnellement attrayante. La vibration amoureuse est même tellement intense qu'elle peut déterminer une capitulation en coup de foudre... Plus tard ils commencent à s'interroger. Ce n'est pas par hasard que la locution «froid comme un Poissons» a pénétré dans le langage. Après tout, n'oublions pas que le Poissons est en effet un animal à sang froid. Cela ne signifie pas que la native des Poissons soit frigide, mais seulement qu'elle n'aura peut-être pas une ferveur passionnelle aussi intense que celle du Lion et aussi constante que le Lion le souhaiterait... ou l'exige. Il devra donc unir le romanesque à la sensualité dans leur union sexuelle. À ce point de vue, la fille des Poissons ne fera pas défaut, car elle aussi peut apporter autant de romanesque qu'il est souhaitable. Elle introduit dans leurs moments d'intimité une qualité mystique transcendantale.

La jalousie sexuelle se manifeste fréquemment entre les conjoints ou amants de cette nature astrologique. Si la sujette type des Poissons est assez flirteuse, le Lion rugit, bien sûr puissamment dès qu'il soupçonne le moins du monde qu'un rival porte son regard sur l'hôtesse de son antre. Mais de son côté, il exige qu'elle ferme les yeux sur ses peccadilles, provoquées par sa vanité et son besoin insatiable d'être admiré.

Le caractère des natives des Poissons varie largement du dévergondage à la fidélité confiante, dévouée et totale à un seul homme. Quant au mâle du Lion, nous n'en doutons pas, il peut appartenir au type Casanova qui se vante volontiers de plusieurs conquêtes sexuelles par semaine ou à celui du noble mari léonin qui place son épouse sur un piédestal et lui reste aussi fidèle et loyal que le roi Arthur en personne. Mais voyons, voyons... pendant que le roi Arthur lui était si fidèle, la reine Guenièvre faisait de l'œil à Lancelot, n'est-ce pas? Cela signifie que les Lion et les Poissons femelles doivent être parfaitement sûrs de leur dévouement avant de s'engager à long terme. Toute infidélité outragera le Lion et blessera profondément la dame Poissons. Néanmoins, contrairement à ce qui se passe entre les Bélier et les Scorpion, ces deux partenaires toléreront à peu près tout sauf l'adultère caractérisé. La dame des Poissons et le monsieur du Lion admettent en général des flirts sans conséquence alors qu'un Bélier et un Aigle de n'importe quel sexe considèrent le moindre sourire si peu suggestif qu'il soit échangé d'un bout à l'autre d'une pièce ou d'un côté à l'autre d'une rue, comme un crime d'infidélité aussi impardonnable que le pire dévergondage sexuel.

Poissons et Lion attachent l'un comme l'autre une telle importance à l'amour qu'il devient chez eux une des plus hautes exaltations spirituelles.

On conçoit donc qu'ils ne dégradent pas un tel sentiment par des amours occasionnelles. Mais leurs réactions dans ce domaine sont souvent imprévisibles. Les natives des Poissons peuvent aussi bien être des nonnes que des prostituées, des coureuses ou de douces épouses, si parfaites qu'on doute de leur sincérité. Les natifs du Lion offrent à peu près la même gamme de possibilités. Bref, la question de la fidélité est une de celles que le Lion et le Poissons femelle doivent mettre au point par une discussion sincère *avant* de s'engager profondément.

La native des Poissons aspire à une fusion émotionnelle totale comportant une part de mystère dans la consommation sexuelle de l'amour. Ce désir correspond chez elle à un besoin impérieux. Le natif du Lion a besoin de satisfactions plus palpables: chaleur, affection, passion. Il faut échanger des expressions verbales de sentiments avant et après l'union. Or un excès de communications verbales supprime toute possibilité de *mystère* dont la femme neptunienne a besoin. Le degré d'harmonie et de bonheur qu'atteindront ensemble cet homme et cette femme dépendra beaucoup de la position du Signe de Lune dans chacun de leurs horoscopes. Si la Lune de Madame est dans un Signe de Feu et celle de Monsieur dans un Signe d'Eau ou si leurs Lunes à tous les deux se trouvent dans n'importe quel Élément, pourvu que ce soit le même, ils comprendront sans doute et parviendront à satisfaire réciproquement leur désir d'une manière idéale. Faute de cette assistance, il leur faudra de la patience et de la tolérance.

Le Lion et le Poissons éprouvent tous deux le besoin de liberté émotionnelle à grandes rasades abondantes et fraîches (ce qui ne coïncide pas nécessairement avec la liberté de mouvements). Plus chacun accordera cette liberté chérie à l'autre, plus ils seront intimement proches. Mais une telle liberté doit évidemment toujours s'assortir à la fois de confiance et de fidélité ou bien elle n'aboutit qu'à des escapades d'un côté et à de terribles tourments de l'autre. Une recherche poursuivie d'un bout à l'autre du monde aboutit toujours à son point de départ, car la Terre est ronde. L'amour voyage toujours en rond, s'il est sincère… après tout, quelle autre espèce d'amour nous manquerait quand il s'éloigne en promettant de revenir, sinon le véritable amour, l'amour sincère.

Personnalités célèbres du Lion

Neil Armstrong
Hugues Aufray
Emily Brontë
Bourvil
Édith Butler
Marcel Carné
Fidel Castro
Yvon Deschamps
Alexandre Dumas
Edgar Faure

Henry Ford
Louis de Funès
Alfred Hitchcock
Aldous Huxley
Michel Jasmin
Carl Jung
Jacqueline Kennedy
Jici Lauzon
Marjo
Benito Mussolini

Napoléon
Jacques Parizeau
Roger Peyrefitte
Abbé Pierre
Micheline Presles
Sheila
Karlheinz Stockhausen
Éric Tabarly
Sylvie Vartan

Types de personnalités

Signes:

CARDINAUX (chefs)	FIXES (organisateurs)	MUTABLES (communicateurs)
Bélier	Taureau	Gémeaux
Cancer	Lion	Vierge
Balance	Scorpion	Sagittaire
Capricorne	Verseau	Poissons

POSITIFS *(masculins)* (agressifs, idéalistes, dynamiques)	NÉGATIFS *(féminins)* (secrets, réfléchis, stratèges)
Bélier	Taureau
Gémeaux	Cancer
Lion	Vierge
Balance	Scorpion
Sagittaire	Capricorne
Verseau	Poissons

FEU (inspiration)	AIR (mental)
Bélier — Cardinal Feu	Balance — Cardinal Air
Lion — Fixe Feu	Verseau — Fixe Air
Sagittaire — Mutable Feu	Gémeaux — Mutable Air

TERRE (matériel)	EAU (sensibilité)
Capricorne — Cardinal Terre	Cancer — Cardinal Eau
Taureau — Fixe Terre	Scorpion — Fixe Eau
Vierge — Mutable Terre	Poissons — Mutable Eau

BÉLIER: feu — positif — masculin — cardinal
inspiration, agressivité, dynamisme, *Chef* idéaliste.

LION: feu — positif — masculin — fixe
inspiration, agressivité, dynamisme, *Organisateur* idéaliste.

SAGITTAIRE: feu — positif — masculin — mutable
inspiration, agressivité, dynamisme, *Médiateur* idéaliste.

CAPRICORNE: terre — négatif — féminin — cardinal
secret, réfléchi, *Chef* stratège.

TAUREAU: terre — négatif — féminin — fixe
secret, réfléchi, *Organisateur* stratège.

VIERGE: terre — négatif — féminin — mutable
secret, réfléchi, *Médiateur* stratège.

BALANCE: air — positif — masculin — cardinal
mental, agressif, dynamique, *Chef* idéaliste.

VERSEAU: air — positif — masculin — fixe
mental, agressif, dynamique, *Organisateur* idéaliste.

GÉMEAUX: air — positif — masculin — mutable
mental, agressif, dynamique, *Médiateur* idéaliste.

CANCER: eau — négatif — féminin — cardinal
sensible, secret, réfléchi, *Chef* stratège.

SCORPION: eau — négatif — féminin — fixe
sensible, secret, réfléchi, *Organisateur* stratège.

POISSONS: eau — négatif — féminin — mutable
sensible, secret, réfléchi, *Médiateur* stratège.

Le mélange des Éléments

Signes de Feu

BÉLIER
LION
SAGITTAIRE

Le Feu se mélange facilement avec le Feu et l'Air mais il faut de la tolérance pour le mélanger avec la Terre et l'Eau.

Signes d'Air

BALANCE
VERSEAU
GÉMEAUX

L'Air se mélange aisément avec l'Air et le Feu mais exige de la tolérance pour le mélanger avec la Terre et l'Eau.

Signes de Terre

CAPRICORNE
TAUREAU
VIERGE

La Terre se mélange aisément avec la Terre et l'Eau mais exige de la tolérance pour la mélanger avec le Feu et l'Air.

Signes d'Eau

CANCER
SCORPION
POISSONS

L'Eau se mélange aisément avec l'Eau et la Terre mais exige de la tolérance pour la mélanger avec le Feu et l'Air.

Feu et Feu

Quand le Feu rencontre le Feu, il en résulte des flammes plus hautes et plus chaudes qui peuvent déclencher une déflagration capable de se consumer elle-même, de s'éteindre ou d'illuminer l'obscurité, de fondre la glace et la peur des pensées négatives. Le choix incombe à chacun des deux individus en cause.

Air et Air

Quand l'Air rencontre l'Air il y a liberté totale de mouvement sans guère de contrainte, voire pas du tout. Ce mélange peut déterminer un superbe essor mental, émotionnel et spirituel. Mais l'Air sent le renfermé et se pollue faute des vents du changement. Il peut de même se fouetter avec la fureur d'une tornade dans certaines conditions. Le choix incombe, à parts égales, à chacun des deux individus en cause.

Terre et Terre

Quand la Terre rencontre la Terre, ce mélange peut s'accumuler en une haute montagne de foi et de vigueur ou bien, au contraire, devenir un désert aride, selon la direction qu'elle prend. L'agitation peut donner un tremblement de terre avec répercussion volcanique. Le choix incombe, à parts égales, aux deux individus en cause.

Eau et Eau

Quand l'Eau rencontre l'Eau, il n'apparaît aucune résistance et il en résulte un courant continu d'inspiration, s'écoulant finalement vers le plus grand océan de lumière… ou bien, du côté négatif, il peut ne s'agir que d'un mince filet, débouchant sur une anse stagnante où il n'y a pas d'exutoire possible. L'Eau apaise la soif mais, quand elle se déchaîne, elle peut se présenter sous la forme d'inondation destructrice. Le choix incombe, à parts égales, à chacun des deux individus en cause.

Feu et Air

Attisant le Feu, l'Air peut le faire brûler plus vivement ce qui stimule l'enthousiasme, l'excitation, mais suscite aussi passion et colère. Trop de Feu peut consommer en totalité l'oxygène de l'Air et la respiration devient pénible. Trop d'Air, tel qu'un fort vent, peut faire vaciller la flamme et la réduire de plus en plus. Le choix incombe, à parts égales, à chacun des deux individus en cause.

Feu et Terre

Il apparaît toujours avec évidence lequel des deux Éléments est le plus fort et le plus résistant des deux. La Terre reste où elle est, sauf lorsqu'elle est déplacée par une explosion interne ou par des forces extérieures. Le Feu dirige son propre cours, ce qui peut l'amener à atteindre jusqu'aux cieux. Le Feu peut brûler la Terre mais jamais la détruire complètement. La Terre peut assister le Feu et constituer une fondation stable pour ses flammes; pourtant trop de Terre peut étouffer le Feu le plus vif. Le choix incombe, à parts égales, à chacun des deux individus en cause.

Feu et Eau

Un grand Feu peut déshydrater ou sécher par sa chaleur excessive une petite quantité d'Eau. D'autre part, une grande quantité d'Eau peut éteindre le Feu et anéantir ses flammes. Il en résulte que, d'instinct, le Feu redoute et respecte l'Eau, et vice versa. Chacun des deux sent le danger constitué par le fait qu'ils peuvent réciproquement se détruire en totalité. Le choix incombe, à parts égales, à chacun des deux individus en cause.

Terre et Air

La Terre contient l'Air et en a besoin mais l'Air ne contient pas la Terre et n'en a pas besoin. La Terre est obligée de rester où elle se trouve et ne remue que par l'effet de séisme, éruption volcanique ou forces extérieures. L'Air est libre de telles contraintes et se déplace au-dessus de la Terre à son seul gré sans guère changer la Terre ni y rester longtemps. La Terre est indifférente à l'Air et semble même ignorer son existence jusqu'à ce qu'un vent violent dérange plantes et fleurs qui poussent à sa surface et sont enracinées en son sein. Le résultat est déterminé par le choix qui incombe, à parts égales, à chacun des deux individus en cause.

Terre et Eau

L'Eau cherche sa place et la trouve dans la Terre qu'elle pénètre et humecte, ce qui est une bénédiction pour cet Élément car c'est seulement la pénétration de l'Eau qui permet à la Terre de «mettre au monde», comme une «mère» toute sorte de plantes, arbres et fleurs vivantes. Sans être *enrichie* par l'Eau, la Terre est sèche et inutile. Faute de Terre à humecter l'Eau s'écoule sans but et est également inutile. Ces deux Éléments furent conçus pour avoir besoin l'un de l'autre. Mais trop d'Eau peut transformer la Terre en boue ou en sable mouvant et trop peu d'Eau peut se perdre, disparaître dans les masses montagneuses de la Terre. L'issue est déterminée par le choix qui incombe, à parts égales, à chacun des deux individus en cause.

Air et Eau

L'Air pénètre l'Eau… l'agite, la tourmente, y fait naître des vagues… puis s'en va… Voilà une infiltration à laquelle l'Eau ne peut rien. Quand l'Eau pénètre l'Air sous la forme d'humidité, elle le rend trop lourd. Mais ce processus répand aussi sur toute la Nature le soulagement béni de la pluie. L'Air ne peut empêcher cette pénétration par l'Eau. En fin de compte le choix n'incombe ni à l'un ni à l'autre des deux individus en cause mais seulement à la Volonté Supérieure de la Destinée.

Table des matières

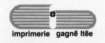

imprimerie gagné ltée

IMPRIMÉ AU CANADA